INTRODUCTION TO EDUCATION FOR ENTREPRENEURSHIP

창업교육론

구자억 · 김태종 · 김숙이 · 김정겸 · 김정래 · 김창환 · 김한나 · 김희규 · 안수진 · 유승규 · 채성준 공저

동 문 사

머리말

4차산업혁명시대로 들어서면서 사회가 급속히 변하고 있다. 이러한 변화는 빛의 속도로 진화하는 기술발전과 긴밀히 관련되어 있다. 기술이 진화하면서 과거에는 없던 직업이 생겨나기도 하고, 또 기존의 직업이 없어지기도 한다. 이런 상황 속에서 인류사회는 지속가능한 경제사회 발전을 위해 새로운 교육 패러다임이 필요함을 인식하고 있다. 그것은 바로 새로운 것, 존재하지 않는 것을 만들어내는 능력을 키워주는 교육이다. 새로운 것, 존재하지 않는 것을 만들어내는 것은 바로 창업과 연관된다. 창업은 바로 무에서 유를 창조하는 것이기 때문이다. 이제 창업은 우리 인류가 지속가능한 사회발전을 위한 최선의 길이 되고 있다.

그러면 무엇이 창업인가? 왜 창업을 해야 하는가? 창업은 습득할 수 있는 것인가?

이 세 가지는 창업의 가장 기본적인 문제이자 우리가 풀어야 할 과제이다. 그리고 이런 질문에 대해 학자들은 서로 다른 견해를 내놓고 있다.

많은 사람들은 창업은 바로 기업을 창립하는 것이라고 생각한다. 틀린 말은 아니다. 기업창업의 목표는 돈을 버는 것이다. 그리고 창업의 최종 꿈은 작은 회사로 시작해 큰 회사가 되는 것이다. 만약 이런 꿈을 실현할 수 있다면 사람들은 최선을 다해 일할 것이다. 그렇지만 이것도 인생의 한 측면이다. 창업의 최종 목표는 아니다. 사실 많은 성공한 창업자의 궁극적 이상을 보면 돈을 버는 데 있지 않다. 창업을 통해서 사회발전에 기여하고 이를 통해 자아실현을 하고자 하는 욕구가 있는 것이다.

어떤 사람은 창업을 하고 싶다고 말한다. 그러나 창업할 능력이 없다. 또 어떻게 해야 창업할 수 있는지도 모른다. 사람은 태어나면서 창업능력을 가지고 태어나는 것은 아니다. 후천적으로 습득된 결과물인 것이다.

여기에 창업교육이 등장한다. 창업에 대한 꿈을 가진 사람은 창업교육이 그 꿈을 실현시키는 수단이 될 수 있다. 창업에 대한 꿈을 가지고 있지 않지만, 창업교육을 통해서 더 나은 진로를 개척하는 기회가 될 수도 있다.

이미 선진국들은 이런 창업교육을 국가 차원에서 시행하고 있다. 네덜란드는 2007년부터 창업교육 국가행동플랜을 추진하고 있다. 창업교육을 교육부, 상무부, 지방정부가 협력해 실시한다. 노르웨이는 2010년부터 창업교육과 훈련계획을 세워 초등학교부터 대학까지 체계적인 교육을 실시하고 있다. 스위스는 고등학교 창업항목을 정해 고교창업을 지원하고 있다. 이외에도 많은 국가들이 창업교육을 교육의 한 중요한 조성 부분으로 다루고 있다. 특히 창업교육 선진국인 미국, 영국, 이스라엘 등은 기초교육부터 체계적인 창업교육체계를 구축해 운영하고 있다. 아시아에서는 중국이 창업교육에 가장 큰 관심을 기울이고 있다. 이런 노력으로 칭화대학 졸업자의 10%가 창업한다는 말도 있다.

그러나 한국의 창업교육은 아직 걸음마 단계이다. 창업교육에 대한 제대로 된 이론서도 부족한 형편이다. 따라서 이번에 한국창업교육학회에서는 창업교육에 대한 체계적인 이론을 구축하기 위해 창업교육론을 집필하게 되었다. 우선 창업교육에 대한 개념을 명확히 규정하였다. 현재 한국에서는 창업교육을 기업가 정신교육, 창업가 정신교육 등 다양하게 부르고 있다. 이런 용어의 혼란부터 바로잡고자 하였다. 이와 함께 학교급별 창업교육체계 구축, 창업교육방법 및 평가에 이르기까지 창업교육을 실시하는데 필요한 여러 영역을 종합적으로 다루고자 하였다.

이번 집필에는 학회의 여러 교수님, 전문가 여러분이 참여하여 1년 가까이 고생을 하였다. 참여하신 분들은 김정겸(충남대), 김창환(한국교육개발원), 김희규(신라대), 김한나(총신대), 김정래(JRK INTERNATIONAL), 김숙이(서경대), 김태종(한국마사회), 안수진(해피올 평생교육원), 유승규(서경대),

채성준(서경대) 교수님 등이다.

개념 정립을 위해서 집필진은 약 6개월간 수차례의 회의와 논의를 거쳐 개념을 정립하였다. 함께 고생하신 집필진 여러분께 깊은 감사의 말씀을 드린다.

앞으로 한국창업교육학회는 국제창업교육협회와 함께 대학생, 초·중학생을 위한 창업교육서를 지속적으로 내놓을 예정이다. 또 유아를 위한 창업교육 프로그램도 개발할 예정이다. 더 나아가 한국에서 창업교육이 활성화될 수 있도록 창업교육아카데미를 설치할 예정이다. 창업교육에 관심을 가진 분들의 많은 격려와 질책을 바란다.

2020년 3월
한국창업교육학회 회장
구자억(具滋億)

Contents

차 례

Chapter 01

창업교육의 이해

창업(創業)은 자신의 인생을 창조적으로 개척해 가면서 삶의 목표를 향하여 새롭고 도전적으로 일을 하는 것이다. 이를 표준국어대사전에서는 '창업'이란 '전에는 없던 것이 새로 만들어져서 새로운 형체를 가지는 것'이라고 정의하고 있다.

일반적으로 창업이란 '재화나 서비스를 생산·판매하는 하나의 시스템을 구축하는 일(김종재, 1998), 성장 잠재력이 충분히 있는 사업의 창조(McMullan and Long, 1983), 새로운 부를 창출하는 능력을 가지고 기존의 자원을 투입하는 혁신적인 행위(Drucker, 1985)' 등으로 정의한다.

즉, 창업이란 실질적으로 아무것도 아닌 것으로부터 가치 있는 어떤 것을 이루어 내는 인간적이고 창조적인 행동으로서, 현재 보유하고 있는 자원이나 그 부족을 고려하지 않고 기회를 추구하는 것이라고 할 수 있다. 따라서 창업은 비전과 그 비전을 추구함에 있어 다른 사람들을 이끌 열정과 헌신을 요구하며, 또 계산된 위험을 감수하는 의지를 필요로 한다(Timmons and Sapienza, 1992).

창업은 인적·물적 자원을 활용하여 불확실한 환경을 감수하고 사업을 해서 이윤을 추구하는 것에 창업의 특성이 있다는 데에는 대부분 동의한다. 최근 정부 차원에서 추진하는 창업으로는 '사업을 새로이 시작하는 스타트업(Start-up)'이 있다. 스타트업(Start-up)은 혁신형 기술과 아이디어를 보유하고 새롭게 창업을 한 신규 기업을 말하는 것으로, 불확실한 상황에서 고객에게 새로운 상품을 제공하고 신기술을 기반으로 창업해서 빠르게 성장하는 기업이 되는 것이 궁극적 목표이다. 외부 투자를 바탕으로 고위험·고수익 분야의 기업이 이에 해당되며, 벤처기업과 유사하다.

예를 들어, 창업이란 '개인 또는 집단이 자금과 인력을 동원하여 지금까지 해오던 일이나 업종의 범위를 뛰어 넘어 새로운 업종을 선택하고 사업체를 구성하여 운영하는 것'이라고 할 것이다.

대한민국 중소기업창업지원법 제2조(정의)에 '창업이란 중소기업을 새로 설립하는 것'을 말한다. 이 경우 창업의 범위는 대통령령으로 정한다. 또한 '재창업'이란 '중소기업을 폐업하고 중소기업을 새로

설립하는 것'을 말한다. 이 경우 '재창업의 범위는 대통령령으로 정한다'로서 '중소기업의 설립'에 창업의 목적과 의미를 두고 있다.

1 창업과 기업가 정신의 관계

창업을 다른 한편으로는 기업가 정신(Entrepreneurship)으로도 설명한다. 기업가 정신이라는 용어는 경제학자 리차드 캔틸론(Richard Cantillon)이 18세기 중반 처음으로 사용하기 시작하였다. 리차드 캔틸론은 '앙트레프레너(Entrepreneurship[1])'는 '불확실한 모험, 상보적인 관리능력, 창조적인 기회주의' 등 3가지의 주제로 구분되어 있다고 설명하면서, 보수(월급)를 위해 타인을 위해 일하는 사람이 아니면 모든 사람이 '앙트레프르너'라고 하였다. 현대 경영학의 창시자라고 불리는 피터 드러커(Peter Ferdinand Drucker)는 '무언가 새롭고 차별화되는 어떤 것을 창조해 냄으로써 가치를 변화시키는 사람'으로 정의하였다.

이처럼 기업가 정신(Entrepreneurship)이란 무한한 인간의 욕구를 충족시키고자 한정된 자원 사용의 효율 극대화를 추구하는 정신이라고 할 수 있다. 이는 주어진 상황을 개선하기 위해 지금까지 알려지지 않은 새로운 발견을 하는 것이 '기업가 정신'이라고 할 것이다. 바로 기업가 정신의 시작이 '창업'인 것이다. 기업가 정신이 추구하는 핵심 가치는 혁신성, 진취성, 위험 감수성, 자율성이다. 이들 4요소를 도식화하면 그림 1-1과 같다.

1) 프랑스어 'entreprendre'는 착수하다, 시작하다의 의미로 사용됨. 18세기 초 리차드 켄틸론이 1755년 '상업의 본질에 관한 에세이'에서 사용하기 시작. 캔틸론은 앙트레프레너에 '위험을 감수하는 사람'의 의미로 사용. 1934년 조세프 슘페터가 '경제발전의 이론'에서 새로운 제품과 서비스를 소개하고, 새로운 형태의 조직을 창조, 새로운 원자재를 개발함으로써 기존의 경제적 질서를 파괴하는 사람'의 의미로 소개.

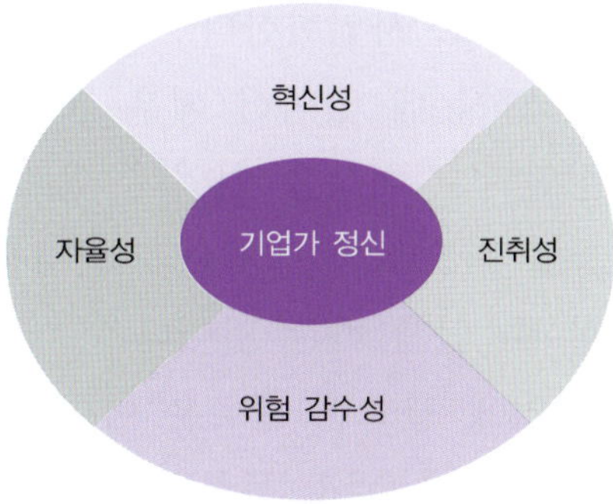

그림 1-1 기업가 정신을 구성하는 핵심 가치

먼저 혁신성에 대해서 슘페터(Joseph A. Shumpeter)는 과거의 지식이나 기술, 투자에 의한 결과물에 획기적인 방식으로 새로운 가치를 부합시킴으로써 새로운 제품과 서비스를 창출하는 것이라고 하면서 이를 '창조적 파괴'라고 하였다. 창조적 파괴의 의미는 기존의 제품과 서비스에 새로운 가치를 결합시킴으로써 차별화된 제품과 서비스를 개발하는 것이다. 차별화된 제품과 서비스를 개발하기 위해서는 창의적인 아이디어가 필요하기 때문에 '혁신성은 창의성을 포함한다'라고 할 수 있다.

두 번째, 위험 감수성은 기업이 새로운 사업에 대하여 성공의 확신이 없을지라도 과감하게 사업에 뛰어들어서, 성공 기회를 포착하는 능력을 의미한다. 새로운 사업을 시작할 때 성공할 가능성이 100%라면 얼마나 좋을까? 그러나 새로운 사업을 시작할 때 100% 성공 확률을 가지고 하는 경우는 거의 없다. 그래서 기업가 정신의 위험 감수성은 사업을 시작하기 전에 사업 타당성을 철저하게 분석함으로써 사업을 실행했을 때 실패할 수 있는 가능성을 최소화하는 것이다. 즉, 새로운 사업이라고 해서 무조건 뛰어드는 것이 아니라 새로운 사업 기회에 적극적으로 도전하면서도 합리적인 의사결정을 할 수 있는 능력을 의미한다.

셋째, 진취성은 새로운 사업 기회를 포착하기 위해서 필요한 총체적인 노력을 의미한다. 진취성이 높은 기업가는 새로운 사업 기회를 창출하기 위해서 소극적으로 기다리기보다는 경쟁사보다 앞서서 새로운 사업기회를 포착하고 사업화한다. 기업가 정신의 진취성은 기업의 경쟁우위를 창조하는데 있어서 매우 효과적인 요소로 인식되고 있다. 기업가 정신의 진취성은 기업이 새로운 시장을 창출하기 위해 지속적인 활동을 함으로써 신기술과 신제품을 만들어 내고 새로운 시장을 선점할 수 있게 하는 것이다.

넷째, 자율성은 기업에 필요한 새로운 아이디어와 비전을 제시하기 위해서 타성에 얽매이지 않고, 독창적으로 일을 할 수 있는 능력과 조직 문화를 만들어내는 능력을 의미한다. 자율성은 혁신적인 아이디어 개발을 촉진시키고 업무 효율성을 증대시켜서 기업의 경쟁력을 강화하는 데 많은 기여를 한다. 오늘날 애플이나 구글이 세계적인 기업으로 성장할 수 있게 된 것은 구성원들의 자율성을 최대한 지원하는 기업문화가 있었기 때문에 가능하였다. 자율성은 독창적이고 창의적인 아이디어를 만들어 내고, 이러한 아이디어가 아이폰과 구글 어스와 같은 세계적인 히트 상품을 탄생시킨 것이다. 이처럼 기업에서는 일반적으로 그림 1-2와 같은 혁신 프로세스를 거쳐 기업의 성과를 발생시킨다.

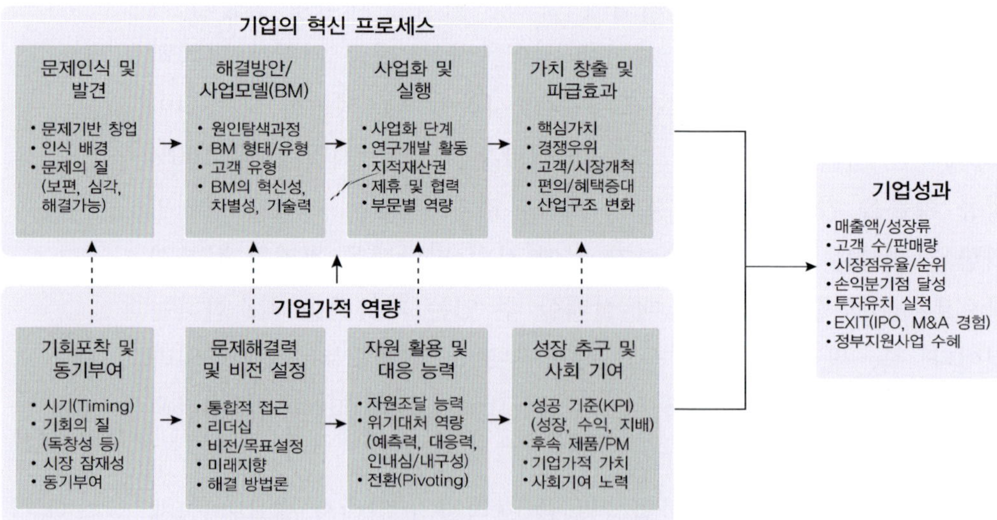

그림 1-2 기업의 혁신활동과 기업가적 역량의 프로세스 모델

출처: 김선우 외(2019). 4차산업혁명 시대 기업가 정신의 의의와 방향. P17.

기업가 정신(Entrepreneurship)은 기업에만 적용되는 것이 아니라 조직을 구성하고 조직의 문화를 만들려고 하는 사람은 누구에게나 필요하다. 기업가 정신은 선천적으로 타고날 수도 있지만, 개인적 성격과 환경에서 많이 비롯되는 관계로 후천적으로 개발이 가능하다. 창업가는 새로운 것을 시도하는 사람이지만 이를 맡아 실행하는 근로자도 창의성을 가지고 조직에 기여하면 경영자가 아니더라도 기업가 정신을 가지고 있어야 하는 것이다. 사회적으로 기업가 정신이 강조되는 이유는 좁게는 개인의 삶에 도움을 줄 수 있고, 넓게는 기업의 활성화가 사회 전체의 경제 활성화로 이어지며 국가 경쟁력 강화로 연결된다.

우리나라에서는 2000년 벤처기업의 거품이 사라진 후 대학이나 연구소의 기술 창업이 급감하였고, 기업가 정신에 대한 요구 수준이 상대적으로 낮아졌다. 그럼에도 불구하고 최근 기업가 정신이 재조명받고 있는 것은 4차산업혁명의 도래가 그 요인이다. 기업가 정신은 단순히 기업을 운영하고 있는 기업가의 정신적 사고나 이념으로서가 아니라, 미래사회를 살아가기 위하여 모든 사람들이 갖추어야 할 진취적이고 도전적인 행동과 태도로서 수용되고 있다.

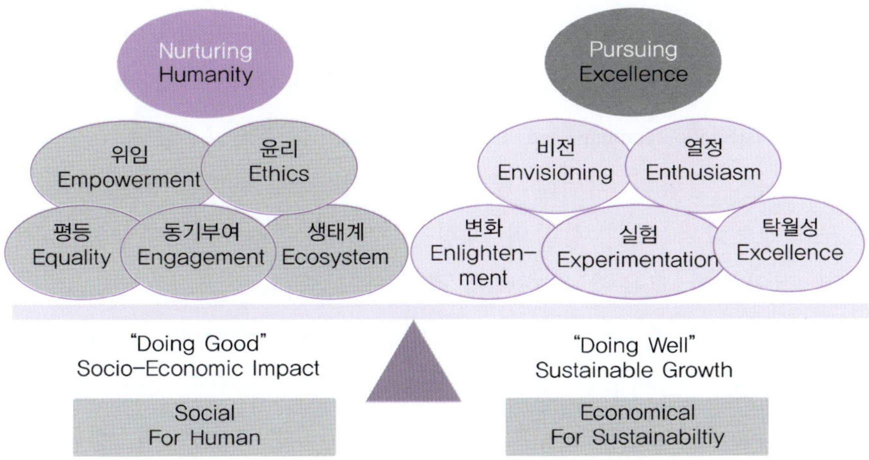

그림 1-3 사람 중심 기업가 정신(Humane Entrepreneurship)의 개념

출처: 김선우 외(2019). 4차산업혁명 시대 기업가 정신의 의의와 방향. P13.

4차산업혁명은 새로운 가치 창출과 지속 가능한 혁신의 리더십으로 '기업가 정신'을 지목하게 하였다. 4차산업혁명의 본질이 인간의 행위와 본성을 이해하고, 이에 맞는 사회적 수요를 해결하기 위한 다양한 기술 융합 및 해법의 적용이라고 할 때, 인간을 이해하려는 기업가 정신이 창업의 근간이 될 수 있다고 보는 것이다. 따라서 전통적인 기업 활동의 요소인 '비전–열정–변화–실험–탁월성'과 함께 '위임–윤리–평등–동기부여–생태계'의 인간 중심 요소를 가미한 새로운 트렌드로 기업가 정신이 각광받고 있다.

2 창업교육의 개념과 목표

1) 창업교육의 개념

창업이란 개인 또는 집단이 자금과 인력을 동원하여 지금까지 해오던 일이나 업종의 범위를 뛰어 넘어 새로운 업종을 선택하고 사업체를 구성하여 운영하는 것'이라고 정의하였다.

표준국어대사전에서 교육이란 지식과 기술을 가르치며, 인격을 길러 주는 행위로, 옥스퍼드(Oxford)대사전에서는 '조직적인 훈련과 수업(Systematic Training and Instruction)'으로 설명하고 있다. 존 듀이(J. Dewey)는 '경험의 의미를 부가하는 방향으로 경험을 재건설하고 재조직함으로써 하위 경험의 과정을 지시하는 능력을 배양하는 것'으로 정의하여 교육의 잠재력을 중요시 하였다.

이와 같이 볼 때 창업교육은 인간의 근본 바탕에 잠재되어 있는 창업정신을 일깨우고 북돋워주어서 미지의 세계에 대한 새로운 것을 할 수 있도록 가르치고 잠재능력을 키우는 과정이며, 행위교육이라고 할 수 있다. 즉, 한 인간이 일생의 삶을 살아가는 가운데에서 모든 일에 적극적이고 긍정적인 태도와 도전정신을 배양할 수 있도록 주도적인 삶을 가르치는 대화능력, 창의성, 협동심, 협상력 등의 역량을 향상하는 행위 교육인 것이다.

베스퍼(Vesper, 1988)는 기업창업을 위해서 창업교육과정은 안정된 기업 성장과 관련된 4가지의 지식습득과 습득된 지식을 실제적으로 적용 및 활용할 수 있는 능력을 위한 훈련이 필요하다. 창업에 필요한 4가지 지식에는 ① 우선적인 지식 및 기술과 관련된 일반적인 사업지식, ② 일반적인 사업지식에서 창업과 관련된 지식, ③ 창업기회에 대한 특정 지식, ④ 창업기회를 실전으로 연결할 수 있는 창업 관련 지식 등이 필요하다고 하였다(정지호, 2014: 10-13).

예를 들어, 창업교육은 '개인의 미래에 대한 진로 탐색이나 행동 발달에 필요한 아이디어를 창업가적인 행동으로 전환할 수 있는 역량을 배양하는 기업가 정신의 교육'이라고 정의할 수 있다.

표 1-1 국내외 학자의 창업교육 개념 및 정의

연구자	창업교육의 개념 및 정의
Lackeus (2014)	창의적이고 기회 지향적이며 능동적이고 혁신적으로 훈련시켜 창업가 정신을 창업뿐만 아니라 보다 광범위한 정의로써 삶에 접목시킬 수 있는 교육
Morris et al. (2013)	창업역량과 관련하여 기회인식, 기회평가, 위험관리, 창의적 문제해결, 가치 창출 및 구출, 네트워크 사용 등 창업 의도와 창업 문화를 증진시키는 데 유용한 교육
Mitchelmore & Rowley(2013)	기회인식 및 기회활용과 같이 실제로 창업에 필요한 특정 창업역량을 함양시키는 교육
윤희현 (2019)	창업과 관련된 여러 가지 요인들의 상관관계 및 교육을 제공하는 공급자와 창업가, 사회적 인프라 등을 포함한 창업 생태계를 중심으로 성공 가능성을 높일 수 있는 교육
강한혁 (2018)	창업성공이라는 최종적 목표를 달성하는 창업동기, 창업가 정신, 역량 특성을 구축케 하여 예측 가능한 계산된 위험을 감내하고 창업시장에서 경쟁적 우위를 선점하기 위한 핵심적 수단
곽동신 (2016)	예비 창업자 및 기창업자를 대상으로 창업을 하는데 필요한 요소에 대해 숙지하고, 이를 시행할 수 있는 다양한 역량을 갖출 수 있도록 하는 교육과정
강민석 (2013)	미래에 창업을 희망하는 잠재적 예비 창업자와 현재 창업을 준비하거나 창업을 한 창업자를 대상으로 창업과 경영에 필요한 지식과 기술을 가르쳐 인적 역량을 강화하고, 기업가 정신을 함양하며 창업 저변을 확대하고자 가르치고 지도하는 일

2) 창업교육의 목표

창업교육의 목적이나 목표는 창업교육의 방향을 제시하는 것으로서, 창업교육은 피교육자의 창업가적 정신과 의지, 태도, 문화 등을 창조하거나 개발하는 것을 목적으로 설정한다.

창업교육을 통해 창업가로 완성되는 것은 많은 의미를 가진다. 그 중에서 공통적이고 핵심적인 사항은 기업의 이윤 추구보다는 새로운 가치를 창조하면서 기업을 성장시키는 것과 새로운 조직을 만드는 것이다. 즉, 창업 정신은 새로운 가치를 창조하는 정신이며, 창업가는 주변 환경의 변화와 시간의 경과에 적절하게 맞추어 새롭게 창조해야 할 가치가 사회에 적합한지에 대해 끊임없이 생각하고 고민을 해야 한다. 예를 들어, 창업교육을 통해 창업가가 창업을 결심하고 주변 환경의 변화에 적절하게 대응하여 사회적 가치를 창조하면서 성장해 나가는 과정이 창업교육의 목표라고 할 수 있다.

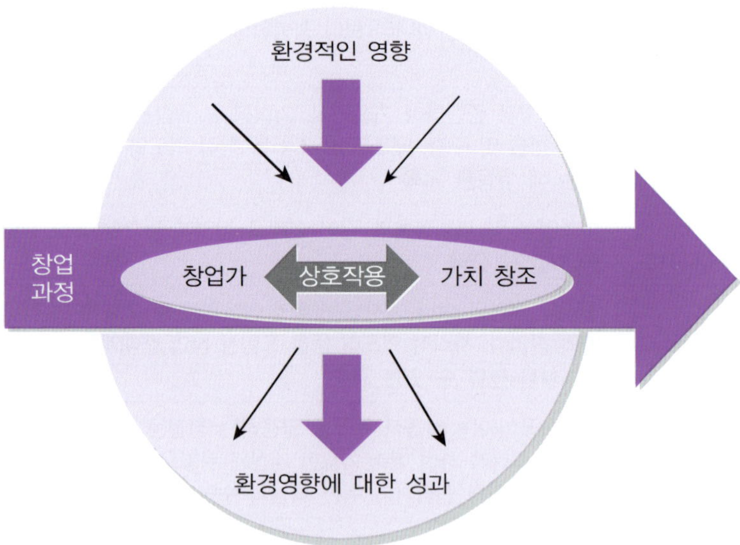

그림 1-4 창업교육을 통하여 창업가로서 완성되는 과정

3) 창업교육의 원리

창업교육을 실시하기 위해서는 다음과 같은 기본적인 원리가 전제될 수 있다.

첫째, 창업교육은 '무엇을 중요하게 교육해야 하는가?(What)'에 대한 것이다. 창업교육은 좁은 의미로는 기업을 설립하는 창업에 대한 교육이지만, 넓은 의미로는 학생들이 태어나면서부터 일생동안 보다 창의적이고 적극적이며, 혁신적이 되도록 폭넓은 창업정신을 길러주는 교육이 되어야 할 것이다. 창업교육은 모든 학생들이 타인을 위해 가치를 창조해 줄 수 있는 능력과 의지를 가질 수 있도록 교육하는 것이다.

둘째, 창업교육은 '왜 해야 하는가?(Why)'이다. 창업정신은 경제적 관념을 교육하는 것이고, 학생들에게는 경제적인 관념이 요구된다. 경제관념을 함양시키기 위해서는 창업교육의 개념을 이해해야 할 것이기 때문이다. 그럼에도 불구하고 현재 직업교육훈련기관이나 대학에서는 창업학이 선택과목으로 선정되어 운영되고 있으나, 초·중등학교에 다니는 모든 학생들이 창업정신을 학습할 수 있는 기회는 부족하다. 따라서 창업정신을 함양하기 위한 교육 모델이 구안되어야 할 것이다.

셋째, 창업교육은 '언제 해야 하는가(When)?'이다. 생애 주기 발달에 따르면 유아 혹은 초등학교에 다니는 모든 학생들에게도 교육과정에 맞추어 폭넓은 창업정신교육을 실시하는 것이 바람직하나, 현실적으로는 초등학교 입학하기 전인 유치원이나 초등학교에서는 뚜렷하게 창업활동이나 창업교육에 관련 수업은 거의 이루어지지 않고 있다. 그러나 최근 중·고등학교에서는 일반과목 속에 창업교육 내용(start-up)이 일부 포함되어 창업에 관한 내용이 부분적으로 교육되고 있다. 한편 노년을 대비하는 시니어 대상의 창업교육 또한 전혀 실시되지 않고 있기 때문에 전 생애적으로 창업교육이 필요하다.

넷째, 창업교육은 '어떻게 실시할 것인가(How)?'이다. 연구가들은 창업교육을 가장 잘 하는 유일한 방법은 「행함으로써 학습하라!(learning by doing approach)」는 경험에 의한 실천 학습법이 적용될 수 있을 것이다. '무엇', 즉 학습목적에 대한 대답이 '창업가적인 능력'이다.

이로 미루어 볼 때 초등학교에서는 창업가적인 정신을 이해할 수 있도록 태도 개발과 자질 발달에 중점을 둘 수 있다. 중·고등학교에서는 학생들이 다양한 영역에 참여하여 행동 발달에 영향력을 미칠 수 있는 지식과 기술을 발전시킬 수 있도록 동아리를 만들거나 또래(peer)활동을 할 수 있도록 지도한다. 대학에서는 취직이나 창업에 도움이 되는 창업에 대한 지식과 기술을 습득하도록 창업에 관한 이론 연구와 신제품 개발교육을 실시한다. 또한 직업교육훈련기관에서는 창업에 필요한 창업학과 경영학을 핵심 교과로 편성하여 창업가 정신과 창업기술에 대한 기본 지식을 배우고, 직원들을 고용하는데 필요한 기업가적인 기본 매너에 대한 교육을 실시할 수 있을 것이다.

3 창업교육의 구성 내용

창업교육은 창업교육 프로그램, 창업교육 공급자, 창업교육 수요자 등으로 구성되어 교육이 이루어진다고 할 수 있다. 즉, 창업교육 체계는 창업교육을 구성하는 요소들이 전체적으로 상호 연계되어 체계적으로 작동될 수 있다.

1) 창업교육 프로그램

창업교육은 의존적이고 수동적인 삶을 창의적이고 독립적으로 살아갈 수 있도록 도와주고 유도해 주는 과정이다. 창업교육 프로그램은 창업교육이 이루어질 활동들을 단계별로 제시한 계획서이자, 교육내용, 교육방법, 교육활동, 교육매체 등이 하나로 통합된 교육설계서라고 할 수 있다.

창업교육은 청소년부터 노인에 이르기까지 전 생애가 대상이 되는 수요자가 매우 다양하다. 그러나 수요자에 따라서 수강 목적이

다르기 때문에 질 높은 창업교육 프로그램이라고 하더라도, 창업교육 수요자에게 맞지 않다면 잘 설계된 창업교육 프로그램이라고 할 수가 없다. 따라서 창업교육 프로그램의 설계가 수요자에게 적합한 것인가는 매우 중요하다.

2) 창업교육 교수 모델

창업교육 실행을 위한 교수 모델을 구성하는 요인은 창업교육의 대상, 목적과 목표, 콘텐츠, 방법과 교수법, 평가 등이다. 이들을 각각 설명하면 다음과 같다.

먼저, 창업교육 대상의 명확화이다. 창업교육의 교수자는 누구에 대해 교육할 것인가에 대한 창업교육의 대상을 분명히 한다. 창업교육은 그 대상자, 즉 수요자가 분명하게 결정되고 나서야 올바른 창업교육이 시작될 수 있기 때문이다.

예를 들어, 창업교육의 대상이 인생 목표를 정해야 하는 시기인 초등학생이나 중학생인데 창업을 하려는 성인 창업가의 내용을 강의하거나, 새로운 창업을 하려는 예비 창업가에게 은퇴 노인에게 해당되는 내용을 가르친다면, 교육 효과는 거의 없을 것이기 때문이다. 창업교육을 수강하는 대상자 중에는 자신의 소극적이고 수동적인 생활태도를 적극적이고 능동적으로 탈바꿈하고자 하는 초등학생이나 중·고등학생도 있을 것이며, 창업을 자신의 진로로 선택하고 학교를 졸업한 뒤에 창업가가 되기 위해 교육을 받는 고등학생 혹은 대학생도 있을 것이다. 뿐만 아니라 창업에 대한 이론적 지식을 좀 더 깊게 공부하기 위해 수강하는 대학원생들도 있을 것이다. 또한 직장 은퇴 이후 자영업을 하거나 귀농을 위해 귀농 관련 창업교육을 수강하는 시니어도 있다. 그러므로 창업교육 교수자는 강의별로 각각 다른 개인적 목적을 가진 교육 대상자의 특성을 명확하게 이해하고, 수강자들이 원하는 니즈를 반영하여 창업교육을 진행해야 하는 것이다.

둘째, 창업교육의 목적과 목표를 수립한다. 창업교육의 교수자는 창업교육의 대상자가 결정이 되면 창업교육의 목적과 목표를 명확하게 수립해야 한다. 청소년들에게는 기업가 정신을 기르게 하고 예비 창업가나 창업가에게는 새로운 벤처나 기업을 설립하는 노하우를 전수하고, 일자리를 창출하는 것이 창업교육의 목적이다. 창업교육의 목적이 정해지면 세부적인 목표는 주어진 목적에 따라 구체적인 대상과 상황에 맞추어서 다르게 적용이 되어야 한다. 예를 들어, 벤처기업을 설립하고자 하는 창업가를 양성하는 것이 교육 프로그램의 주목적이라면, 교육의 세부 목표는 벤처에 대한 흐름을 알리고, 벤처 창업가에 대한 의무나 마인드 또는 정부의 각종 지원에 따른 특정 창업스킬이나 역량 강화를 고려해 볼 수 있을 것이다.

셋째, 창업교육의 콘텐츠 개발이다. 창업교육 교수자는 창업교육 콘텐츠를 지속적으로 연구하고 개발한다. 지능정보화사회에서는 급속하게 변화하는 사회의 속도에 적응해야 하며, 최근에는 4차산업혁명 시대의 도래에 따른 교육의 적응이 요구되고 있다. 과거의 창업교육은 창업을 경험하여 성공한 창업자의 창업 성공사례를 제시하고 창업에 직접적으로 도움이 되는 조언을 제시함으로써 창업 동기를 유발하고, 사업계획서를 충실히 작성하는 데 역점을 두었다. 그러나 최근의 창업교육은 결단력 있는 행동보다는 IT발전에 따른 상황분석적인 사고와 판단 능력에 의해서 결정된다고 할 수 있다. 창업가의 성공은 창업가의 기질과 경험, 시기 및 분위기와 환경에 영향을 끼칠 수 있으므로 청소년 대상 창업교육은 사회적 변화속도에 맞는 콘텐츠가 끊임없이 개발, 응용되어야 하는 것이다. 따라서 창업교육 교수자는 미래지향적인 교육 콘텐츠가 무엇인지 끊임없이 고민하고 개발해야 할 것이다. 그러나 지나치게 새로운 것만 추구해서는 창업교육의 본질을 놓칠 수 있으며, 항상 창업교육의 본질과 새로운 트렌드를 조화롭게 반영하는 창업교육 콘텐츠를 개발하는 마인드를 가지는 것이 중요하다.

넷째, 창업교육 방법과 교수법의 적용이다. 창업교육이 효과적이고 효율적이 되기 위해서는 그 대상자와 프로그램의 특성에 따라 다양한 교육방법이나 교수법이 적용되어야 할 것이다. 예를 들어, 유치원이나 초·중학생들에게는 게임을 활용한 실습 위주로 교육하는 방식이 적합할 수 있으며, 일반계고 학생이나 대학생 및 대학원생, 예비 창업가에게는 창업 마인드나 의무 등을 가르치는 전통적인 주입식 교육방식이 적합할 수가 있다. 또한 실무 중심의 고교생들에게는 창업 아이디어를 개발하는 실습(learning by doing) 위주의 체험교육이 효과적일 수 있으며, 재창업가들에게는 정신 무장 위주의 이론교육을 중점적으로 하는 것이 효과적일 수 있다. 이처럼 창업교육 교수자는 각각의 창업교육 대상자와 프로그램에 따라 보다 효과적인 교육방법과 교수법을 적용하고 시도해야 할 것이다.

다섯째, 창업교육의 평가이다. 창업교육 교수자는 창업교육이 끝난 이후의 상황에 대해서도 고려해야 할 것이다. 창업에 관한 교육을 충실히 지도하였다 하더라도 그 결과에 대하여 예측하기 쉽지 않으므로 실제 창업교육의 효과가 어느 정도인지 파악하기 어렵기 때문이다. 따라서 창업교육에 대한 객관적인 교육평가가 요구된다. 창업교육평가에 자주 활용되고 있는 커크 패트릭(Kirk patrick)의 4단계 평가 모형이 있다. 이 평가 모형은 제1단계에서 4단계의 단계별 평가 수준으로 구분한다.

제1단계 수준의 반응평가는 '교육에 대한 수강생의 반응은 좋았는가?' 하는 교육만족도 평가이다. 교육이 끝난 뒤에 교육에 대한 수강생의 반응이나 태도에 대한 자료, 과목내용, 자료, 교육방법, 학습환경, 강사, 시설 등에 대한 만족도를 측정하는 것이다. 반응평가는 수강자를 직접 인터뷰하거나 질문지를 통하여 주로 많이 한다.

제2단계 수준의 학습평가는 '의도했던 학습이 실시되었는가?' 하는 성취도를 평가하는 것이다. 최종적으로 학습자가 성취해야 할 목표를 달성했는지에 대한 자료, 지식, 기능, 태도 등의 획득 여부를 측정하는 것이다. 학습평가방법은 지필검사를 하거나 역할 연기 등으로 평가한다.

제3단계 수준의 행동평가는 '학습내용이 현장에서 활용되고 있는가?' 하는 업무 수행평가이다. 교육에 참여한 사람이 실제 현직 수행능력 면에서 변화가 일어났는지에 대한 자료 프로그램 참여결과 얻어지는 참여자들의 행동으로 적용되고 있는지를 측정하는 것이다. 행동평가는 관찰을 하거나 체크리스트를 작성하여 주로 평가한다.

제4단계 수준의 결과 평가는 '교육이 경영성과에 기여하였는가?' 하는 경영성과평가이다. 활동, 성과 또는 생산성과 연관하여 조직의 개선 및 효율성에 기여한 정도에 대한 자료, 지적 증거로 측정하는 것이다. 결과평가는 운영비의 증감이나 장비 고장률, 총수입 증감, 사고수의 정도에 따라 그 결과가 나온다. 제4단계의 수준 평가는 창업교육 교수자가 실제 창업교육을 함에 있어서 개선해야 할 점과 나아가야 할 방향을 알려주는 지표와 같다.

예를 들어, 창업교육 교수자는 자신의 창업교육 철학을 확실히 정립하는 것이 매우 중요하다. 창업교육이 어떤 의미가 있는지, 창업교수자로서 수강자에게 본인의 역할이 무엇인지, 창업교육이 자신에게는 어떤 의미가 있는지 등을 구체적으로 생각하고 고민해야 한다. 교수자의 창업교육 철학이 없이 교육 콘텐츠 개발이나 교수법 등을 고민하는 것은 모래 위에 집을 짓는 것과 같은 것이기 때문이다.

3) 창업교육 운영기관

창업교육 지원자는 창업교육을 지원하는 사람이나 기관을 의미한다. 창업교육을 지원하는 사람은 창업교육을 직접 실시하는 교수자와 교육을 관리하는 관리자로 구분이 되며, 지원하는 기관은 공공기관과 민간기관으로 구분할 수 있다.

창업교육을 지원하는 공공기관은 직접 실시하는 경우도 있지만 타 공공기관이나 민관기관에 위탁하는 경우도 있어서 창업교육기관별로 서로 유기적으로 연결되어 운영이 된다. 공공기관은 정부 및 지방자치단체와 초·중·고등학교와 대학·대학원 등 각급 학교기관이 있으며, 민간기관은 기업, 창업 관련 회사, 프랜차이즈, 창업교육 전문 학원, 사단법인과 재단법인, 협동조합 등이 있다. 창업교육 공급자별로 공공기관과 민관기관을 구체적으로 살펴보면 다음과 같다.

표 1-2 공공기관 및 교육기관의 창업교육 운영 내용

구 분	유관 기관의 역할 및 내용
정부부처	- 창업교육의 정책을 수립하고 예산 집행 - 일자리 창출을 위해 창업교육 장려 - 온·오프라인 교육 제공 - 중소기업청 산하의 창업진흥원이 주도적으로 진행 - 교육부, 미래창조과학부, 고용노동부, 소상공인 시장진흥공단 등
지방자치단체	- 지방의 산업특성을 반영한 다양한 창업교육과정 개설 - 서울특별시: 창업스쿨, 서울산업진흥원(SBA), 서울신용보증재단, 서울시 자영업지원센터, 여성능력개발원, 장애여성인력개발센터 등 운영
초·중·고	- 학생들의 도전정신과 기업가 정신교육을 중점으로 교육 - (전문계고) 고등학교에서는 진로교육의 일환으로 운영
대학 및 대학원	- 창업대학원의 학위 강좌를 운영하고 있음 - 대학에서는 정규강좌와 비정규강좌 실시, 정부 지정 창업선도대학을 중심으로 우수교육 모델 개발 및 창업동아리, 창업 친화적 학사제도 운영

4) 창업교육의 대상/수요자

창업교육의 수요자는 기본적으로 창업가와 예비창업가 이외에 유치원생부터 초, 중, 고등학생, 대학생, 대학원생 등 각급 학교 학생과 창업교육 및 정부 관리자 등 이다. 이들을 구체적으로 살펴보면 **표 1-3**과 같다.

표 1-3 창업교육 대상자에 따른 교육내용 및 목표

구분	창업교육 대상에 따른 교육목표
학생	• 유치원부터 초, 중, 고, 대학(원)생까지 다양함 • 어릴 때부터 자신의 삶을 주도하며 살 수 있도록 자기주도적인 교육을 통해 탐구심과 개척정신을 기르게 함 • 창업정신교육을 통해 잠재되어 있는 창업 정신을 북돋우고 일깨워 주면서 창업가 마인드를 기르게 함 • 창업가를 진로 중의 하나로 생각할 수 있도록 창업교육을 하여 창업을 자연스럽게 받아들이게 함
창업가	• 창업에 대해 생각을 하고 있거나 창업을 하고자 하는 예비 창업가, 창업(초기)을 실행하고 있는 창업가, 재창업가, 창업 중에 있는 자 등 • 예비 창업가는 혁신적인 아이디어가 있는 고등학생이나 대학생 등 • 창업가는 창업을 실행하는 사람으로 대학생, 가족의 가장, 경력 단절 여성,

구분	창업교육 대상에 따른 교육목표
	직장에서 은퇴한 중·장년층 등 • 재 창업가는 창업에 실패하였거나 창업을 그만둔 뒤에 정부 자금을 지원받거나 타인에게 지원을 받아 다시 창업을 하는 창업가 • 정부의 창업자금 지원을 받기 위해서 창업가나 재 창업가는 창업교육을 받아야 되며, 창업교육 프로그램을 통해 창업에 필요한 지식을 습득하고 네트워크를 구축
창업교육 (시행)자	• 창업교육 프로그램을 개발하거나 현장에서 직접 교육을 하는 교육 시행자로서 프로그램을 개발하거나 운영, 교육하기 위해 창업교육 관련 지식이 필요함
창업교육 관리자	• 창업교육 프로그램을 관리하거나 시행하고 보급하는 사람으로 업무를 수행하기 위하여 창업교육에 대한 관련 지식이 요구됨
창업정책 관리자	• 정부나 지방자치단체에서 창업을 육성하고 일자리 창출 정책을 장려하기 위하여 창업교육에 대한 정책을 입안하고 창업교육 프로그램을 설계하기 위하여 창업교육에 대한 지식 필요

5) 창업교육의 교육내용

창업의 성공 여부는 창업교육과 관련되어 있다. 샤페로(Shapero)는 개인의 창업은 주변 환경의 변화에 영향을 받게 되며, 이러한 요인은 창업의 발생동기로 작동되어 개인에게 창업 사건을 발생시키게 된다는 것이다. 창업교육이 창업과 성공을 위한 노하우로 치중되어 부족할 수 있는 결함들을 샤페로는 기업가적 행위를 자극하는 외적인 요인들을 창업교육내용에 포함하고 있다(정종서, 2008: 16).

표 1-4 창업교육에 대한 다양한 학자들의 관점

구분	Shapero	Verper	Ronstadt	McMullan & Long
창업교육의 관점	기업가적 사건 (Entrepreneurial Event)	스타트업 포지션 (Start Up Position)	새로운 학교 (New School)	성장벤처포지션 (Growth Venture Position)
강조점	창업발생 조건과 개인적 동기 요인	창업계획	체험적 학습방법	전략과 창조성

구분	Shapero	Verper	Ronstadt	McMullan & Long
창업교육의 범위	창업 발생조건 개인동기, 창업기술/지식	창업의 시작 단계로 한정	창업과정에 따른 교과목 설계	창업초기 과정과 성장 진입단계

출처: 정종서(2008). 창업교육 프로그램의 현황 및 개선 방안, p16참조로 재구성.

창업교육의 범위에 대하여 베스퍼(Vesper)는 창업을 진입하기에 필요한 지식과 정보의 수준을 전략 단계와 기술적 실행 단계로 구분하여 실시할 것을 주장한다. 특히 간접적인 사례교육에 의하여 지식과 기술을 체득하도록 함으로써 창업의 기회를 발견하고 발견된 기회를 익히도록 학습기회를 제공하는 것이다. 베스퍼는 창업교육의 교육내용 가운데 창업의 실제 경험을 벤처관계 지식 및 일반 사업 관계 지식 등 필수적으로 이수할 것을 주장하였다.

표 1-5 베스퍼의 창업교육 내용

	사업의 기본이해	창업 전략	창업 기법	창업 실제경험
벤처관계 특수지식		•	•	•
기회관계 특수지식		•	•	•
일반창업 관계지식	•	•	•	•
일반사업 관계지식	•			•

출처: 정종서(2008). 창업교육 프로그램의 현황 및 개선 방안, p15 재인용.

창업교육의 내용 및 범위 선정에 있어서는 소극적 범위와 광의적 범위로 구분할 수 있다. 첫째, 창업교육 교수자가 창업과 관련하여 개별적인 창업목적을 가진 교육 대상자의 특성을 반영하고 창업교육을 수강하고자 하는 교육적 욕구를 반영할 수 있다.

둘째, 기업을 설립하고 운영하는데 직·간접적으로 필요한 내용을 위주로 단시간에 집중적인 교육을 하는 좁은 의미의 창업교육이다.

이 교육은 미래에 창업을 희망하는 잠재적인 창업가나 현재 창업을 준비하는 예비 창업가, 이미 창업을 한 기존 창업가들을 대상으로 창의적인 아이디어가 창업가적인 행동으로 나타날 수 있는 기술, 태도, 기능을 가르치고 창업가에게 필수적인 신념이나 가치관을 주입할 수 있는 교육과정을 설계할 수 있다.

셋째, 개인이 태어나면서부터 일생동안 보다 창의적이고 보다 적극적이 되도록 폭넓은 창업정신을 길러주어서 다른 사람을 위해 가치 창조를 할 수 있는 능력과 의지를 길러 주는 넓은 의미의 창업교육내용을 선정할 수 있다. 이는 4차산업혁명이 요구하는 창의력, 문제해결력, 의사소통능력 등 주요 핵심 역량을 포함하는 창업 개념을 중심으로 설계할 수 있다.

4 창업교육의 구성 요소 및 역량 체계

1) 창업교육의 구성 요소와 역량

배스퍼(Vesper, 1987)는 경영교육과 창업교육은 차이가 있으며, 이들은 독립적으로 다루어져야 할 것을 강조하였다. 창업 교육과정에는 보편적 사업지식, 보편적 창업지식, 창업기회 및 관련 지식, 창업 특정 지식 등이 반드시 포함되어야 창업으로 연결될 수 있다고 하였다. 이 4가지 요소는 사례교육을 통하여 지식과 기술을 습득하여 기회를 창업과 연결할 수 있도록 체계적인 훈련방법을 제시해야 함을 권고하였다. 베스퍼(Vesper)의 권고에 의하여 미국의 연구기관 및 대학에서는 경영교육과 창업교육의 차별화를 위한 창업교육 특성화 발전에 본격적으로 관심을 갖기 시작하였다.

1980년대 창업 교육과정은 교육 프로그램의 특화를 위한 트렌드에 초점을 맞추었으며, 이후로는 창업의 실제와 창업교육 프로그램 콘텐츠에 집중하는 특성을 보였다(정헌배, 2017). 점차적으로 창업교육이 활성화되어 교육과정이 다양하게 개발되었고, 창업교육의 구성 요소에 대하여 체계적으로 연구가 진행되었다. 맥뮬란과 롱(McMullan & Long, 1990)은 창업 전략과 창조를 강조하면서 창업과정에서 발생할 수 있는 불확실성, 위험부담, 경영적 능력, 창조성 및 혁신성 등이 교육과정에 반드시 포함되어야 할 것을 주장하였다. 또한 창업 시작 단계부터 성장단계에 이르기까지 창업자에게 요구되는 역량이 무엇이고, 이 역량을 향상시키기 위하여 필요로 하는 창업교육이 구체적으로 제시되어야 할 것을 강조하였다.

모리스 외(Morris et al., 2013)은 창업교육을 통해 높일 수 있는 창업 역량[2)]에 관한 과업을 성공시키기 위해서는 가치, 지식, 기술, 태도, 행동 등이 요구된다고 하였다. 그 구성 요소는 창업 역량을 바탕으로 기회의 인식, 기회평가, 위기관리 및 완화, 명확한 비전의 전달, 열정과 끈기, 창의적인 문제해결, 자금조달 및 사용, 게릴라 스킬, 가치의 창출, 집중 및 적응, 회복탄력성, 자기효능감 그리고 네트워크 구축 등으로 구성되어야 한다. Lackeus(2014)는 창업 역량의 구성 요소를 인지적 역량 요인과 비인지적 역량 요인으로 구분하였다. 주요 구성 요소는 지식, 기술, 태도 등 3가지로 구분하였다. 이들의 하위요소로 지식에는 정신모형, 서술적 지식, 자기통찰이 포함되고, 기술에는 마케팅, 자원, 기회포착, 대인관계, 학습, 전략적 기술을 포함하며, 태도에는 창업가적 열정, 자기효능감, 창업가정신, 진취성, 불확실성/애매모호함 용인, 혁신성, 인내심 등이 포함된다.

김경식(2015)은 창업 역량을 함양시킬 수 있는 구성 요소에 대해 8가지의 창업자 역량의 구성 요소를 추출하였다. 첫째, 성취 역량은 과업을 수행하기 위한 행동을 개선하고 도전적 목표를 세우며 성취를 평가하는 기준을 설정하고 이에 자원을 투입하는 것을 의미한다. 둘째, 기술적 역량은 전문적 기술에 대한 이해와 사용을 의미한다. 셋째, 창의성 역량은 타 분야의 것을 나의 분야에 적용하는 것에 능

2) 역량은 본래 직업교육 또는 훈련 분야 등 숙달하고자 하는 직무나 업무를 성공적으로 수행해 내는 것과 같은 개념이다(소경희, 2007). 패리(Parry, 1996)는 역량은 교육을 통해 향상시킬 수 있으며 수행 중인 업무와 업무 성과 간에 관련성이 강한 지식, 기술, 태도의 집합으로 정의하였다.

숙하며, 대담하고 독창적 유추나 은유를 활용하는 것을 의미하는 것이다. 넷째, 개념화 역량은 복잡한 개념을 잘 응용하며, 문제설명을 위해 모델과 이론을 구축하며 다각적으로 관계를 파악하는 능력을 의미한다. 다섯째, 조직화 역량은 경영자원을 적재적소에 잘 배치할 수 있으며, 조직구성원에게 비전을 갖도록 전달하고 재무적 현황 및 자금 흐름 파악 능력을 의미한다. 여섯째, 전략적 역량은 기업의 내·외부 환경을 철저히 분석하며 기업의 장기적 미래를 예상하고 행동하는 것으로써 환경이 변할수록 보다 과감한 전략으로써 변화를 주도하는 것이다. 일곱째, 사회적 역량은 타인과의 커뮤니케이션에 능숙하며, 관계형성에 있어 타인과 네트워킹을 잘 구축하고 정보를 공유하는 것을 의미한다. 여덟째, 시장감지 역량은 고객이 원하는 것에 대한 이해도로써 시장 정보의 수직과 이해 및 해석에 몰두하며 경쟁사의 움직임을 신속히 파악하고 전략적 목표를 이해하는 것이다.

윤종록과 김형철(2009)은 역량적 특성에 대한 접근의 중요성을 얘기하며 창업기업의 경영성과를 보다 구체적으로 설명할 수 있는 요인으로써 특정 직무에서 우수한 성과를 성취 가능하기 때문이라고 주장하였다. 이에 필요한 역량으로 창업가적 역량, 관리적 역량, 기술·기능적 역량을 구성 요소로 추출하였다. 이웅희(2015)는 교육만족이 유의한 영향을 미치는 창업자 역량을 성취 역량, 창의성 역량, 개념화 역량, 사회적 역량으로 구성하여 측정하였다. 창업 역량 중 교육을 통하여 직접적 영향을 미칠 수 있는 요인으로 추출한 것으로 곽동신(2016)의 연구에서도 위험을 감수하며 도전성이 강조된 성취 역량, 혁신활동과 관련이 있는 창의성 역량, 기술 및 시장정보를 체계적으로 분석하는 개념화 역량, 부족한 내부자원을 외부로부터 유입하기 위한 다양한 네트워크 활동의 사회적 역량을 구성 요소로 채택하였다. 또한 윤희현(2019)은 창업 성과에 미치는 영향에 대해 재무적 성과가 아닌 비재무적 성과와 기술적 성과의 영향력에 대해 연구하였다. 이 연구에서는 창업 성공을 위해 학습되어야 하는 교육의 구성 요소로써 시장지향성, 마케팅 역량, 네트워크 역량을 추출하였다. 특히 최근 마케팅 역량과 네트워크 역량은 창업교육 역량 중 중요하게 다루고 있는 요소이다. 그 이유는 창업에 성공한 벤처기업들이 창업 후 3년을 버티지 못하고 문을 닫는 원인에 대해 아이디어나 기술보다 외부자원의 활용 능력 및 시장 지향적 마케팅이 부족하여 실패하였다고 분석되고 있기 때문이다(Lim et al., 2014; 윤희현, 2019).

이상 국내외 주요 학자들의 창업교육의 구성 요소와 역량을 제시하면 **표 1-6**과 같다.

표 1-6 국내외 주요 학자들의 창업교육의 구성 요소와 역량 분류

학자	창업교육의 구성 요소
Lackeus (2014)	주요 구성 요소는 지식(정신모형, 서술적 지식, 자기통찰), 기술(마케팅, 자원, 기회포착, 대인관계, 학습, 전략적 기술), 태도(창업가적 열정, 자기효능감, 창업가정신, 진취성, 불확실성/애매모호함 용인, 혁신성, 인내심)로 나눌 수 있다.
Morris et al. (2013)	과업을 성공시키기 위해 요구되는 요소는 가치, 지식, 기술, 태도 그리고 행동을 제시할 수 있으며, 하위요소로는 기회의 인식, 기회평가, 위기관리 및 완화, 명확한 비전의 전달, 열정과 끈기, 창의적인 문제해결, 자금조달 및 사용, 게릴라 스킬, 가치의 창출, 집중 및 적응, 회복탄력성, 자기효능감 그리고 네트워크 구축으로 구성된다.
Spencer & Spencer (1993)	주요 구성 요소로 성취와 행동(성취지향성, 질서 · 품질 · 정확성에 대한 관심, 주도성, 정보추구), 대인서비스(타인에 대한 이해, 고객지향성), 영향력(영향력, 조직인식, 관계형성), 관리(타인 육성, 지시, 팀워크와 협력, 팀 리더십), 인지(분석적 사고, 개념적 사고, 기술적/직업적/관리적 전문성), 개인 효과성(자기조절, 자기 확신, 유연성, 조직헌신)이다.
Chandler & Jansen(1992)	인적/개념적 역량, 기회인식 능력, 결과 지향적 동인, 기술/기능적 역량, 정치적 역량으로 구성될 수 있다.
윤희현(2019)	시장지향성(시장정보 창출, 확산, 신속한 반응 등의 일련의 이념), 마케팅 역량(제품, 가격, 유통, 커뮤니케이션, 리서치 개발 역량), 네트워크 역량(외부자원 활용을 통한 전략적 행동)
노유진(2017)	창의적 역량(독창적 아이디어, 타 분야의 장점 벤치마킹하는 능력), 창업가적 역량(열정, 네트워크 구성, 새로운 아이템 식별), 기술적 역량(기술력 및 혁신능력을 가지고 전문화된 전문 지식을 활용할 수 있는 능력), 관리적 역량(조직 감독, 권한 위임 및 비전 전달)
곽동신(2016)	교육을 통해 영향을 줄 수 있는 창업 역량의 요소는 위험을 감수하며 도전성이 강조된 '성취 역량', 혁신활동과 관련이 있는 '창의성 역량', 기술 및 시장정보를 체계적으로 분석하는 '개념화 역량', 부족한 내부자원을 외부로부터 유입하기 위한 다양한 네트워크 활동의 '사회적 역량'
김경식(2015)	성취역량, 기술적 역량, 창의성 역량, 개념화 역량, 조직화 역량, 전략적 역량, 사회적 역량, 시장 감지 역량

2) 학교급별 창업교육의 역량 체계

Global Entrepreneurship Monitor에 의하면 창업가정신 교육프로그램(ETP)은 크게 동기부여적 요소와 역량강화적인 요소, 멘토링 및 네트워킹 요소 등 3단계로 운영된다. 이들을 구체적으로 살펴보면 첫째, 창업에 대한 태도 및 의도에 영향을 미치는 동기부여적인 요소(개인 능력: Mind set)이고, 둘째, 성공적인 기업을 만드는데 필요한 기술을 가르치는 역량강화적인 요소(기술적 능력: Skill set)이다. 셋째, GEM 연구에서 다뤄지지는 않았으나, 각지의 창업가 교육 프로그램에서 멘토링 및 네트워킹(경영능력: Tool set)을 자주 사용되고 있다.

이들 각 구성 요소는 순차적으로 진행이 된다. 1단계로 동기부여적인 요소에서 창업가 정신을 함양시킬 수 있는 프로그램을 배치함으로써 잠재 창업자거나 예비 창업자가 창업을 하거나 신생 벤처기업에 합류하는 비율을 증가시킬 수 있다. 2단계로 역량강화적인 요소에서 설립된 벤처기업들의 성공 가능성 및 지속 가능성을 높이는 것이다. 3단계는 창업자들에게 요구되는 지침을 제공하고 필요한 시장의 자원을 적절하게 제공하는 것이다.

이에 근거하여 이 책에서는 창업교육 구성 요소를 크게 창업 마인드(Mind set), 창업 스킬(Skill set), 창업 실무(Tool set) 등 3요소로 분류하여 접근하였다. 이를 표로 제시하면 **표 1-7**과 같다.

표 1-7 창업교육의 구성 요소 분류와 정의

구성 요소	하위요소	정의
창업 마인드 (Mind set)	도전의식	실패에도 굴하지 않고 원하는 것을 성취하도록 노력하는 것
	혁신성	행동 지향으로 예측할 수 없는 급진적인 변화와 혁신적이고 창조적인 규칙에 얽매이지 않는 도전정신
	열정	목표 달성을 지연시키는 어려움과 같은 상태에 봉착했을 때 목표 달성을 지향하는 태도나 에너지를 유지시키는 능력
	호기심	왜? 어떻게? 등 질문을 하는 새롭고 창의적 방법을 찾는 노력
	자기효능감	나는 할 수 있다는 믿음으로 특정 작업을 성공적으로 수행할 수 있는 나의 능력에 대한 신념

구성 요소	하위요소	정의
	개방성	자신의 불확실함과 모호함에 편안함을 갖고 적응하는 개방성
	회복탄력성	개인의 상황, 위험, 위기, 스트레스에 처했을 때 적극적이고 유연하게 반응하여 극복하고 성공해 내는 개인의 가변적 특성
	창의성	사고가 경직되지 않고 자유롭게 상상력을 발휘하는 상태
창업 스킬 (Skill set)	문제해결력	창의적 해결책을 적극적으로 찾는 능력
	공감	문제를 해결할 때 다른 사람의 필요와 감정을 생각하는 자세
	의사소통	대중에게 아이디어를 효과적으로 설명하는 능력
	협상	리더십을 발휘하고 타인에게 동기부여를 하며 갈등해소 등 사람들을 관리하는 사회화 능력
	경청	상대의 말을 듣는 이외에 상대가 전달하고자 하는 말의 내용과 내면에 깔려있는 동기나 정서에 귀를 기울여 피드백하는 것
	네트워킹	통신 수단의 매개를 전제로 목적에 따라 다른 구축을 할 수 있으며, 내・외부의 원활한 의사소통과 연대를 위한 구축으로 형성
	리더십	구성원이 지닌 능력을 최대한 발휘하여 목표를 이룰 수 있도록 도와주는 지속적이며 전문적 관계
	협업	팀워크에 대한 올바른 인식을 바탕으로 팀워크의 핵심요소, 향상 스킬을 확보하여 콜라보레이션을 통해 창조해내는 것
	디자인 씽킹	효과적 해결책을 찾기 위한 능력으로써 논리적 이성과 감정적 감성을 융합한 사고
창업 실무 (Tool set)	기회포착	타인이 인식하지 못한 것을 파악하여 이를 기회로 활용하는 것
	프로토타이핑	창업 과정에서 고려해야 할 계획, 설계, 구축과 발생할 수 있는 문제점 등을 통해 실제 개발에 반영할 사항을 도출하는 작업
	마케팅	목표 달성을 위해 교환 창출을 위한 상품 및 용역의 개념을 정립하고, 가격 결정, 유통 및 프로모션을 계획하고 실행한 과정
	파이낸스	자금조달 능력 및 방법, 다양한 금융제도의 이해
	자원관리	인적자원관리, 서비스 시스템관리 등 전략적 자원관리 활동의 이해

출처 : George(1979); Hisrich & Peter(1995); Venturelab Program(https://venturelab.org/curriculum/); Morris et al.,(2013); Lackeus(2015)를 연구자 재구성.

자미에슨(Jamieson, 1984)은 창업교육을 창업가 정신을 통한 교육[3], 창업가 정신을 위한 교육[4], 창업가 정신에 대한 교육[5]으로 구분한다. 즉, 창업가 정신을 통한 교육은 개인 역량을 함양시키는 것으로 진행되며, 창업가 정신을 위한 교육은 잠재 창업가들을 위한 교육으로써 가상창업 및 기업 운영을 위해 요구되는 기본 기술과 정보를 제공하고, 창업가 정신에 대한 교육에서는 기업 경영자를 위한 기업의 생존과 지속가능한 성장을 위한 교육을 제공해야 한다고 주장한다. Mwasalwiba(2010)는 3가지 창업교육의 방식들은 고등교육과정에서 가장 일반적인 접근 방법이다. 교육이 진행됨에 따라 자신을 개발하며 성장시키기 위한 창업가의 자질과 같은 마인드 함양에서부터 창업가로써 갖추어야 하는 다양한 기술, 지식, 태도에 이르기까지 체계적인 교육이 제공될 수 있어야 한다는 것이다.

이처럼 창업교육을 역량별로 체계적으로 교육하기 위해서는 **그림 1-8**과 같이 시스템화할 수 있다.

이 책에서는 창업교육의 학교 급별 구성 요소에 따른 역량 개발 체계를 다음과 같이 제안하였다. 이 개발 체계에 근거하여 이 책의 목차를 정하였으며, 이는 우리나라 학교 급별 창업교육의 주요 역량들로 개발될 것이다.

---

3) education *through* entrepreneurship : 교육을 받는 학생들이 실질적으로 창업가 학습과정을 거치는 과정의 가장 기반이 되는 것으로 경험적 접근 방식

4) education *for* entrepreneurship :예비창업자에게 요구되는 지식과 기술을 제공하는 것을 목표로 하는 직업 지향적 접근 방식

5) education *about* entrepreneurship : 현상에 대한 전반적인 이해를 목표로 하는 내용 중심의 이론적 접근 방식

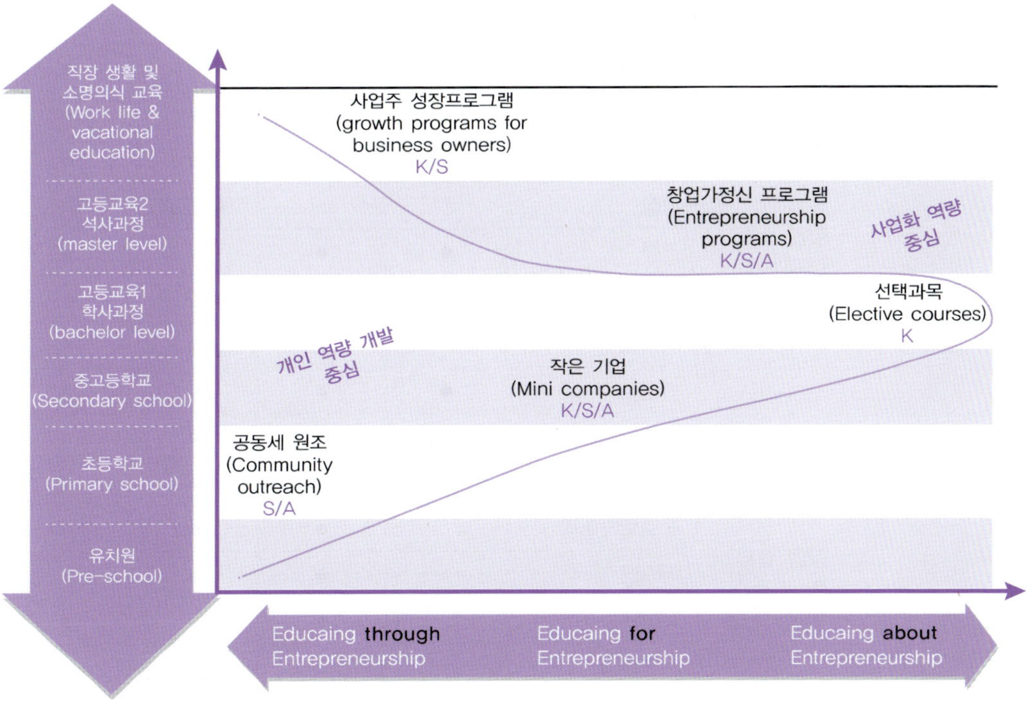

그림 1-5 창업 역량별 체계적 교육시스템

*주: K=Knowledge / S=Skill / A=Attitudes

출처: Lackeus, M.(2015). Entrepreneurship in Education: What, Why, When, How. Entrepreneurship 360 Back ground Paper. 8p. 연구자 재구성.

표 1-8 창업교육의 구성 요소별 역량 개발 체계

구성 요소	하위요소	유아교육	초등교육	중등교육	대학교육
창업 마인드 (Mind set)	도전의식		●	●	●
	혁신성		●	●	●
	열정			●	●
	호기심	●	●	●	
	자기효능감		●	●	●
	개방성	●	●	●	●
	회복탄력성		●	●	●
	창의성				

구성 요소	하위요소	유아교육	초등교육	중등교육	대학교육
창업 스킬 (Skill set)	문제해결력	●	●	●	●
	공감	●	●	●	●
	의사소통		●	●	●
	협상			●(고교)	●
	경청	●	●	●	●
	네트워킹			●(고교)	●
	리더십		●	●	●
	협업	●	●	●	●
	디자인 씽킹	●	●	●	●
창업 실제 (Tool set)	기회포착			●	●
	프로토타이핑		●	●	●
	마케팅		●	●	●
	파이낸스		●	●	●
	자원관리		●	●	●

Chapter 02

초등교육에서의 창업교육

1 초등창업교육의 개념 및 필요성

창업교육은 지금 당장 예비 창업자로서 사업을 계획하여 이루지 않더라도, 잠재적 창업가로서 자율성과 창의성, 도전의식을 강조하며 미래에 기업가가 될 수 있다는 희망과 가능성을 제공한다. 또한 체계적인 교육과정을 제공하여 잠재적 창업가로서의 학생들이 미래의 예비 창업가, 기업가로 성장하게끔 돕는다. 창의적인 미래 인재를 육성하기 위해서는 창업교육 프로그램과 창업지원 및 체험활동 등을 제공해야 하며, 학생들의 창의적 역량을 개발하는 것이 필요하다. 또한 향후 창의적 활동을 하기 위한 기반을 마련할 수 있도록 지원해야 한다(이혜진, 2015). 4차산업혁명시대를 맞이하여 현재 1인 기업, 메이커운동 등이 각광받고 있으며, 정부의 여러 정책적 지원이 이루어지고 있다. 청소년들은 창업교육을 통하여 스스로 진로를 계획하고 선택하며 개척해나가는 역량을 키울 수 있고, 미래시대를 살아감에 있어서 긍정적인 영향을 받는다. 특히 초기 청소년기에 해당하는 초등학교급에서는 잠재적 창업가로서 창업 지식을 쌓고 창업 마인드를 형성하여 자신의 진로에 대해 발전적으로 생각해보는 기회를 제공하는 것이 필요하다. 따라서 진로체험교육, 실생활과 연계한 비즈니스 체험학습교육, 롤플레잉 형태의 실전경영체험활동 등 초등학교 수준에 적합한 프로그램을 개발하여 보급하는 노력이 필요하다(한국청소년정책연구원, 2014).

1장에서 창업교육에 대한 국내·외의 개념을 살펴보았다. 그중에서도 핀란드의 창업교육(핀란드 교육부, 2009)은 현재 우리가 지향하고자 하는 창업교육의 개념, 과정, 목표와 매우 유사하다. 이를 기본으로 하여 여기에서는 초등창업교육에 대해 살펴보도록 한다.

초등창업교육의 개념

초등창업교육이란!
기초 교육으로서 사회에 적응을 잘 하기 위하여 창업가적 정신을 이해하고 태도를 개발하여 기업가적인 자질을 가질 수 있도록 하는 교육이다.

초등학교급으로 갈수록 창업교육 프로그램의 접근성은 떨어지지만, 창업에 대한 흥미와 참여도는 더욱 높아진다. 한진수(2017)는 전반적으로 창업과 관련한 관심에 있어 초등학생의 관심 정도가 가장 높고, 초등학생이 창업에 대해 가장 긍정적인 태도를 지니고 있다고 하였다. 초등학교 2, 3학년이 되면 자신이 해야 할 일, 일에 대한 기대, 활동에 대한 기대 등의 관심이 높아지고, 초등학교 4, 5학년이 되면 자신의 진로 및 일에 대해 지대한 관심을 갖고, 6학년부터 잠정적으로 자신의 진로를 선택한다(이현림 외, 2006). 창업과 진로에 대한 관심이 높은 초등학교 시기에 아동의 진로발달은 진로 관련 학습 환경에 노출되면서 점차 성장하고 다양하게 만들어진다(이종범·정철영, 2005).

이처럼 초등학교 시기의 아동에게 창업교육을 하는 것은 진로발달과 성숙에 유의미하다. 실제로 2017년 창업진흥원에서 운영하고 있는 513개의 비즈쿨(Bizcool)[1]학교 중 초등학교는 169개교로 약 30%를 차지하고 있으며, 초등학교에서 활용 가능한 교재와 교안도 제공한다. 잠재적 창업가인 초등학생은 나와 진로에 대한 이해를 바탕으로 창업 지식, 창업 태도, 기업가 정신을 포함하는 체계적인 창업교육과정을 통해 미래의 기업가로 성장할 수 있다. 초등학생 때부터의 창업체험교육 실시를 통해 자기 스스로에 대한 이해, 미래에 대한 나의 계획, 나의 진로에 대한 주체 의식, 일에 대한 성숙한 태도 등의 진로성숙에 도움을 줄 수 있다. 또한 이를 통해 도전 정신을 가

1) 비즈쿨(Bizcool)은 Business School의 합성어로 선진국의 Entrepreneurship Program(기업가 마인드 프로그램)을 한국에 맞게 재구성한 것이다. 즉, "학교 교육과정에서 비즈니스를 배운다", "비즈니스로 세상을 배운다"라는 의미를 가진다.

지고 창의성을 키워 문제해결력을 갖춘 혁신 인재로 양성될 수 있다 (김나영, 2018).

2 초등창업교육 프로그램의 체계

우리나라 초등학생을 위한 창업교육 프로그램은 어떤 것이 있는지 알아보고, 외국 특히 교육선진국이라 할 수 있는 미국과 일본의 초등창업교육 프로그램의 체계에 대해 알아보고자 한다.

1) 우리나라 초등창업교육 프로그램 체계

우리나라에서 진행되는 초등창업교육 프로그램에는 중소기업청(K-start up) 창업진흥원에서 운영하는 청소년 비즈쿨 연구학교와 교재개발, 캠프가 있으며 기업가 정신교육 프로그램이 개발되었다. 또한 민간단체에서 비즈쿨 관련 운영 프로그램을 실시하고 있다. 여기에서는 각각의 초등창업교육 프로그램의 내용과 체계에 대해 구체적으로 살펴보고자 한다.

그림 2-1 금성초등학교 Wi-Fi 앙터프레너십 창업캠프

출처: https://fine-edu.tistory.com/2161, 검색일: 2019년 8월 1일.

(1) 중소기업청(K-start up) – 청소년 비즈쿨 교재

비즈쿨 프로그램은 청소년들의 올바른 기업가 정신 및 비즈니스 스킬 함양을 위한 차세대 경영 체험학습 프로그램이다. 청소년 비즈쿨 사업은 청소년을 대상으로 기업가 정신 함양 및 모의 창업교육을 통해 꿈, 끼, 도전 정신 진취성을 갖춘 '융합형 창의인재'를 양성하는 사업이다(창업진흥원, 2017). 즉, 창의적인 경영 마인드 교육을 통해 청소년들이 기업가로 성장할 수 있도록 하여 국가경제발전에 기여할 수 있게끔 하는 것을 목표로 한다. 주요 사업으로는 크게 비즈쿨 학교 운영, 비즈쿨 캠프, 비즈쿨교육지원 등이 있다.

청소년 비즈쿨 사업을 진행하는 창업진흥원에서는 비즈쿨교육을 위한 청소년 비즈쿨 교재를 개발하여, 비즈쿨 운영학교의 교재활용 교육에 적용하고, 홈페이지에 무료로 배포한다. 크게 초등 저학년, 초등 고학년, 중등 기업가 정신, 고등 기업가 정신, 고등 창업실무로 나누어 제작되었고, 각각의 학생용 워크북과 교사용 지도서를 배부한다(창업진흥원, 2017).

초등학교 저학년용 교재는 '친구들과 함께 미래의 내 모습을 그려 보아요!'라는 제목으로 비즈쿨 시범학교의 초등학교 3, 4학년 학생들이 이수하는 공통필수 내용을 담고 있다. 저학년용 교재는 크게 3가지 범주로 나누어 ① 자기 자신의 이해, ② 직업과 경제에 대한 기초적 개념, ③ 기업가와 기업가 정신에 대한 기초소양 함양을 기르는 것을 목표로 하고 있으며, 총 3장으로 구성되어 있다. 1장에서는 나의 이해를 바탕으로 나의 꿈과 진로에 대한 인식을 중점으로 하고 있으며, 기업가 정신이 낯선 초등학생들, 특히 저학년 학생들의 발달단계에 맞추어 나에 대한 이해부터 시작하여 위인이나 롤모델을 통해 기업가 정신에 접근하는 방식을 활용하고 있다. 2장에서는 다양하게 변화하고 있는 미래사회의 모습을 생각해보고, 경제활동, 현명한 소비 등 기초경제지식에 대한 이해를 전반적으로 다루고 있다. 3장은 세상을 변화시킨 인물을 알아보고 다양한 활동을 통해 기업가 정신을 배우는 것에 대한 내용이다(창업진흥원, 2017).

총 3장으로 나누어진 교재에는 각각의 소단원마다 학생들의 흥미를 자극할 만화와 읽을거리, 여러 분야의 소재를 제공하며, 읽기, 매체활용, 조사하기, 만들기, 체험하기 등 다양한 활동 중심의 내용으로 구성되어 있다. 이 교재를 통하여 올바른 경제관과 직업관을 갖추고 능동적으로 사회활동에 참여할 수 있는 기본 능력을 기를 수 있도록 하였다(창업진흥원, 2017). 초등학생 저학년용 비즈쿨 교재의 단원별 지도계획은 표 2-1과 같다.

표 2-1 초등학생 저학년용 단원별 지도계획

구분	대단원	중단원	소단원	내용	학습활동
1장	나는 이런 사람이 되고 싶어요	내가 좋아하는 것은 무엇일까요?	나는 나는 이런 사람!	자신이 좋아하는 것 찾기를 통해 나에 대해 아는 기회 제공	내가 좋아하는 것 알아보기
			내가 좋아하는 놀이를 찾아보자!	즐겨하는 놀이활동을 통해 자신의 흥미가 무엇인지 찾아보기	내가 좋아하는 놀이 찾고 소개하기
			내가 좋아하는 놀이 속의 직업 찾기	놀이 속에 숨겨져 있는 직업 찾기 놀이의 특징과 직업의 관계 지도	놀이와 직업의 관계 알기
		내가 좋아하는 위인을 알아볼까요?	우리 마을에 위인들이 이사와요!	많은 위인을 초대하는 활동을 통해 위인들의 훌륭한 점을 찾도록 안내	위인들을 마을로 초대, 내가 가장 좋아하는 위인 찾기
			이 분이 바로 내가 가장 좋아하는 분!	자신이 가장 좋아하고 닮고 싶은 위인을 조사하면서 자신의 롤모델의 의미를 알도록 지도	– 내가 가장 좋아하는 위인 소개하기 – 위인을 표현하기
		내가 꿈꾸는 나의 모습을 그려볼까요?	내가 어른이 되면 세상에 무엇을 나눠주고 싶은가요?	세상을 살아가는 데 필요한 것을 알아보기 미래 세상에 자신이 줄 수 있는 것이 무엇인지 찾도록 지도	살아가는 데 필요한 것 찾아보기
			미래 신문을 만들어 보아요!	20년 후의 미래 모습과 자신의 모습을 상상하여 창의적으로 표현하도록 안내	– 미래 나의 모습 – 미래 직업 신문 작성하기

구분	대단원	중단원	소단원	내용	학습활동
2장	내가 사는 사회와 생활의 변화를 알아보아요	미래사회의 다양한 모습을 상상해볼까요?	과거, 현재 그리고 미래를 생각해보아요!	과거, 현재의 모습을 통해 미래의 모습을 상상하고, 미래사회의 변화를 나타낼 수 있도록 지도	– 과거, 현재, 미래의 직업 살펴보기 – 영화 '빅히어로'를 보고 생각하기
			미래 상상화를 그려요.	과거 사람들이 생각했던 미래의 모습을 통해 현재의 내가 상상하는 미래 모습을 그림으로 표현	– 시장놀이에 가져갈 물건 준비 – 시장놀이하기
		다양한 경제활동을 살펴볼까요?	교실에 시장이 열렸어요!	물건이 만들어지고, 팔고, 사는 과정을 이해하고 물건을 통한 경제활동과정을 지도	– 시장놀이에 가져갈 물건 준비 – 시장놀이하기
			지역 특산물을 광고해봐요.	지역마다 특산물은 경제활동의 밑바탕이 되므로 각 지역의 특산물에 대하여 조사하면서 경제의 흐름을 알도록 지도	– 특산물 축제 지역을 정하고 조사 – 지역특산물 축제광고 포스터 만들기
		합리적인 소비 생활(현명한 소비)은 어떻게 할까요?	시장 체험을 위한 용돈을 만들어 봐요.	학생 개개인이 용돈을 직접 벌게 하면서 경제활동의 기본을 터득하도록 지도	– 시장 체험을 위한 용돈 벌어오기 – 집안일로 번 금액 정리하기
			시장에 가서 물건을 사요.	시장에서 직접 돈을 지불하고 물건을 사면서 현명한 소비에 대한 개념 이해시키기	– 시장 모습 관찰 – 내게 꼭 필요한 물건 사기
3장	세상을 바꾼 인물을 찾아봐요.	우리나라를 변화시킨 인물을 찾아볼까요?	우리나라 발전의 변화를 이해해요.	– 우리나라 경제발전에 대한 이해 – 역사 속 인물에 대해 탐구	– 우리나라 발전의 힘 – 역사 속의 인물 찾기
			우리나라의 역사 속 인물을 소개해요.	우리나라를 변화시킨 인물에게서 도전 정신과 창조정신 배우기	– 역사 속 경제를 발전시킨 사람

구분	대단원	중단원	소단원	내용	학습활동
					– 우리나라의 자랑스러운 인물
		세상을 변화시킨 인물에는 누가 있나요?	세상을 변화시킨 사람은 누구?	세상을 변화시키고 발전시킨 사람들에 대하여 조사하면서 업적을 알게 함	– 세상을 변화시킨 인물 찾기 – 조사한 인물 정리
			세상에서 내가 존경하는 인물을 소개해봐요.	세상을 변화시킨 인물 중 1명에 대하여 자세히 조사하고 배울 점을 찾도록 지도	존경하는 인물에 대한 소개 기사 만들기
		내가 좋아하는 기업가와 나의 공통점을 찾아볼까요?	세상을 변화시킨 기업가를 찾아봐요.	기업가의 모습 찾기–미래를 예측하고 꾸준히 노력하는 모습	마트 저커버그, 엘론 머스크 탐색
			존경하는 기업가와 나의 공통점은?	존경하는 기업가와 자신의 공통점을 통해 장점 찾기	– 내가 존경하는 기업가 조사하기 – 나와 기업가의 공통점과 차이점

출처: 창업진흥원(2017). 친구들과 함께 미래의 모습을 그려보아요! 초등학교 3~4학년용 교사용 지도서.

초등학교 고학년용 교재는 '기업가와 함께 내 꿈을 디자인 해보아요!'라는 제목으로 저학년에서보다 기업가 정신에 더욱 초점을 두어 학습할 수 있도록 내용을 구성하였다. 크게 나누어 보면 ① 나에 대한 이해, ② 기업가 정신에 대한 이해, ③ 진로 멘토를 통한 기업가 정신 탐색으로 구성되어 있다. 1장은 자신의 이해를 바탕으로 직업과 진로에 대한 폭넓은 접근을 시도한다. 2장에서는 세상의 변화와 함께 변화하는 기업의 모습과 기업가의 태도를 이해하고, 직접 참여 활동을 통해 자연스럽게 기업가의 역할을 익힐 수 있도록 구성되어 있다. 3장에서는 기업가 정신에 좀 더 초점을 두어 우리 지역의 기업가를 탐색하는 내용으로 구성되어 있다(김나영, 2018).

고학년용 비즈쿨 교재는 저학년용 교재보다 한정된 범위의 창업교육을 다루고 있다. 기업가 정신에 초점을 두고 3장에 걸쳐 나와 미래, 기업가, 기업가 정신에 대해 더 깊게 탐색해보는 활동들로 구성되어 있다. 저학년용 교재에서는 표현하고 체험하는 활동들이 주를 이루었다면, 고학년용 교재에서는 조사하고 발표하기, 계획세우기, 생각해보기 등 사고하는 과정이 필요한 활동들이 주를 이루고 있다(창업진흥원, 2017). 초등학생 고학년용 비즈쿨 교재의 단원별 지도계획은 표 2-2와 같다.

표 2-2 초등학생 고학년용 단원별 지도계획

구분	대단원	중단원	소단원명	내용	학습활동
1장	내 삶의 주인 되기	나에 대하여 알아볼까요?	나는 누구일까요?	워크넷의 초등학생용 진로발달검사를 활용하여 진로에 관한 다양한 자신의 특성을 이해하도록 지도	나의 진로인식검사 결과 정리하기
			나는 내가 자랑스러워요!	명예로움을 배우고 회복탄력성을 강화시키는 내용으로 지도	– 나의 장단점 – 나의 성공담 작성하기
		직업과 행복이 무슨 관련이 있어요?	행복한 삶의 조건을 알아보아요.	자신만의 행복의 조건이 무엇인지 직업과 관련지어 생각하게 지도	내가 생각하는 행복의 조건 알아보기
			직업이 꼭 필요한 것인가요?	– 직업의 필요성과 의미에 대해 다양한 방법으로 생각하도록 지도 – 올바른 토의, 토론 자세 훈련	주제를 선택하여 토의하기
		나에게 맞는 직업을 찾아볼까요?	내가 꿈꾸는 미래는요?	메가트랜드를 살펴보고 미래의 변화와 미래직업을 자유롭게 상상해보도록 지도	– 미래모습 상상 – 미래사회에 필요한 직업 찾기
			나는 어떤 직업인이 될까?	미래의 나의 모습과 나의 미래 직업을 구체적으로 상상하게 유도	30년 후 미래일기 쓰기

구분	대단원	중단원	소단원명	내용	학습활동
2장	직업 세계의 변화와 기업가의 역할	직업 세계 환경은 어떻게 변화하고 있나요?	미래사회를 준비하는 기업의 변화 방향은?	많은 정보와 빠른 속도로 변화하는 세상 속에서 기업가의 변화 방향에 대해 지도	아이디어 고릴라
			우리 회사 사장님은 이런 사람!	빠른 사회 변화 속에서 적응하기 위해 노력하는 기업가의 모습	– 내가 일하고 싶은 일터 – 미래 우리 회사 사장님 상상해보기
		기업가는 사회에서 어떤 역할을 하고 있나요?	기업가가 세상에 없었다면?	기업가가 없을 경우 일어날 세상의 변화 토의	토의 주제를 알고, 선택하여 토의하기
			기업가에게 필요한 태도	올바른 기업가가 되기 위한 태도와 마음가짐 찾기	유일한 회장의 기업가 이야기
		성공한 기업가의 정신을 배워볼까요?	세상을 바꾼 분들을 찾아봐요.	행복한 세상을 만들기 위해 노력했던 분들의 지혜	세상을 바꾼 기업가들의 특징
			기업가에게 필요한 창의력을 키워봐요!	친구들과의 협력 속에서 창의력을 키울 수 있는 활동	– 창의적인 사각 구조물 만들기 – 모둠별 수행과제
		기업가로서 나의 미래를 상상해볼까요?	나는 나는 기업가!	보드게임을 통해 직접 기업가가 되어 기업 운영의 모의활동을 전개	– '기업가 모의주행' 보드 게임하기 – 내가 사들인 회사
			나도 멋진 기업가가 될래요!	자성 예언서 작성을 통한 기업가로서의 사명감 알기	기업가로서 나의 미래를 상상하고 사명서 쓰기
3장	우리 지역 기업가 탐색	우리 지역에는 어떤 기업가들이 있을까요?	우리 지역의 성공한 기업가를 찾아봐요.	우리 지역의 성공한 기업가 직접 찾아보기	– 재래시장의 특별함 – 우리지역의 기업가 찾아보기
			나의 롤모델인 기업가를 소개해요.	성공한 기업가 중에서 내가 닮고 싶은 롤모델에 대하여 조사	존경하는 기업가에 대한 마인드맵 자료 만들기

구분	대단원	중단원	소단원명	내용	학습활동
		우리 지역의 성공한 기업가와 나의 공통점을 찾아볼까요?	내가 되고 싶은 기업가의 모습은?	기업가 정신의 의미 구체적으로 생각하기	- 기업가의 다양한 유형 - 내가 꿈꾸는 기업가
			나의 롤모델인 기업가와 나의 공통점은?	나에게 잠재되어 있는 기업가 정신 찾기	- 기업가가 나를 채용하도록 설득하기 - 나와 롤모델 기업가의 공통점과 차이점
		기업가가 되기 위해서 어떤 준비를 해야 할까요?	자기 관리 능력의 의미는?	자기 관리 능력의 유형을 알아보고 자신의 자기 관리 능력을 점검하기	- 성공한 사람들의 여러 가지 관리 능력 - 기업가들의 자기 관리 능력에 대해 조사하기
			나의 자기 관리 능력을 키워요.	시간 관리 능력을 키울 수 있는 계획서를 세우도록 지도	- 시간 관리 능력 높이기 - 나의 인맥 관리 점검

출처: 창업진흥원(2017). 기업가와 함께 내 꿈을 디자인해보아요! 초등학교 5~6학년용 교사용 지도서.

(2) 중소기업청(K-start up) – 청소년 비즈쿨 연구학교 및 캠프

비즈쿨 운영학교는 운영학교의 성격에 따라 선도 비즈쿨, 도약 비즈쿨, 도전 비즈쿨, 비즈쿨 연구학교, 학교 밖 청소년지원센터로 구분되어 운영되고 있다. 이 중 비즈쿨 연구학교는 2년 간 운영되는 프로그램으로, 연구학교로 지정되면 2년에 걸쳐 학교단위의 기업가 정신 및 창업·경제교육을 실시하고 창업 동아리를 운영하며, 교사 연수 및 전문가 특강을 진행한다(이혜진, 2015).

비즈쿨 운영학교는 2017년에 초등학교 169개교가 선정되었고, 이 중에서 2017년 비즈쿨 연구학교로 지정된 초등학교는 총 8개교이다. 각 연구학교에서는 홈페이지에 운영계획서, 중간검토 보고서, 운영

보고서를 게시하고 운영현황 및 참고 자료도 공유한다. 연구학교의 운영계획서 및 보고서를 보면 대부분 3개의 운영과제를 선정하고 있고, 실천내용으로 프로그램 운영을 위한 기반 조성과 프로그램활동, 창업 동아리, 체험 프로그램 운영 등이 있다. 비즈쿨 연구학교 프로그램은 학교 단위의 프로그램으로 교육과정 재구성이나 동아리 운영, 현장체험학습 등 규모가 큰 것들을 다루고 있는 경우가 많다. 연구학교 보고서 내용 중 교내 진로체험활동 내용들은 학급 단위에서도 창업교육 프로그램으로 활용할 수 있다(김나영, 2018).

비즈쿨 캠프는 다양한 청소년들에게 단기간에 기업가 정신 마인드 함양, 경제, 기업가 정신교육을 체험형, 실무형으로 진행하는 프로그램으로, 초등학생을 대상으로 한 것은 어린이 기업가 캠프로 가족이 함께 참여하는 단기형 캠프이다. 어린이 기업가 정신 캠프는 초등학교 3학년 이상의 학생과 학부모가 함께 참여하는 캠프로 기업가 정신 이해 및 함양 프로그램, 미래사회 기술체험 및 초등학생 눈높이에 맞는 창업교육 등 흥미 위주의 체험 프로그램과 학생들의 협업으로 운영되는 창업 시뮬레이션 및 부모님과 함께 하는 경제교육, 성과 발표 등으로 구성되어 있다(창업진흥원, 2017). 직업 창업을 진행해보는 과정이 주를 이루고 있으며, 이를 학급에서 적용한다면 학생을 모둠으로 구성하여 진행할 수 있다.

(3) 기업가 정신교육 프로그램

강경균 외(2017)는 초·중학생 기업가 정신교육 교재 개발을 위하여 도출된 교육내용과 목표를 바탕으로 교육 프로그램을 구성하였다. 이 프로그램은 기업가 정신교육 목표를 8가지로 나누어 총 17차시로 진행된다.

자기이해(나의 가치 찾기, 삶의 가치 찾기)로부터 시작해 기본적인 경제지식을 알고 흥미로운 제작물 만들기, 창업아이템을 생각해 비즈마켓을 통해 창업 경험하기 등 기업가 정신에 대한 이해뿐만 아니라 포괄적 의미의 창업교육활동을 포함하고 있다.

초등학생 고학년용 기업가 정신교육 프로그램의 내용은 표 2-3과 같다.

표 2-3 초등학생 고학년용 기업가 정신교육목표에 따른 교육내용

교육내용 (총 17차시)	학습목표
나의 가치 찾기(2차시)	– 나 자신을 돌아보고 나의 특징을 말할 수 있다. – 타인이 관찰한 나를 인식하고, 나를 설명할 수 있다. – 나 자신과 타인을 통해 나의 가치를 설명할 수 있다.
삶의 가치 찾기(2차시)	– 나의 삶에서 진정성 있는 가치를 설명할 수 있다. – 나의 삶을 가치 있도록 진정성 있게 설계할 수 있다. – 나의 삶의 가치 있는 목적을 설정할 수 있다.
경제활동 체험하기(2차시)	– 경제활동 상황을 이해하고 설명할 수 있다. – 나의 생활 속에서 간단한 경제활동을 경험할 수 있다. – 나를 둘러싸고 있는 경제 생태계를 간단히 설명할 수 있다.
주도적으로 계획하기(2차시)	– 타인의 삶을 통해 나의 경제에 대하여 이해하고 설명할 수 있다. – 나의 아이디어를 홍보하기 위하여 계획할 수 있다. – 내 삶을 주도적으로 가치 있게 계획하고 실천할 수 있다.
창의적으로 활동하기(2차시)	– 창의적인 사람들에게 배울 점을 한 가지 이상 말할 수 있다. – 창의적인 사람들은 어떤 방법으로 새로운 생각을 하는지 말할 수 있다. – 나만의 창의적인 생각 만드는 방법을 만들어 실천할 수 있다.
흥미로운 제작 경험하기(2차시)	– 한 가지 제작물을 선택하여 다양한 형태로 표현된 산출물을 찾아 비교하여 말할 수 있다. – 흥미로운 제작물을 만들 수 있다. – 나만의 생각을 추가하여 새로운 형태의 제작물을 만들 수 있다.
삶의 CEO로서 가치 있게 설계하기(3차시)	– 나의 적성과 흥미에 맞는 아이디어를 찾을 수 있다. – 나의 꿈과 회사의 꿈을 설계하고 발표할 수 있다. – 우리 회사에 맞는 사회적 책임을 생각하고 발표할 수 있다.
삶의 CEO로서 가치 있게 표현	– 사업에 대한 아이디어를 다양한 재료로 표현하고 설

교육내용 (총 17차시)	학습목표
하기(2차시)	명할 수 있다. – 자신의 창업 아이템을 모의 투자자들에게 가치롭게 표현할 수 있다. – 용돈 기반의 창업을 구상하고 비즈마켓을 통하여 창업을 경험할 수 있다.

출처: 강경균 외(2017). 을 위한 기업가 정신교육 프로그램 개발 및 적용 효과. 실과교육연구.

앞에서 설명한 내용을 종합해보면, 크게 자기 이해, 직업의 이해, 기업가 정신, 창업체험, 창업 실행, 기타의 6가지로 나뉘며, 각각 다양한 활동으로 구성되어 있음을 알 수 있다. 세부 내용은 다음과 같다(김나영, 2018).

① 자기 이해: 진로검사를 통한 나의 이해 및 나와 미래에 관한 내용

② 직업의 이해: 직업 자체에 대한 내용보다는 직업의 변화, 미래 직업의 이해, 창업과 진로를 위한 배경 지식 등에 대한 이해에 관한 내용

③ 기업가 정신: 기업가, 창업가에 대해 알아보고 그 정신을 이해하는 활동

④ 창업체험: 창업을 할 수 있는 다양한 영역의 체험활동으로 시장체험, 놀이하기, 제작하기 등의 활동

⑤ 창업 실행: 창업 아이템을 찾고 만들기, 창업진행을 위한 화폐 제작, 회사설립 및 운영을 위한 기획, 마케팅, 비즈마켓 운영 등의 내용, 창업의 일련과정을 직접 체험하는 모의체험활동

⑥ 기타: 기업가 정신이나 창업과 직접적인 관련은 없지만 창업을 할 수 있는 바탕으로 도움이 될 수 있을 만한 활동

그림 2-2 와룡초등학교 '창업 꿈나무 교실' 창업 특강

출처: http://blog.naver.com/PostView.nhn?blogId=bicycletrophy&logNo=220852946654

(4) 민간단체의 비즈쿨 관련 운영 프로그램

민간단체에서도 초등학생 대상의 창업교육을 위해 자체 교육 프로그램을 개발하여 이를 활용하고 있다. 체험, 캠프, 모의활동 등을 통해 기업을 이해하고 사업계획서의 작성, 창업 및 경제활동에 대한 학습을 수업과 실습의 형식으로 진행한다. 또한 실제로 견학하고 방문해보는 활동, 발표해보는 체험 위주의 교육도 실시하고 있다(한문성 외, 2010). 국내의 초등학생을 대상으로 하는 민간단체의 비즈쿨 관련 운영 프로그램은 표 2-4와 같다.

표 2-4 초등학생 대상의 민간단체 운영 프로그램

기관 및 단체	대상	내용
이코비	초등 3, 4, 5학년	– 경제: 사업과 소비의 체험 (경제퀴즈, 사업계획서 작성하기) – 견학: 증권박물관 – 체험: 도자기 만들기, 풍선아트 – 놀이: 별자리 관찰, 눈썰매
청소년금융교육협의회	초등 4, 5, 6학년	– 명함 만들기, 비즈니스 매너 에티켓 – 희소성 가치게임, 물물교환 – 경제마술 레크리에이션, 보드게임

기관 및 단체	대상	내용
중앙일보의 틴틴 경제	초등 5, 6학년	– 생소한 경제를 놀이를 통해 체험 – 직접 사업을 기획, 진행 – 자연스럽게 시장을 이해
매경어린이 경제교실	초등 4, 5, 6학년	– 게임으로 배우는 용돈과 신용 – 나는 어린이 CEO, 증권 박물관 견학 – 증권 투자 게임, 나도 현명한 부자가 될 거야!
어린이 경제신문	초등 2학년~중등 2학년	– 나의 금융지수(FQ)평가, 내게 맞는 업무 찾기 – 사업 준비 및 재료 구입하기 – 돈의 탄생과 기능 배우기, 사업 체험하며 돈의 흐름 배우기 – 경제 올림픽, 보드게임으로 배우는 투자
한국경제교육연구소	초등 1학년~중등 1학년	– 퀴즈로 자금 만들기 – 사업계획서 발표 – 베스트 사업아이템 만들기

출처: 남춘애(2012). 비즈쿨(Bizcool) 교육특성, 사회적 지지 및 교육기반특성이 학습성과와 창업의도에 미치는 영향에 대한 연구.

2) 외국의 초등창업교육 프로그램 체계

(1) 미국의 초등창업교육 프로그램 체계

EU를 중심으로 미국, 일본과 같은 선진국에서는 일자리 창출을 위한 청소년 창업교육에 많은 노력을 기울이고 있다. 미국의 경우 40여 년 전부터 카우프만 재단과 같은 비영리 민간재단과 많은 기관 및 정부 정책에서 창업 및 기업가 정신 육성교육을 실시하고 있다. 조기에 창업 마인드와 기업가 마인드를 심어주기 위함이다.

미국의 창업교육 프로그램은 학생들에게 창업과 경제에서 기업가의 역할을 소개하는 스스로 학습과정과 창업 준비 교과과정이 포함되어 있다. 또한 창업에 대한 지식을 함양하고 기술 및 행위를 적용시키기 위한 창업 적용 프로그램들이 있다. 여기에서는 미국의 초등학생에게 적용되는 창업교육 프로그램으로 JA(Junior Achievement) 프로그램에 대해 알아보고자 한다(McMullan, W & Wayne A, 1990).

JA(Junior Achievement) 프로그램은 유치원부터 대학생까지 경제 및 기업에 대한 이해를 순차적으로 높여 나가는 단계별 교육 프로그램이다. 유치원과 초등학교의 단계에서는 우리 가족들(Our Families), 우리 공동체(Our Community), 우리 도시(Our City), 우리 지역(Our Region), 우리나라(Our Nation), 우리 세계(Our World)에 대해 배운다. 프로그램은 총 5주 동안 1시간씩 진행되며, 한 학년의 프로그램은 5개의 작은 프로그램으로 운영된다. 수업을 마친 후 향상도 측정을 위한 설문지를 작성한다(남춘애, 2012). JA 프로그램의 초등학생 내용은 표 2-5와 같다.

표 2-5 JA(Junior Achievement)의 초등학생 창업교육 프로그램

학년	프로그램	수업내용
1학년	우리 가족들 (Our Families)	가족 간의 직업에 대한 이해와 경제 생활 가운데 가장 기본적인 개념인 '필요한 것'과 '원하는 것'의 역할을 놀이를 통해 배운다.
2학년	우리 공동체 (Our Community)	학생들이 살고 있는 지역에 어떠한 직업과 경제기관이 있는가에 대하여 살펴보며, '도넛 생산'을 게임으로 해봄으로써 소량생산과 대량생산의 차이를 이해한다.
3학년	우리 도시 (Our City)	도시를 상업 · 거주 · 산업 지역으로 나누고 그 역할을 배운다. 또한 모형으로 도시 개발을 계획해보고 은행 업무를 학습한다.
4학년	우리 지역 (Our Region)	각 도와 지역에 있는 천연자원과 인적 자원 및 자본의 개념을 배우며 직접 기업을 운영해보며 간단한 원리를 익힌다.
5학년	우리나라 (Our Nation)	기업에 필요한 인적 자원과 입사 인터뷰 및 기업광고 전략 등을 실제로 만들어 본다.
6학년	우리 세계 (Our World)	수출과 수입, 세계 자원, 환율 등을 공부한다.

출처: 한문성 외(2010). 청소년 직업관 및 창업교육 3개년 계획연구.

(2) 일본의 초등창업교육 프로그램 체계

매년 일본의 중소기업연구협회에서는 일본 중소기업과 지역경제 발전의 주체로 전국적인 모임을 여는 등 창업에 대한 협회활동을 활발히 하고 있다. 하지만 이러한 활동에도 불구하고 창업에 관심이 있는 학생과 창업을 위해 준비하는 과정에 있는 학생은 비교적 적은 편이다. 현재는 주로 대학을 중심으로 창업교육이 이루어지고 있으며, 일반인을 대상으로 하는 훈련은 6개의 중소기업대학에 의해 실시된다(남춘애, 2012). 초등학생에게 실시되는 창업 프로그램활동으로는 크게 3가지가 있으며, 프로그램의 내용은 **표 2-6**과 같다.

표 2-6 일본의 초등학생 창업교육 프로그램

프로그램 종류	내용
주니어 기업가 교육 교실	– 초・중・고등학생에게 경제활동과 일에 관한 체험 기회를 제공하고, 꿈을 스스로 찾으며 실현하는 청소년 육성을 목표로 함 – 초・중・고등학생이 '사회와의 관계'를 배우고, '꿈을 실현하는 힘'을 함양할 수 있도록 하는 협동형 프로그램
오사카 기업가 열전	– 미래 오사카를 짊어질 인재를 육성하는 것을 목적으로 함 – 오사카의 대표적 기업가에 대한 이해를 배우는 프로그램 – 기업가의 삶의 태도, 도전 정신, 창의력 등을 학습할 수 있는 내용으로 구성됨 – 프로그램 개발 위원회를 설치하고 시범 수업을 통해 성과를 검증하여 교육 현장에서 사용함
디지털 키즈 마트	– 어린이 대상의 시장놀이 체험활동 – 디지털 환경을 사용하여 어린이들이 시장에 참여하고 스스로 판단하며 행동하는 능력을 기를 수 있도록 유도하는 유사 체험 프로그램

출처: 한문성 외(2010). 청소년 직업관 및 창업교육 3개년 계획연구.

3 초등창업교육의 구성 요소

앞에서 창업교육의 구성 요소를 살펴보았다. 여기에서는 창업교육 구성 요소를 '창업 마인드(Mind Set)', '창업 스킬(Skill Set)', '창업 실제(Tool Set)'의 3가지로 이야기하였다. 또한 창업 마인드에서는 7가지 하위 요소, 창업 스킬에서 10가지 하위 요소, 창업 실제에서 5가지 하위 요소로 분류하여 접근하였다. 앞서 살펴본 자메이슨(Jamieson,

1984)의 연구에 바탕을 두어 창업교육의 3가지 구성 요소에서 초등 창업교육과 관련된 하위 요소에 대해 다시 한 번 살펴보고자 한다. 이 장에서 재구성한 초등창업교육과 관련한 구성 요소별 하위 요소는 **표 2-7**과 같다.

표 2-7 초등창업교육 관련 구성 요소별 하위 요소

구성 요소		하위요소	초등교육
창업 마인드 (Mind Set)	1	모험심(Risk Taker)	●
	2	혁신성(Innovative)	●
	3	호기심(Curiosity)	●
	4	자기효능감(Self-efficacy)	●
	5	수용성(Uncertainty/ambiguity tolerance)	●
	6	회복탄력성(Resilience)	●
창업 스킬 (Skill Set)	1	문제해결(Problem Solving)	●
	2	공감(Empathy)	●
	3	의사소통(Communication)	●
	4	협업(Being a Team Player)	●
	5	창의성(Creativity)	●
창업 실제 (Tool Set)	1	기회인식(Opportunity Recognition)	●

지금까지 초등창업교육의 개념과 초등교육에서 창업교육이 왜 필요한지를 살펴보고, 국내 뿐만 아니라 미국과 일본의 초등학생을 대상으로 하는 초등창업교육 프로그램의 체계에 대하여 알아보았다. 또한 초등창업교육의 구성 요소와 초등학교에 적합한 각 구성 요소별 창업교육의 하위 요소를 살펴보았다. 초등학생 대상의 창업교육 프로그램은 학생의 진로개발 및 향상에 긍정적 영향을 미치기에 학교에서의 폭넓은 활용이 이루어져야 할 것이다. 보다 수준 높은 창업교육을 위하여 학교 현장에서 교사의 창업교육에 대한 이해와 다

양한 분야의 창업활동에 대한 지식 및 경험이 필요할 것이다. 지도하는 교사의 창업에 대한 관심과 이해 정도는 학생들의 창업교육활동의 결과에 큰 영향을 미칠 것이다. 따라서 창업교육에서 이루어지는 각 활동 및 수업들이 학생들의 진로성숙 및 미래 직업선택에 올바른 영향을 미치고, 긍정적 효과를 얻기 위해서는 교사의 창업교육에 대한 인식 제고와 전문성 함양을 위한 적극적인 노력이 필요하다고 하겠다.

Chapter 03

중등교육에서의 창업교육

1 창업교육의 개념 및 특징

4차산업혁명 시대를 맞이하여 창업과 기업가 정신은 성인교육뿐만 아니라, 청소년교육에서도 주된 관심사로 대두되고 있다. 창업교육은 학문적 기반이 다소 미흡하지만 중요성에 대한 인식이 확산되면서 창업교육에 대한 정의가 다양하게 이루어지고 있다. 창업이란 새로운 기업을 설립하거나 사업을 시작하는 것으로 창의적인 아이디어를 현실화하는 매우 중요한 방안이다. 이처럼 단순 창업의 의미 부여보다 성공적인 창업을 담보하기 위해서는 창업 실행 전 단계에서 필요한 지식 및 기술과 기업가에게 요구되는 태도 및 가치관을 갖추어야 한다.

체계적인 창업을 위해서는 관련 지식과 기술 외에 실무전략을 습득할 수 있는 교육적 마인드가 필요하다. 특히 창업정신(Mind Set)은 타고난 고유의 성격이 아니라 개발되고 육성될 수 있는 역량이다. 인간의 가치관과 행동양식은 변화 가능한 실천적인 고유한 특성을 지니고 있기에 의도적이고 계획적인 학교교육이 강조되고 있다. 특히 중등단계에서 창의성과 도전 정신을 제고하여 창업에 대한 긍정적 자세를 갖게 하는 것은 학습 생태계의 건전성을 높이는 데 중요한 요인이기도 하다(박재성, 2018).

따라서 창업교육은 청소년들이 자신의 삶에 대한 주인의식 고취와 미래의 가치관을 설계하고 실행에 옮길 수 있는 핵심적인 역량이다(강경균 외, 2017). 나아가 중등교육에서의 창업교육은 창업 관련 아이디어를 탐색하고, 계획하며, 계획을 성공적으로 운영하는 데 필요한 지식, 기능, 태도 등을 가르치는 교육(Mok & Choi, 2012)뿐만 아니라, 창업을 하지 않더라도 피고용자 입장에서 직무수행에 긍정적인 자세를 갖고 실무를 수행할 수 있도록 하는 교육(양재경, 2007)으로 정의할 수 있다.

창업교육의 특징을 살펴보면, 우선 창업가로서 지녀야 할 정신, 가치관, 윤리의식 등이 요구된다. 즉, 위험감수를 하며 기회를 포착

하여 끈기와 열정적인 활동을 하게 만드는 마음 자세(a Mind-Set)와 (Gündoğdu, 2012) 혁신의 기회를 발견하고, 모험심과 호기심 유발을 통해 고객친화적인 서비스를 제공하는 기업가적 태도 및 마음 자세를 들 수 있다(Hardy, 2014). 둘째, 창업수행에서 요구되는 기술적 테크닉으로서, 적합한 관리 능력, 창의적인 대응력 등을 가지는 기업가적 행동(Long, 1983), 기업가적 활동과 관련된 현상(OECD, 2013)으로 팀워크 및 협업, 네트워크 구축, 협상, 디자인 사고, 소통 역량 등이 요구되고 있다. 셋째, 창업의 실무적 경영 능력으로 창업에 필요한 재무, 회계, 펀딩 관련 지식과 마케팅 등 경영 관리 전략의 실제적 기능을 함양할 수 있는 역량을 지니고 있다. 이처럼 창업교육은 창업 후 안정적 운영에 결정적 정보를 제공하여 창업 성공률을 높이는 데 매우 중요한 제도적 장치이다(설병문 외, 2014). 창업교육의 중요성으로 인해 정부 및 학교, 유관기관에서는 창업지원 정책과 더불어 창업에 요구되는 지식, 기술, 태도 및 행동 역량을 교육적 접근을 통해 함양하고자 노력하고 있다.

2 창업교육의 구성 요소 및 체계

창업교육의 개념과 특징을 기반으로 추출된 구성 요소는 국내·외 학자들 간에 다양하게 제시하고 있다. 구체적으로 파라할리드와 하멜(Parahalad & Hamel, 1990)에 의하면 창업교육의 구성 요소는 특정 직무에서 우수한 경영성과를 산출해낼 수 있는 지식, 기술 및 능력으로 구분하였으며, 모리스(Morris et. al., 2013)는 과업을 성공시키기 위해 요구되는 요소는 가치, 지식, 기술, 태도, 행동이라고 했다. 그 외 주요 구성 요소는 지식(정신모형, 서술적 지식, 자기통찰), 기술(마케팅, 자원, 기회 포착, 대인관계, 학습, 전략적 기술), 태도(기업가적 열정, 자기 효능감, 기업가 정신, 진취성, 불확실성/애매모호함 용인, 혁신성, 인내심)로 구분할 수 있다(Lackeus, 2014). 또한 창업을 위한 기술과 지식 그리고 성격적 특성으로써 기술적 역량, 전략적 사고 역량, 조직적 역량(강한혁, 2018)으로 구성하거나, 기업가적 역량, 관리적 역량, 기술적·기능적 역량, 창의 역량(임아름, 2015)으로 구성 요소를 대별하고 있다. 이처럼 창업교육의 구성 요소는 지식, 기술, 태도 등 역량 기반 중심으로 요약될 수 있을 것이다.

이상과 같이 중등학교에서의 창업교육의 구성 요소는 선행연구에 더하여 창업 마인드(Mind Set), 창업 스킬(Skill Set), 창업 실제(Tool Set) 등 세 가지 구성 요소와 21개의 하위 요소로 구분할 수 있을 것이다. 중등단계에서 구성 요소별 창업교육의 하위 요소를 살펴보면, 우선, 창업 마인드(Mind Set)는 개인 차원의 창업에 대한 동기 부여적 요소로서 도전의식(Sense of Challenge), 혁신성(Innovative), 열정(Passion), 호기심(Curiosity), 자아 효능감(Self-Efficacy), 개방성(Openness), 회복 탄력성(Resilience), 창의성(Creativity) 등 8개의 하위 요소로 구성되어 있다.

둘째, 창업 스킬(Skill Set)은 창업의 성공 가능성 및 지속 가능성을 높이기 위한 기술적 능력으로, 관련 하위 요소는 문제 해결력(Problem Solving), 공감(Empathy), 의사소통(Communication), 경청(Listening), 네트워킹(Networking), 리더십(Leadership), 협업(Collaboration), 디자인 씽킹(Design Thinking) 등 8개로 이루어져 있다.

셋째, 창업 실무(Tool Set)는 창업수행에 요구되는 실제적이고 현장 친화적인 실무기능을 의미한다. 관련 하위 요소는 기회 포착(Opportunity Recognition), 프로토타이핑(Ability to Organize), 마케팅(Marketing), 자금(Finance), 자원관리(Resource Management)로 5개로 구분할 수 있다. 중등학교 단계에서 요구되는 창업교육의 구성체계를 제시하면 표 3-1과 같다.

표 3-1 중등학교 창업교육의 구성체계

구성 요소	단계	하위 요소
창업 마인드 (Mind Set)	8	도전의식(Sense of Challenge), 혁신성(Innovative), 열정(Passion), 호기심(Curiosity), 자아 효능감(Self-Efficacy), 개방성(Openness), 회복 탄력성(Resilience), 창의성(Creativity)
창업 스킬 (Skill Set)	8	문제 해결력(Problem Solving), 공감(Empathy), 의사소통(Communication), 경청(Listening), 네트워킹(Networking), 리더십(Leadership), 협업(Collaboration), 디자인 씽킹(Design Thinking)
창업 실제 (Tool Set)	5	기회 포착(Opportunity Recognition), 프로토타이핑(Ability To Organize), 마케팅(Marketing), 자금(Finance), 자원관리(Resource Management)

3 중등학교 창업교육의 운영 실태

우리나라 중등학교 창업교육은 정규교육과정의 진로와 직업 및 창업일반 등 선택과목에서 부분적으로 다루어지고 있는 실정이다. 구체적으로 기업가 정신교육은 2015개정 교육과정의 사회교과에 성취수준에 포함되었고, 이후 초·중고등학교 교과목 및 활동으로 적용되었다(강경균 외, 2017). 그 외 정부 차원의 지원사업을 통해 필요성의 근간을 유지하고 있는 실정이다. 주요 선진국의 경우 유치원에서 대학에 이르기까지 표준화된 프로그램에 기반한 국가수준의 체계적인 교육이 전개되고 있다. 특히 유럽의 경우 초등학교부터 기업가 정신교육을 의무적으로 실시하고 있다(김진수 외, 2008).

창업교육의 방향 또는 방법은 창의적이고 표준화된 커리큘럼에 의해서 결정된다. 정부나 지원기관이 교육목표를 명확하게 설정하지 않으면 관련 교육과정이 방향성을 상실하게 된다. 창업교육에 있어서 커리큘럼의 결정 사항으로 판단되는 개설과목 문제는 창업교육의 목표에 대한 인식과 창업행위를 바라보는 시각의 차이를 초래할 수 있다. 이러한 시각 차이는 창업행위에 대한 개념의 차이를 가져올 수 있으며, 나아가 학자에 따라 창업을 차별적으로 인식할 수 있다(조병주, 1996).

중등학교 창업교육에 대한 개념 및 목표 설정, 교육과정, 교수방법 등 창업교육 전반의 체계성 및 사회적 인프라 확보가 미흡한 실정이나 국가 및 유관기관 차원에서 중등학생을 대상으로 기업가 정신을 통한 창업 마인드 제고에 노력하고 있다(강경균 외, 2017).

특히 제도권 교육에서 창업교육은 무엇을 교육내용으로 할 것이며, 결정된 내용을 어떻게 가르칠 것인가가 주된 관심사이다. 전공과정으로 창업교육 프로그램을 설계할 경우, 기본적으로 세 가지의 중요한 문제가 제기될 수 있을 것이다. 첫째, 창업교육에 필요한 과목을 선정하거나 결정하는 일이고, 둘째, 개설될 과목을 배열하고 조합하는 문제이다. 셋째, 다양한 학습자의 요구를 반영하거나 또는 교육기관에서 정의내린 교육목적에 맞추어 교과목과 교육방법을 제한하는 문제이다(설병문 외, 2014).

그러므로 향후 창업교육을 통해 창업에 대한 인식을 제고하고 각자 자신의 가치 실행에 방향성을 유인하는 동력과 방법을 제시해 주고, 계획을 수립할 수 있게끔 도와주고 문제해결 능력을 향상시키는 교육으로 유도해야 할 것이다. 교육의 본질 및 목적과 행위가 일치할 때 궁극적인 효과를 얻을 수 있듯이 창업교육에 대한 학습자의 인식을 면밀히 관찰하고, 친학습자 중심의 목적과 실행의 연관성을 통해 소기의 성과를 확보해야 할 것이다.

1) 중등학교 창업교육과정

우리나라 중등학교 창업교육은 정규교육과정의 진로와 직업 및 창업일반 등 선택과목에서 부분적으로 다루고 있는 실정이다. 그 외 정부 차원의 지원사업을 통해 필요성의 근간을 유지하고 있는 실정이다. 중등학교 차원에서 이루어지고 있는 창업교육은 청소년 창업교육인 비즈쿨(Bizcool)과 IP기반 차세대영재기업인 육성사업, 메이커 문화사업 등을 들 수 있다.

(1) 중학교 창업교육과정 편성 · 운영

중학교 창업교육의 교육과정 편성·운영은 중학교교육과정 편제 기준에 의거한다. 중학교 창업교육의 포괄적 의미를 탐색해 보면, 교과(군)내 선택교과인 진로와 직업 과목과 창의적 체험활동의 진로 활동 영역에서 내용의 관련성을 확인할 수 있다. 단위학교가 선택과목을 개설할 경우 2개 이상의 과목을 개설함으로써 학생의 선택권을 보장되도록 하고 있으며, 특히 학교가 필요로 새로운 선택과목을 개설할 경우, 시·도교육청이 정하는 지침에 따라 사전에 필요한 절차를 거치도록 하고 있다(교육부, 2018).

(2) 고등학교 창업교육과정 편성 · 운영

① 일반고 및 특수목적고

고등학교교육과정 편제 기준에 의거 일반고 및 특목고 창업교육은 크게 보통교과의 선택과목 중 일반선택의 진로와 직업과목과 진로선택의 창의경영, 지식 재산교과에서 관련성을 고려할 수 있다.

② 특성화고 및 산업수요 맞춤형 고등학교

일반고 및 특목고와의 동일한 교과 배정 외 추가적으로 전문교과 Ⅱ의 기초과목인 창업일반교과목을 개설·운영할 수 있다. 따라서 중등학교교육에서의 창업교육은 특성화고(산업수요 맞춤형고)의 창업일반 과목을 제외하고 선택과목인 진로와 탐색과목의 한 영역에서 부분적으로 다루어지고 있는 실정이다(교육부, 2018)

2) 중등학교 창업교육 지원활동

(1) 청소년 비즈쿨

① 추진 배경 및 목적

우리나라 대표적 청소년 창업교육인 비즈쿨(Bizcool)은 '비즈니스(Business)'와 '스쿨(School)'의 합성어로 학교(School)에서 비즈니스(Business)를 배운다는 취지로 도입되었다. 도입목적은 청소년들이 스스로 자기직업에 대한 개척능력을 키워 나가게 함으로써 어린 시절부터 기업가 정신에 대한 긍정적 인식을 심어주는 것뿐만 아니라, 창의적인 경영마인드교육을 통해 학생들의 자율성과 창의성, 도전정신을 강조하여 미래에 기업가가 될 수 있다는 희망을 제공하는 데 의미를 부여하고 있다(박진우 외, 2015). 따라서 비즈쿨은 사회경제적 변화 속에서 청소년들로 하여금 경제사회와 직업 세계의 빠른 변화에 유연하게 대처하는 능력을 기를 수 있도록 창의성과 모험심을 키워주는 교육이다(창업진흥원, 2019).

구체적으로 청소년 비즈쿨은 초·중·고생 등 청소년을 대상으로 한 모의 창업교육을 통해 꿈, 끼, 진취성, 도전 정신 등 기업가 정신을 갖춘 융합형 창의인재의 양성에 목적을 두고 있다. 지원대상으로는 청소년(초·중·고 및 학교 밖), 초·중등교육법 제2조의 학교, 영재교육진흥법 제6조의 영재학교 및 학교 밖 청소년지원에 관한 법률 제12조의 센터에 한정하고 있다. 지원예산 7,665백만 원으로 500개교 내외의 규모로 운영되고 있다. 주로 지원하는 내용은 기업가 정신 및 창업·경제교육, 창업 동아리 및 전문가 특강 지원 등(비즈쿨 지정·운영)과 체험을 통한 기업가적 마인드 함양, 창업실무지식 습득 등(비즈쿨 캠프), 비즈쿨 페스티벌, 비즈쿨 교재 및 콘텐츠 개발, 담당교사 연수 등(비즈쿨교육지원) 이다(중소벤처기업부, 2018).

창업교육 프로그램은 외국의 Entrepreneurship 교육을 우리나라의 운영 학교 실정에 맞게 재구성하여 청소년들의 창업 아이디어 개발과 기업가 정신을 고취시키기 위해 마련되었으며, 주로 특성화고등학교를 통해 활성화되고 있다. 비즈쿨 예산은 창업, 경영, 기업가 정신과 관련 있는 교내 공식활동에 주로 지원되며, 중학교와 자율형 고등학교 또는 인문계 고등학교에서도 참여하고 있다(네이버 사전, 2019). 비즈쿨교육을 통해 학생들은 단순한 지식이나 기능 습득이 아닌 실질적인 능력 향상을 위한 교육, 사회변화에 맞는 직업교육을 제공받을 수 있으며, 전통적 직업교육과정 또는 경영교육에서 채울 수 없었던 새로운 욕구를 충족시킬 수 있다(박진우 외, 2015).

② 주요 사업 내용

청소년 기업가 정신 확산을 통해 창의성과 도전 정신을 갖춘 융합형 창의인재양성을 목표로 다음과 같은 주요 사업을 수행하고 있다.

㉠ 비즈쿨 학교운영

비즈쿨 사업은 청소년들에게 기업가 정신교육을 체계적으로 수행하기 위하여 초·중등교육법 제2조에 따른 각 학교(초·중·고등학교 및 특수학교 등) 및 학교밖 청소년 지원에 관한 법률 제12조에 해당하는 '학교밖 청소년 지원센터'를 지원한다(창업진흥원, 2018).

㉡ 비즈쿨 캠프

다양한 청소년들에게 캠프를 통하여 단기간에 기업가 마인드 함양, 경제, 기업가 정신교육을 체험형, 실무형으로 진행하는 프로그램이다.

- 중등 기업가 정신 캠프: 전국 중학생들의 기업가 마인드를 함양하고, 창업인식 개선을 위한 체험 프로그램을 제공하는 캠프이다(JA Korea, 2019; 창업진흥원, 2018).
- 고등 창업영재(새싹기업) 캠프: 우수 아이디어를 보유한 창업 동아리를 발굴, 아이템 기획 단계부터 시제품 제작까지 단계별로 지

원하여 창업영재로 육성하는 캠프이다. 특히 새싹기업으로 최종 선정된 팀에게는 글로벌 캠프에 참가하여 해외시장 탐방 및 글로벌 기업가 마인드 함양의 기회를 제공한다.

- 특화캠프: 소외된 청소년의 도전 정신 및 기업가 정신 함양을 위한 체험형 캠프이다(창업진흥원, 2018).

㉢ 교육지원

기업가 정신교육 저변 확대 및 활성화에 필요한 프로그램 등을 개발하여 비즈쿨교육을 지원한다. 교육지원은 비즈쿨교육을 위한 교구재 개발, 비즈쿨 담당교사들을 위한 온/오프라인 연수, 찾아가는 체험교육, 비즈쿨 페스티벌 등이 있다.

비즈쿨 교사를 위한 온라인 직무 연수는 비즈쿨 담당교사들이 기업가 정신·창업교육에 정확한 인식과 판단능력을 갖추고자 비즈쿨 담당교사 직무연수를 연간 상시적으로 실시한다. 온라인 직무 연수는 오프라인 연수의 제한적인 참여인원·일정·장소 등을 해소하고자 비즈쿨 교수·학습이 가능하도록 콘텐츠를 개발하여 상시 제공하고, 오프라인 연수와 효율적으로 연계·운영하도록 마련한 연수 프로그램이다. 담당교사의 기업가 정신 및 창업 전반에 대한 전문성을 강화시키기 위하여 비즈쿨 교재를 활용하여 다음과 같은 교육콘텐츠를 개발·운영하고 있다.

- 다변화사회에 대응 가능한 기업가 정신 및 창업 영재 발굴을 위한 교수법을 제공한다.
- 학교 내 기업가 정신교육, 창업 동아리활동 등을 지원할 수 있는 역량을 제고한다.
- 4차산업혁명 및 기술 창업 트렌드에 맞춘 운영사례 및 교육 커리큘럼을 제시한다. 참가대상은 비즈쿨 담당교사 전체이며, 1인 이상의 비즈쿨 운영학교 담당교사는 1회 이상 직무 연수교육 프로그램에 반드시 이수하여야 한다.

또한 비즈쿨 교사 오프라인 직무 연수는 비즈쿨 담당교사들이 기업가 정신 및 창업·경영교육에 정확한 인식과 전문성을 강화시키기 위하여 실시하며, 다음과 같은 교육을 실시하고 있다.

- 다변화사회에 대응 가능한 기업가 정신 및 창업 영재 발굴을 위한 교수법을 제공한다.
- 비즈쿨 교재 연수를 병행하여 교재를 활용한 이론 및 체험교육이 활성화될 수 있도록 지도교수법을 교육한다. 참가대상은 비즈쿨 담당교사 전체이며, 1인 이상의 비즈쿨 운영학교 담당교사는 1회 이상 직무 연수교육 프로그램을 이수하여야 한다. 비즈쿨 직무 연수는 연간 총 2회 개최되며, 1차 직무 연수는 협약완료 후 4월경 운영되고, 2차 직무 연수는 7~8월경에 개최된다.
  특히 비즈쿨 페스티벌은 청소년 비즈쿨의 성과 공유 및 기업가 정신 확산을 위한 프로그램이다. 비즈쿨 학교의 운영성과를 전시하고, 비즈쿨 사업홍보 및 각종 체험 프로그램과 부대행사를 운영한다. 이외에도 비즈쿨 운영학교의 활성화 및 교사들 간의 네트워크, 비즈쿨교육모델 개발을 위한 비즈쿨 교사협의회 및 연구회를 지원한다(창업진흥원, 2018).

③ 비즈쿨 교육과정

비즈쿨 운영학교의 세부 교육운영은 교재활용교육, 체험활동, 외부특강, 창업 동아리 운영 등 4가지로 나눌 수 있다. 비즈쿨 기업가 정신 이론교육은 반드시 학교 특성에 따라 34차시 이상 실시해야 하며, 비즈쿨 교재를 활용하여 진행할 수 있다. 단 학교밖 청소년지원센터의 경우 소속 학생들의 특성을 고려하여 교재활용 교육을 5차시 이상으로 한다.

체험활동은 창업경진대회, 비즈마켓, 투자유치대회, 창업 골든벨, 우수기업탐방 등 학교 재량에 따라 구성할 수 있으며, 지방중소벤처기업청에서 진행하는 공동 프로그램 및 창업진흥원에서 진행하는 캠프, 페스티벌, 선도대학과 연계한 다양한 프로그램에 참여할 수 있다. 또한 판교 창업체험 프로그램을 통해 4차산업기술 체험 및 유망 CEO특강 등 기업가 정신 체험교육을 제공한다. 외부특강은 기업가 정신 및 창업 전문가특강, 졸업 선배의 특강, YES 리더 특강 등으로 구성할 수 있다. 동아리는 학교의 특성을 반영하여 동아리를 구성해야 하며, 체험활동과의 연계 및 학교내외 동아리 간의 협업 프로그램 등 다양한 활동이 진행되도록 운영해야 한다(창업진흥원, 2018).

㉠ 비즈쿨 기업가 정신 교육과정

비즈쿨 운영학교는 정규교과, 창의적 재량활동시간, 방과후 교육활동시간 등을 활용하여 교재를 활용한 이론교육을 실시해야 한다.

- 비즈쿨교육 프로그램은 연간 34차시 이상(전교생의 10% 이상)을 기본 이수 시간으로 배정하며, 학교의 특성상 관련된 교육 프로그램과 기업가 정신교육을 접목하여 프로그램을 구성할 수 있다. 단 학교 밖 청소년센터의 경우 5차시 이상으로 한다.
- 학습교재는 현재 창업진흥원에서 배포한 비즈쿨 중학생용 '모둠활동을 통한 기업가 정신 체험', 고등용 '세상을 바꾸는 기업가 정신', '내 꿈을 현실로 만드는 창업실무'를 활용할 수 있다.

2016년 말 비즈쿨 교재 개정을 통해 기업가 정신 함양을 위한 비즈쿨 교재(총 10종) 및 융합 지도안(6종)을 **표 3-2**와 같이 교육콘텐츠 및 기업가 정신 사례 최신화, 4차산업혁명 등 최신 산업트렌드를 반영하였다(창업진흥원, 2018).

표 3-2 기업가 정신 함양을 위한 비즈쿨 교재 및 융합 지도안

구분	대상	주요 내용
중학교 (기업가 정신 체험)	학생용	직업과 진로에 대해 관심이 많은 중학생을 대상으로 1단원 '기업 과 경제 환경', 2단원 '기업의 이해', 3단원 '기업가 정신 이해', 4단원 '기업가의 역량'으로 구성하여 풍부한 사례와 그에 따른 사례 탐구
	교사용	기업가 정신 콘텐츠를 통해 다양한 진로활동을 안내하고 기업 및 기업가를 이해하고 진로로서의 기업가의 길에 대한 인식 전환 및 수업을 위한 교사 이해도 제고

구분	대상	주요 내용
고등학교 (기업가 정신)	학생용	고등학생들에게 혁신적인 자세로 어려움을 극복하는 기업가 정신을 전달하며, 1장 '기업의 기초', 2장 '기업가 정신의 이해', 3장 '기업가 정신의 실천', 4장 '기업가의 경영활동', 5장 '기업윤리와 사회적 책임'으로 구성하여 혁신적이고 진취적인 기업가 정신을 사례로 전달
	교사용	각 목차와 내용에 따라 학생들의 문제해결력과 사고력을 키우는 학습지와 전문지식을 수록하여 도전 정신을 사례로 교육하고 사회적 책임 등 기업가 정신의 전체 요소를 수업하는 데 실질적으로 도움
고등학교 (창업실무)	학생용	'실무 중심형 창업과정' 숙련을 위해 시뮬레이션 학습이 가능하도록 설계하였고, 1장 '창업의 준비', 2장 '창업의 절차', 3장 '창업마케팅', 4장 '창업자금과 세무실무', 5장 '사업계획서 작성 실무'로 구성
	교사용	창업실무능력에 초점을 맞추어 창업의 체계적인 과정을 실무모형을 도입해 학습할 수 있는 기회를 제공하고, 창업에 꼭 필요한 정보를 제시하여 전반적인 창업절차를 교육시킬 수 있는 교수안 제공
구분		주요 내용
융합지도안(중학교)		중등교육과정에 맞추어 광물, 도형, 알고리즘, 문학, 품사, 소통하기 등 단원별 학습방법 및 자료 제공을 통해 손쉽게 기업가 정신 융합수업이 가능하도록 제공 *인문과목: 국어, 영어 *자연과목: 수학, 과학, 정보
융합지도안(고등학교)		고등교육과정에 맞추어 미분, 함수, 정보통신, 화법 등 단원별 학습방법 및 실제 활용 사례 등을 제공하여 기업가 정신을 함양하고 융합수업이 가능하도록 제공 *인문과목: 국어, 영어 *자연과목: 수학, 과학, 정보통신, 기술

출처: 창업진흥원(2018). 2018 청소년비즈쿨 운영 매뉴얼.

중등학생용 교재는 기업가가 되기 위해 기업가적 역량을 개발할 수 있도록 이론의 제시뿐만 아니라, 각 차시마다 활동 자료를 통해 스스로 탐구하고 조사하여 결과를 도출해 보는 과정을 훈련해 봄으로써 기업가로서의 성장을 도모하였다. 그리고 각 차시마다 풍부한 사례와 사례의 탐구를 통해 기업가를 간접 경험할 수 있도록 구성하였다. 특히 융합형 교과로서 타 교과와 연관성 있게 구성하여 타 교과를 학습하면서 교재를 연계성 있게 학습할 수 있도록 구성하였다. 구체적으로 각 단원별 내용을 살펴보면 표 3-3, 표 3-4와 같다.

표 3-3 중학교 창업교육 교수내용

구분	단원명	지도 내용
1단원: 기업과 경제 환경	1. 4차산업혁명 시대 2. 경제의 순환 3. 경제 환경의 이해	– 경제의 의미와 국민 경제의 소비 주체인 가계, 생산 주체인 기업, 가계와 기업의 상호 조정자의 역할을 하는 정부의 경제적 상관관계를 통한 국민 경제의 순환 과정을 이해한다. – 화폐에 대한 이해를 바탕으로 지급 수단의 다양한 방법과 저축의 개념과 다양한 형태의 투자 방법, 경제생활 속에서 필요한 신용 등을 이해한다.
2단원: 기업에 대한 이해	1. 기업과 경영환경 2. 기업의 역할과 경영 활동 3. 기업의 사회적 책임과 윤리 경영	– 기업의 개념과 종류를 살펴보고, 기업의 경영을 담당하는 경영자와 기업을 둘러싼 경영환경을 이해한다. – 기업의 기본적인 역할과 기업이 주로 수행하는 활동에는 어떠한 것들이 있는지 살펴보고, 기업의 사회적 책임과 윤리 경영에 대하여 이해한다.
3단원: 기업가 정신 이해	1. 기업가와 기업가 정신 2. 우리나라의 기업가 정신 사례 3. 세계의 기업가 정신 사례	– 기업가와 기업가 정신의 의미를 이해하고 기업가 정신의 여러 요소들을 사례를 통하여 살펴보도록 하며 올바른 기업가 정신의 필요성을 이해한다. – 역사 속의 기업가 정신을 발휘한 인물의 사례 및 세계의 기업가 중 기업가 정신을 발휘한 인물들의 사례를 바탕으로 이들이 사회 전반에 미친 영향을 살펴봄으로써 기업가 정신의 중요성을 이해한다.
4단원: 기업가의 역량	1. 기업가의 인간관계 관리 2. 기업가의 시간 관리 3. 기업가의 문제해결 능력 4. 기업가의 목표 달성	– 경제의 생산 주체인 기업을 경영하는 기업가의 역량 요소로 기업활동에서 발생하는 다양한 인간관계, 성공을 위한 시간 관리, 직면한 다양한 문제를 해결하는 능력, 나아가 도전적인 목표를 달성하기 위한 품성이 무엇인지 이해한다. – 아울러 이러한 기업가 역량 요소를 겸비한 기업가 사례를 통해 실제적인 역량 요소를 체험하고, 내면화시켜 창의적인 기업가로서의 기틀을 마련하는 데 노력한다.

출처: 중소벤처기업부, 창업진흥원(2019). 모둠활동을 통한 기업가 정신 체험: 중학교 교사용 지도서.

표 3-4 고등학교 창업교육 교수내용

구분	단원명	지도 내용
1단원: 기업의 기초	1. 기업의 경영과 경영자 2. 기업경영자의 역할과 조건 3. 기업의 경영환경	- 기업에서 경영자의 역할과 조건, 기업의 경영환경 변화를 살펴봄으로써 기업 경영의 기초를 다지도록 한다.
2단원: 기업가 정신의 이해	1. 기업가의 이해 2. 기업활동과 기업가 정신 3. 기업가 정신의 유형과 핵심 요소	- 기존 기업들은 제품과 생산 기술을 현대화하고 최신화할 수 있다. 하지만 시대의 흐름을 변화시키는 중요한 혁신은 대개 기업가 정신과 새로운 기업의 설립으로 연결되는 경우가 많다.
3단원: 기업가 정신의 실천	1. 창의성 개발과 혁신의 실천 2. 진취적 자세와 도전 정신의 실천 3. 위험 감수와 위기 관리의 실천 4. 공감과 자율성 부여의 실천	- 기업가 정신을 실천하기 위해 꼭 갖추어야 할 핵심 정신을 배움으로써 보다 책임 있는 기업가로 성장할 수 있는 소양을 기르도록 한다.
4단원: 기업가의 경영 활동	1. 기업가의 경영 전략 2. 기업가의 리더십 3. 기업가의 경영 관리활동	- 기업가의 경영 전략과 리더십, 기업가의 다양한 경영 관리활동을 알아보고, 이를 통해 미래의 경영활동을 창의적으로 이끌기 위한 전략을 세워 볼 것이다. - 합리적이고 경쟁력 있는 기업 활동을 위해 어떤 리더십이 필요할지 생각해 보는 시간을 갖도록 한다.

출처: 중소벤처기업부, 창업진흥원(2019). 세상을 바꾸는 기업가 정신: 고등학교 교사용 지도서.

㉡ 비즈쿨 체험활동 교육

비즈쿨 체험활동은 학교별, 지역별 특성에 따라 다양한 교내·외 프로그램으로 구성하여 운영할 수 있다.

- 교내외 창업경진대회 및 투자대회, 유관기관연계 캠프, 기업탐방 등 체험활동을 통해 기업가 정신을 함양할 수 있도록 프로그램을 구성한다.
- 또한 자유학기(년)제와 연계하여 '기업가 정신'과 관련한 다양한 체험활동을 연계하여 개최할 수 있다.

구체적으로 교내에서 다양한 창업과 관련된 경진대회를 개최함으로써 기업가의 자질과 창업 마인드를 함양할 수 있다. 이는 주변 및 사회 문제를 인식하고 그 문제에 대한 해결 아이디어 발굴 및 사업 계획서 작성을 통해 기업가 정신을 키우고 창업에 대한 전반적인 이해와 체계적인 계획 수립으로 미래 청년 창업가를 발굴·양성하고자 하는 데 목적이 있다.

창업경진대회(대외개최)는 선도대학, 지방청, 지자체, 유관기관 등에서 개최하는 창업경진대회로써, 창업전문가로부터 학생들의 아이디어에 대한 객관적인 평가와 조언을 얻을 수 있어 학생들의 창업 마인드를 증진할 수 있다. 비즈쿨과 창업선도대학 기업가 정신교육의 주요 프로그램을 공유하고, 각 기관 담당자 간의 효율적인 업무 협조 및 비즈쿨 활성화 방안을 모색하기 위해 서로 창업경진대회 및 창업캠프를 개최할 수 있다. 인근 지역의 창업선도대학과의 네트워킹을 확립함으로써 운영 및 세부내용을 조직화하여 실무 적용을 체계적으로 할 수 있고, 더불어 비즈쿨 담당교사와 창업선도대학 내의 교수 및 연구자 간의 인적 네트워크뿐만 아니라 시설 및 인프라 등도 공유할 수 있다(중소벤처기업부, 2018).

◆ 제8회 ○○대학교 창업아이템 대회 참가

▶ 사업명: 제8회 ○○대학교 총장배 Junior 창업아이템 경진대회
▶ 주최: ○○대학교
▶ 주관: ○○대학교 창업보육센터
▶ 사업목적
- 우수한 아이디어를 보유한 고등학생 창업 동아리의 우수한 아이템을 발굴
- 창의적이고 도전 정신을 갖춘 예비 창업가를 발굴 및 창업활동을 장려

▶ 사업내용
- 고등학생들의 우수한 아이템을 평가하여 시제품 제작 및 사업화 방향 제시
- 창업에 관심이 있는 학생들에게 폭넓고 적극적인 실전창업의 기회 제공
- 청년창업의 기회 제공 및 예비 창업가를 육성

▶ 평가기준
- 비전, 문제점, 시장, 해결방안, 기술성 혹은 서비스를 평가
- 비즈니스 모델, 판매전략, 경쟁자분석, 차별화 전략, 경쟁우위전략 평가
- 창업팀, 추진일정, 재무계획, 자금구조를 평가

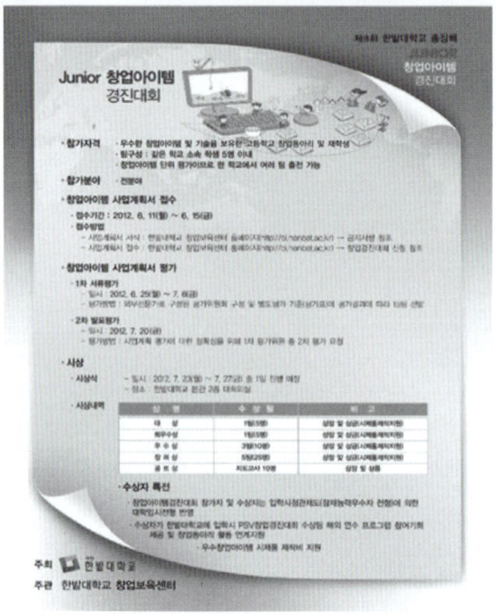

예시 1 청소년 비즈쿨과 선도대학 연계 창업경진대회

이외 비즈마켓은 자기주도적인 실전창업체험활동 및 홍보 판매 등을 통하여 실전창업 실무능력 배양을 목적으로 한다. 투자유치대회는 논리적이고 효과적인 의사전달 기술을 통하여 청중에 대한 당당한 자신감과 열정적인 전달로 신뢰감 있고 설득력 있는 스피치 프레젠테이션을 통해 자신의 창업 아이템에 대한 객관적인 평가를 받는다. 또한 창업 골든벨은 창업 및 경제 퀴즈대회를 통해 창업과 경제에 대한 이해를 돕고, 기업가 정신교육에 대한 관심을 증대시켜 창업 및 경제활동에 자신감을 갖게 하는 데 목적이 있다(중소벤처기업부, 2018).

ⓒ 기업가 정신 특강

- 성공 선배특강: 재학생의 결연졸업생 초청 특강을 통해서 취업 및 창업의 통로를 모색하고, 졸업생과의 유기적인 관계를 유지하여 애교심을 고취시킬 수 있다.
- 기업가 정신 및 창업 전문가 특강: 학생들의 기업가 정신 및 창업의지를 함양할 수 있는 전문가를 통해 기업가 정신 마인드도 갖고, 미래기술동향, 성공창업 후기 등에 대한 노하우를 배운다(중소벤처기업부, 2018).
- 명강사 특강: 다양한 분야의 명강사를 초청하여 학생들에게 진로 및 직업교육, 인성교육, 비즈쿨 및 기업윤리교육을 강화함으

로써 학생들에게 새롭고 올바른 목표설정을 갖도록 한다(김종래 외, 2003).

(2) IP 기반 차세대 영재기업인 육성사업

이 사업은 주로 창의성이 뛰어난 소수 정예의 중·고등학생 발명영재를 향후 신성장 산업을 창출할 지식재산 기반 영재기업인으로 육성하기 위한 교육지원을 목적으로 운영되고 있다. 지원 대상은 중학교 1~3학년 또는 그에 준하는 연령(13~16세)으로 9억 원의 지원예산과 약 160여명, 2개 교육원(POSTECH, KAIST)을 지정하여 교육을 실시하고 있다. 지원 내용은 기본교육과정으로 온라인 및 오프라인 교육(연 360시간, 2년 과정)방법과 지식융합, 기업가 정신, 미래기술, 창조인문학 등 기업인이 갖추어야 할 기초 소양교육, 협업을 통한 비즈니스 아이디어 창출, 전문가 멘토링 지원 등의 교육내용을 통해 사업을 전개하고 있다.

(3) 메이커 문화 확산

메이커 문화 확산 사업은 교육, 체험 등 국민들의 다양한 메이커 활동을 지원하고 전문인력 양성, 네트워크 형성 등을 통해 메이커 문화를 사회 저변에 확대하는 데 의미를 부여하고 있다. 창작활동에 관심이 있는 모든 국민을 대상으로 8,728백만 원의 예산과 850여 개 팀·과제로 운영되고 있다. 지원내용으로는 첫째, 초·중·고 학생, 청년 등의 메이커 창작프로젝트 및 동아리활동 등 지원, 둘째, 초·중·고 교원, 메이커 스페이스 운영자, 강사 등 교육, 이동형 메이커 스페이스 운영, 셋째, 지역 메이커 네트워크를 활용한 복합 프로젝트 및 메이커 행사 개최에 대한 지원 등을 들 수 있다.

4 외국의 중등학교 창업교육 동향

2006년 오슬로 어젠다에서 초·중·고교부터 기업가 정신 의무교육을 권고한 이후 세계는 기업가 정신 의무교육이 대세임에 틀림없다. 특히 '교육과 학습을 통한 기업가 정신 진흥'이라는 학술대회를 통해 초등학교부터 대학에 이르는 모든 교육과정에서 기업가 정신 함양과 실천을 위한 지원정책을 제안하고 있다.

세계경제포럼(WEF)은 2009년 기업가 정신교육 선언을 통하여 전 세계에 기업가 정신 의무교육을 권고하며, 「Educating the Next Wave of Entrepreneurs」 보고서를 통해 창업 생태계의 선순환적 구축을 위해서는 기업가 정신교육이 전향적으로 도입 및 혁신될 필요가 있음을 강조하고 있다. 단순 창업여부를 떠나 기업가 정신의 중요성을 인식하고 미국과 유럽 주요국들은 기업가 정신교육을 국가 어젠다로 설정하고 교육혁신을 추진하고 있다(홍윤표, 2018).

1) 미국

미국은 "Startup America Initiative(2011)"를 통해 기업가 정신교육의 중요성을 선언하고, 국가 차원의 전략적 투자를 지속화하고 있다. 특히 기업가 정신과 기업가 정신교육을 의무화하여 경제적 환경에 관계없이 자신의 삶을 주도적으로 설계할 수 있도록 기회를 부여하기 위해 국가적 관점에서 강조하고 있다(홍윤표, 2018).

- 정규교육에서 기업가 정신과 기업가 정신교육을 수행하는 주는 40개 주로 전체의 80%에 이르며, 법률에 명시한 주도 18개주에 이름
- 약 4천개의 대학 중 2천개 대학에서 교육을 수행하고 있으며, 500개 이상의 대학이 전공 또는 학과 등 정규학제로 운영
- JA, DECA, NFTE, 카우프만 재단 등 민간 비영리 교육기관에서도 오랫동안 교육을 제공하고 있으며 교수법, 프로그램 등 개발

마크 저커버그는 초·중등학교가 JA, DECA, NFTE 프로그램의 멤버 학교로써 어린 시절부터 자연스럽게 기업가적 교육을 받은 상태에서 하버드로 진학하였고, 이러한 체계적인 교육환경이 본인의 역량과 더불어 페이스북을 출현케 한 토대가 되었다(중소벤처기업부, 2018).

- 새로운 시도와 실험, 위험부담에 상당히 관대한 국가인 미국은 스타트업의 생존율이 높은 편임
  - 기업공개보다는 M&A를 통해 투자금이 활발히 회수되는 동향 보임
- 미국의 창업 생태계는 Idea Lab, Innovation Lab, 엔젤투자자, 엑셀러레이터, 인큐베이터, 코워킹 스페이스 그리고 대학의 지원 센터 등으로 구성
  - 최근 엑셀러레이터는 네트워크를 확장하고, 분야별로 전문화하는 경향 있음. 대기업과 대학이 엑셀러레이터 분야에 진출하는 사례도 증가 추세(김선우, 2016).

2) 유럽

"오슬로 어젠다"로 공감대 형성 이후 'Entrepreneurship 2020 Action Plan'을 수립하고, 기업가 정신교육을 우선적으로 설정하였다. EU가

보는 기업가 정신의 핵심 역량은 아이디어를 실천으로 옮기는 능력, 목표달성을 위해 프로젝트를 기획·관리하는 능력은 물론, 창의성·혁신·위험 감수 등을 포함하고 있다(중소벤처기업부, 2018).

특히 유럽의 장기 경기침체 및 유럽연합 회원국 확대에 따른 핵심 전략으로 기업가 정신교육을 설정하고, 국가차원에서 확대 주도하고 있다. 초·중등학교는 전체 EU 국가들 중 2/3에 해당하는 국가들이 기업가 정신교육을 실시하고 있으며, 고등학교는 모든 국가가 교육과정에 기업가 정신교육을 포함하고 있다. 기업가 정신교육을 위해 개별 국가의 규모와 전문적 역량이 부족할 경우 회원국간 교류를 통해 추진하고 있다.

영국의 경우 미국에서처럼 "Startup Britain(2011)"을 통하여 기업가 정신교육을 국가 어젠다로 설정하고 체계적 정립 및 전국적으로 확산하고 있다.

첫째, 기업가 정신을 모든 국민이 가져야 할 기초 소양으로서 설정하고, 2011년 이래 모든 정규 교육과정에서 기업가 정신교육을 시행하고 있다.

- 기업가 정신교육을 삶의 기술(Life Skill)로 설정하고, 국민 개개인이 자신의 가치를 실현하는 방법으로 의미를 부여
- 2011년 "Startup Britain"을 시작하던 해 44만 개 이던 스타트업이 2014년 약 60만 개로 증가(연평균 7.2% 성장)했고, 실업률은 5.4%로 10년간 가장 낮은 수준(중소벤처기업부, 2018).

둘째, 모든 대학에 창업 동아리를 개설할 것을 권고하고, Young Enterprise, Peter Jones Foundation 등 민간 비영리기관의 기업가 정신교육을 활발하게 전개하고 있다.

3) 중국

- 최근 중국은 정부의 강력한 창업촉진 정책, 온라인 창업 확대, 실업률 등으로 창업이 급증하고 있는 추세이다.

- 중국 정부는 대규모 창업공간을 확대·지원하고 있으며, 창업자금조달을 다양화하고 있다. 또한 성공한 창업가가 후배 양성을 위해 노력하는 분위기 조성

한국은 외국에 비해 창업 전망이 고무적일 수 있다. 즉, 높은 고학력 인구 비중, 중산층 삶에 대한 높은 열망이라는 사회적 요인과 함께, 산업화 수준이 높고 광범위한 IT네트워크를 보유한 점에서 세계적인 흐름인 '창업대중화' 시기에 주요한 역할을 할 가능성이 높다.

- 최근 스타트업의 역동성과 가시화되는 성공사례를 통해 일부에서는 90년대 벤처붐에 이은 제2의 창업붐을 제시하기도 한다(김선우, 2016).
  - 또한 강력한 정부 주도의 스타트업 지원으로 창업에 관심있는 사람이라면 조금만 노력한다면 정부로부터 지원받을 수 있는 사업이 다양하고 많다.
  - 한국의 기업가 정신은 창업자가 기존 대기업 주도의 경제구조를 변화시키는데 한계는 여전하나 기업가 구성이 점차 상속형에서 자수성가형으로 옮겨가고 있다.
  - 우수 스타트업 창업자들이 강조한 창업가 필요 역량으로서는 ① 창의성이나 기회 포착 능력도 중요하지만, 고객의 니즈가 있는 제품 개발과 서비스를 제공할 수 있는 문제의식이 중요하며, ② 가능성이 낮은 사업 아이디어를 과감히 배제할 수 있는 냉철한 판단력을 갖추어야 한다. ③ 기업 운영과정에서 발생하는 어려움에 좌절하지 않는 인내심과 끈기가 필요하며, ④ 조직구성원들이 가치 있고 하고 싶어하는 일에 행복감과 만족감을 줄 수 있는 기업이어야 지속 가능하다는 의식을 갖추어야 하며, ⑤ 부족한 자원을 효율적으로 조달할 수 있도록 창업 생태계의 다양한 지원조직을 활용할 수 있어야 함을 강조하였다(김선우, 2016).
  - 현안 이슈로서 (지식 인프라) 초기 창업 생태계 활성화 및 스타트업 성공률 제고를 위한 민간 주도의 스타트업 지원 네트워크

의 지속적인 확산 추세, 기업가 정신교육을 받은 학생이 취업률, 업무수행 능력, 창업률 모두에서 높다.

–주요국과 비교하여 대학에서의 창업교육이 상대적으로 낮은 수준이며, 직업교육 및 평생교육 측면에서 제공하는 창업교육도 낮은 수준이다(GEM NES).

–향후 창업교육 사각지대에 있는 중등학교, 대학에 창업교육 확산 필요, 창업 동아리 활성화, 준비된 창업자를 위한 사업화 프로그램 연계, 교원을 대상으로 한 창업교육 필요, 창업 친화적 강좌운영 등을 제시한다. (문화 및 인식) 최근 창업에 대한 인식이 긍정적으로 변화하고 있으나 주요국과 비교하여 아직까지 성숙된 단계는 아니다.

–창업이라는 구체적 행위 이전에 개인적인 마음가짐, 태도로 규정되는 기업가 정신의 중요성과 효과를 설명하기 위한 사례 연구가 필요하다. 또한 창업실패의 경험을 사회적으로 자산화하는 노력이 필요하다.

4) 기업가 정신의 국제 비교

- 기업가 정신 지수 모형은 기업성장단계(Process 관점)와 구성 요소(Context 관점)의 매트릭스 체계를 따른다. 기업성장단계라 함은 '창업준비 → 창업 → 성장 → 실패/재도전'을, 구성 요소라 함은 투입, 과정, 산출에 해당하는 '창업가 → 창업환경 → 창업성과'를 가리킨다.

  –창업환경은 규제, 시장조건, 금융환경, 지식인프라, 능력개발/교육, 문화이다.

  –중등학교 창업교육의 기업가 정신 역량은 기회 인식, 아이디어 창출, 위기 관리, 정보 분석, 자원 관리, 문제 해결 등으로 대별할 수 있다(구체적인 국제 비교 사례는 존재하지 않음).

- 기업가 정신 지수를 구성하는 62개 지표는 GEM의 NES와 APS, WBDB 등에서 나온 통계를 활용하였고, 2014년 연구의 연속성과 자료 획득 가능성 측면에서 26개국 비교(순위)로 설계하였다.

–순위 도출 방식은 62개 대리지표를 0~1 사이 값으로 정규화하고 이를 단순 합산한 각국의 종합점수를 다시 0~1 사이 값으로 정규화하여 비교한다.

- 스위스가 26개국 중 1위, 북유럽 국가들이 대부분 상위권이다. 유럽 국가 외 대만이 4위로 아시아 국가 가운데서는 기업가 정신 수준이 가장 높으며, 미국이 6위를 차지하여 스타트업 강국으로서의 면모를 보이고 있다. 반면 한국은 26개국 중 18위로 이윤준 외(2014)에서 산출된 16위에 비해 2단계 하락했다.

향후 창업은 창업 생태계의 다양화, 창업가의 적극성과 높은 도전정신, 창업에 대한 긍정적 인식 확산, 사업분야의 한국화와 세계화, '스타트업의 성장(Growth)과 지속가능성(Sustainability)'을 높이기 창업 아이디어 창출, 기회형 창업으로 창업 분위기 전환 등으로 변하고 있다. 또한 창의성 및 혁신성에 기반한 창업 활성화 유도, 글로벌화의 가속화(한국 내 외국인 유학생 등 창업 우수 자원의 활용, 한국 스타트업의 해외 시장 진출 및 본글로벌 스타트업 체계적 육성), 창업지원 프로그램 통합 운영 및 브랜드화, 기업가 정신 문화 확산(창업 행위 뿐만 아니라 기업가 정신의 중요성 강조, 재창업 지원 및 창업 실패 경험의 자산화를 위한 지원) 등이 추진 중이다.

5 향후 과제

창업은 소수의 활동이 아니라 누구에게나 요구되는 것으로 21세기 삶의 양식이다. 21세기 창업교육은 사건(Event)이나 프로그램으로 국한시키지 않고 사회를 뒷받침하는 플랫폼으로서 창업교육이 요구된다. 산업사회의 표준화된 커리큘럼에서 '학생이 스스로 길을 정하도록' 돕는 것이어야 한다. 학생 스스로 교육 프로그램을 디자인하고 일정한 목표를 두고 성취해 갈 수 있는 교수방법적인 혁신이 필요하다. 즉, '프로젝트 베이스 러닝(Learning)'과 플립(Flipped) 러닝'은 대표적인 기법이다(김석현, 2016).

질 좋은 창업을 유도하기 위한 창업교육의 성공 조건은 다음과 같다. 첫째, 창업교육은 핵심기술 기반으로 이루어져야 한다. 둘째, 창업교육은 최소한 1년 이상의 과정으로 구성되어 충분한 사전조사와 준비가 선행되어야 한다. 셋째, 창업교육은 이론전달형 모델에서 실제적 요소가 적용된 방식으로 교육과정을 구성하고 워크시트 등의 실습지 기반으로 자기주도 체험형으로 이루어져야 한다. 학생들이 학교교육과정 안에서 자연스럽게 창업의 실제를 알고 체험할 수 있어야 한다. 넷째, 창업교육 프로그램은 외부 전문 인력의 활용 체계가 구축되어야 한다(양영석 외, 2012). 다섯째, 고등학생의 경우 진로개발 관점에서 학교 내 창업교육을 활성화할 필요가 있다. 끝으로, 창업교육의 중요성에 대한 사회적 공감대와 인식 확산을 위한 노력이 보다 요구된다(김재희 외, 2018).

따라서 창업교육의 성패는 창업을 바라보는 인식에서 비롯된다. 외국의 진로코치(Career Coach) 활용 사례에서와 같이, 정형화된 틀에서 벗어나 유연한 사고를 유발할 수 있는 단위학교 자율 선택과목의 확산과 관련 전문가 인력풀이 확보되어야 할 것이다. 이러한 맥락에서 사회적 문화와 구조적 시스템을 창업친화적으로 조속히 전환되어야 한다. 또한 학령교육에 맞추어진 엄격한 학기 구분과 일정 기간 내에 졸업해야 하는 졸업연한제도가 유연하게 운영될 필요가 있다. 예를 들어, 창업을 학점으로 인정한다거나, 아예 최소한의 의무만 다하면 학교는 졸업연한에 상관없이 언제든지 복귀가 가능하며, 획일화된 방학에서 탄력적인 운영 방안을 모색하여 3~4개월 정도의 집중방학을 통해 창업학기제를 두어서 창업기업에의 인턴 근무나 시험적 창업이 가능하게 할 수도 있다.

끝으로, 창업교육이 전세대(초등교육–고등교육–평생교육)에 걸쳐 요구되는 교육이라고 볼 때 창업교육은 더욱 확산되어야 한다. 창업교육을 확산하는 방식으로 학교 외 기관(기업이나 지자체 등)은 보다 구체적이고 현실적인 창업 수요에 대응하는 창업교육으로 확장되어 체험 확대형 창업교육을 제공할 필요가 있다. 실전형과 체험 확대형을 이원화하기보다 단점을 보완한 조화와 시너지 효과를 극대화하는 방안을 고안할 필요가 있다. 단지 창업교육이 한국의 경제적·사회적 난제의 유일한 해법은 과욕이지만 '사람들의 업을 찾아가는 플랫폼'으로서의 창업교육은 희망적이고 실현 가능성을 기대할 수 있을 것이다.

Chapter 04

대학에서의 창업교육

1 대학 창업교육 개념 및 필요성

대학의 창업교육은 '고용 없는 성장시대' 극복의 지름길이자 대안이다. 대학 중심의 기술혁신 창업은 4차산업혁명에 대비한 인재 양성 및 신기술 개발·사업화를 이끌어갈 창업 생태계의 핵심 역할을 수행할 것이다.

대학은 인재양성의 보고이자 기술공급의 산실로서 지역 창업 생태계의 핵심 역할을 수행하는 중추적인 역할을 담당하고 있다. 친화적 환경으로써의 전환이 빠르게 진행 중이며 정부 차원에서 대학 창업을 지원할 수 있도록 법적·제도적 기반을 바탕으로 각 부처별로 다양한 대학 창업 지원 사업을 추진 중이다.

중소기업청(K-startup)에서 진행되는 대학 창업교육체계 구축[1]의 개념을 살펴보면 대학에서의 창업교육에 대해 "대학 내 창업 친화적 학사·인사제도를 확산하고, 양질의 창업교육 콘텐츠를 보급하는 등 창업교육 인프라를 조성함으로써 창업인재 양성 및 대학 중심의 창업 생태계 구축 도모"라고 설명하고 있다. 또한 어렸을 때부터 성인이 될 때까지 생애주기 동안 개개인의 성장단계에 맞춘 수준별 교육을 진행하고 있는 핀란드의 대학 창업교육의 경우 모든 학생들이 창업정신을 공부하여 창업가적 태도를 가질 수 있도록 선택과목으로 운영되며, 교과목의 컨텐츠 대부분은 이론 연구와 신제품 개발로 이루어져 있다[2].

여기에서는 제1장에서 다룬 국내·외의 개념을 기반으로 대학 창업교육의 개념에 대해 살펴보도록 한다.

---

1) 중소벤처기업부의 K-startup의 창업지원사업 프로그램 중 창업교육 내 대학 창업교육 체계 구축에 명시되어 있다. https://www.k-startup.go.kr/homepage/businessManage/businessManageFunction.do?mid=30308&sid=350&itemSeq=296000

2) 본 서 창업교육 18p 참조

대학 창업교육의 개념

대학 창업교육이란!
창업 친화적 교육으로서 창업 관련 인프라 조성 및 창업 생태계 구축을 위하여 창업가적 정신을 이해하고, 태도를 형성하여 이론적인 지식과 혁신적인 사고력을 가질 수 있도록 하는 교육

대학發 창업 활성화 방안 보고서(2017)에 따르면 한국산기대의 경우 지난 5년간 학생창업기업은 47개로 학생이 자체적으로 147개의 일자리를 창출하며, 취업을 지원하는 대신 창업을 통한 일자리 창출이라는 패러다임으로 전환하는데 눈에 띄는 성과를 보이기도 했다.

하지만 다양한 창업교육 등의 대학 지원 사업에 대한 실패의 두려움과 창업에 대한 부정적 인식을 극복하기에는 여전히 한계가 있다. 일부 학생들의 창업의 역량에 대해 취업용 스펙 정도로 여기는 인식과 학부 중심의 창업교육 및 정부 정책 지원에도 불구하고 일자리 창출이 가능한 고부가가치 기술창업 또는 기술사업화는 부족한 실정이다. 대학 산학협력단의 양적 성장에도 불구하고 창업교육 지원의 측면이 여전히 미흡하여 지속가능한 창업환경 조성이 무엇보다 중요하다.

따라서 대학의 기술사업화를 촉진시킬 필요성이 있다. 기존의 대학 관련 중앙부처의 창업 지원 사업 중 연구성과를 기반으로 한 기술사업화 지원으로는 '산학협력선도대학 사업(LINC+)'으로 대학원 참여를 허용하여 대학원생을 통한 (신)기술창업을 확장하고 산업선도형 고급 기술의 사업화를 유도하였다. 또한 대학에서 사업화의 잠재력이 있는 성과가 도출됨에도 불구하고, 기술이전이나 사업화에 대한 관심 및 경험 그리고 자금 부족 등으로 연구 성과 활용도가 저조한 문제점을 타개할 수 있는 '대학 창의적 자산 실용화지원 사업(BRIDGE+)'을 통해 기술창업과 같은 특정 기술 분야 중심의 기술사업화로 대학이 신산업창출에 선도할 수 있도록 지원하고 있다. 이 밖에도 기술사업화 자립 기반 확보를 위해 대학기술경영센터(TMC)를 통해 기술지주회사의 IP창출 및 관리뿐만 아니라 기술이전과 창

업까지 통합 지원하고 있다.

이처럼 중앙부처에서는 학교를 활용한 창업실습 및 창업 촉진을 위한 다양한 지원을 하고 있다. 실전 창업교육을 강화시키고 창업 저변을 확대하기 위해 온·오프라인 창업교육을 연계하여 아이디어 창출에서부터 실전 창업까지 경험할 수 있도록 지원하고 있다. '창업실습형 학교기업'을 선정하고 이를 지원하여 창업 실습을 통한 교내 창업의 허브의 역할을 수행할 수 있도록 유도한다. 특히 대학기술지주회사가 없는 4년제 대학교 또는 전문대의 경우, 교내 창업의 핵심 축으로서 학교기업을 전략적으로 육성하고 있다. 따라서 다각도로 대학의 창업문화를 활성화시키기 위해 기존 정부 사업의 확산 지원 및 창업 유관기관 간의 연계를 강화시키고, 지속가능한 대학 창업 지원체제를 구축해야 할 것이다.

2 국내외 대학 창업교육 특징

우리나라의 창업교육은 정부 산하의 중소기업청, 교육부, 창업진흥원 등을 중심으로 운영되고 있다. 중소기업청과 창업진흥원은 일반인을 대상으로 창업교육을 진행하고 있으며, 비즈쿨 프로그램은 초·중·고등학교를 중심으로, 교육부는 대학교를 중점적으로 창업교육에 초점을 맞추고 있다.

1) 국내대학의 창업교육 특징

대학은 신규 인재 양성 및 기술공급의 산실로서 창업 생태계의 중요한 역할을 담당하고 있다. 주요 대학은 창업가적(Entrepreneurial) 대학으로의 패러다임 전환을 꽤하며, 기업과의 협력을 통해 보다 쉽게 창업을 시도할 수 있는 환경을 마련하는 허브 역할을 수행 중이다(관계부처, 2017).

2019년 창업교육 정부 지원 프로그램인 'K-startup 창업지원 프로그램' 중 대학과 관련된 사업으로는 다음과 같다.

○ 대학 창업교육 체계구축
 – 사회 전반의 창업에 대한 관심 제고, 교육 활성화 및 창업문화 확산

○ 창업 대학원
 – 창업학 석사과정 특수대학원인 창업대학원을 통해 창업전문가 육성

○ 희망사다리 장학금(창업유형)
 – 창업을 희망하는 대학생에게 장학금 지원

○ 대학 기업가센터
 – 대학의 풍부한 자원 극대화를 위해 교육, 네트워킹, 연구개발을 통한 창업모델 도입 및 확산

중소벤처기업부의 '2018년도 정부 창업지원사업 통합공고'에 따르면 2018년 정부 창업지원사업의 규모는 창업 사업화 및 교육, R&D 지원 등 7,796.3억 원으로 전년대비 1,638억 원이 증가되었다. 부처별로는 6개 부처, 60개 사업으로 '창업 사업화' 23개(3,213.9억 원), 'R&D 지원' 3개(2,780억 원), '창업교육' 9개(602.6억 원), '시설·공간·보육' 11개(977.1억 원), '멘토링·컨설팅' 8개(180.2억 원), '행사·네트워크' 6개(42.5억 원) 등으로 구성되어 있다. 총 60개 7,796.3억 원의 창업지원사업 중 대학의 창업지원과 관련된 사업은 **표 4-1**과 같다.

표 4-1 대학 및 대학생과 관련된 정부 창업지원사업 현황

사업명	모집구분		예산 (억원)
	지원대상	주관(수행)기관	
〈창업 사업화〉			
창업 인턴제	대학(원) 재학 및 고등학교, 대학(원) 졸업 후 7년 이내 미취업자	창업진흥원 등	50
스마트벤처창업학교	만 39세 이하 예비 창업자 및 3년 이내 창업기업	대학 등 전문기관	121.5
창업선도대학 육성	예비 창업자 및 3년 미만 창업기업	창업선도대학	922
창업성공패키지 (청년창업사관학교)	만 39세 이하 창업 3년 이내의 자	중소기업진흥공단	500
〈창업교육〉			
대학기업가센터	대학생, 교수 등	대학	19
창업교육지원	대학생, 예비 및 3년 미만 기창업자	대학, 연구·공공민간 기관	20.8
창업대학원	창업학 석사과정 희망자	창업대학원	7
공공기술 기반 시장연계 창업탐색 지원사업	대학 및 참여 연구원으로 구성된 기술창업탐색팀	한국연구재단, 기술창업혁신단	37
스마트 창작터	창업 후 3년 이내 기업	대학 등 전문기관	98.4
〈시설·공간·보육〉			
시니어 기술 창업센터	만 40세 이상 창업 후 3년 이내 기업	지자체 및 대학	47.4
K-Global 빅데이터 스타트업 기술지원	대학생, 창업자 등	한국정보화진흥원	8.6
〈멘토링·컨설팅〉			
K-Global 창업멘토링	ICT 기반 창업초기·재도전 기업, 대학 창업 동아리	(재)한국청년기업가정신재단	29.9
연구개발 특구 육성 (R&D) 이노폴리스캠퍼스	이공계열 및 창업지원 교육과정을 운영하는 기관, 과학기술특성화대학	대학, 기관	45
IP 디딤돌 프로그램	예비 창업자	–	26
〈R&D 지원〉			–
〈행사·네트워크〉			–

출처: 2018년도 정부 창업지원사업 통합공고.

해외의 여러 사례와는 달리, 우리나라의 창업교육은 정부 주도하에 광범위한 투자로 다소 급속히 확대된 경향이 있다. 1995년에 설립된 벤처기업협회(KOVA)와 2012년에 설립된 은행권 청년 창업재단(D.CAMP)은 중소기업청과 은행권 18개 기관의 지원을 받고 있으며, 교육부 및 중소기업청 등이 창업교육에 관련한 재정지원 사업들을 시행하고 있다. 2011년 창업선도대학의 선정을 기점으로 2012년 산학협력선도대학 사업인 링크(LINC)사업을 시작하여 2016년 기준 총 86개 대학에 창업교육센터를 설치하는 결과를 도출하였다. 이후 2017년 Post-LINC로 불리는 사회맞춤형 산학협력 선도대학 사업인 링크플러스(LINC+)를 육성하며, 일반대학교 산학협력 고도화형 55개교, 전문대학 사회맞춤형학과 중점형 44개교를 선정하여 창업인프라 및 제도 구축과 창업교육 기회의 확대 산학협력 연구 등의 역할을 수행하고 있다.

1980년 국내의 창업교육은 컨설팅 관련 회사를 중심으로 창업교육이 발전하였다. 이후 대학의 정규교과목으로 교육을 시작했으나 확산의 속도가 느렸으며, 교육의 내용 또한 기술창업보다 이론 위주의 소자본 창업에 중점을 두는 특징을 보였다(배종태, 1998). 하지만 2000년대 들어 창업교육은 경영학의 한 부분이 아닌 '창업학'의 새로운 영역을 인정하는 대학 정규과정들을 개설하기 시작하며, 보다 차별화되고 보다 현실적이며 독립 학문으로서의 실용적 학문으로 발전을 거듭하고 있다.

2015년 기준으로 창업과 관련된 학과 및 교과목 개설을 기준으로 조사한 결과 전국 415개 대학(4년제 대학 250개, 전문대학 165개), 대학교의 학부과정에 창업학과 및 관련 학과 도입 대학은 총 22개 대학 23개 학과로 입학정원과 전담교원이 매년 증가 추세에 있다(안태욱, 2017). 더불어 조사 결과, 대학교의 창업교육은 관련 교과목 개설을 통해 창업가적 인식과 사고 그리고 기술 등을 갖추는 교육 시스템을 기반으로 운영 중인 특징을 보이고 전문대학은 창업교육센터가 중심이 아닌 수요에 의한 필요성을 중심으로 산업분야별 관련 학과가 신설되는 경향을 보인다.

2) 국외대학의 창업교육 특징

국외에서 창업교육의 형태로 최초로 개설된 곳은 1938년 일본의 고베대학에서 창업교육의 응용된 형태로 강의가 개설되었다(McMullan & Long, 1987). 이후 1946년 하버드대학에서 최초의 창업가 정신을 전문적으로 연구하기 위해 센터가 설립되면서 본격적으로 창업교육이 성장할 수 있는 발판이 마련되었다. 창업교육을 특성화시킨 대학은 뱁슨대학(Babson College)으로 1968년 주요 핵심의 특성교육방향을 창업교육으로 초점을 맞춘 것을 시작으로, 1978년 미국에서 처음으로 학부에 창업전공분야를 개설하고 이를 브랜드화시켰다.

미국의 창업교육은 지속적으로 발전해 왔으며, 다양한 경험, 시스템 구축 및 기반과 더불어 학문적 연구결과를 갖추고 있다. 그 목적으로는 국민을 대상으로 창업가 정신교육을 통해 혁신적이며, 진취적인 마음으로 자기 주도적 삶을 지향하는 태도를 갖도록 함과 동시에 실무적 영역에서 혁신을 통한 벤처기업 육성을 두고 있다(안태욱, 2017). 미국의 창업교육은 문헌중심의 교육을 탈피한 실행중심, 행동중심 그리고 성과 지향적 교육방식에 중점을 두고 교육하는 실용학문분야의 특성을 띠고 있으며, 실용주의적 성향의 가치관으로 이해할 수 있다(Holt, 1992). 또한 경영학뿐만 아니라 농업, 공학, 과학, 농업, 예술 등을 전공하는 학생들을 대상으로 새로운 창업교육 관련 프로그램들이 개발되며, 보다 다양한 분야와 연계된 융합학문으로 발전하고 있다(Solomon et al., 2002). 지난 70년 동안 창업교육의 놀라운 성장을 이룬 미국과의 대학 창업교육 현황 비교는 **표 4-2**와 같다.

표 4-2 국내대학과 국외대학의 창업교육 현황

	한국	미국
1940~1950 년대	상공부 중소기업과 출범(1960년) 및 중소기업 진흥법 제정(1978년)	1946년 하버드대학 창업센터 설립 1947년 하버드대학 MBA과정 '창업기업경영' 과목개설 1953년 뉴욕대학 '창업과 혁신' 과목개설 1953년 일리노이즈대학 '창업개발론'

	한국	미국
		개설 1954년 스텐포드대학 창업강좌 개설 1958년 MIT 창업강좌 개설
1960년대		1967년 스텐포드대학, 뉴욕대학 MBA – 창업교육교과과정 개설 1968년 뱁슨대학 창업교육 중점화
1970년대		1970년 서던 메소디스트대학 – 최초 창업교육센터 설립 1971년 남가주대학 MBA – 창업교육교과과정 개설 1974년 칼 베스퍼의 창업아카데미 설립
1980년대	1986년 중소기업 창업지원법 제정	1982년 일리노이즈대학 벤처기업학부 개설 1983년 뉴멕시코대학 공과대학 – 벤처기업학부 개설 1986년 마이애미대학 – 최초 창업공모전 개최 * 300개 이상의 대학이 창업교육 및 스몰 비즈니스 과정 개설
1990년대	1992년 28개 대학 창업교육 1995년 숭실대학교 벤처중소기업학부 – 최초 창업교육과정 개설 1997년 중소기업청 – 16개 대학 창업교육기관 지정	1991년 57개 대학 학부과정, 22개 MBA과정 창업전공 개설 1991년 1,060여 개 대학 창업 강좌 개설 1993년 370여 개 대학 창업교육과정 개설
2000년대	2004년 중소기업청: 5개 대학 창업대학원 석사과정(창업컨설팅, 창업경영 등 세부 전공 개설 시작) 2007년 75개 대학 창업 관련 강좌 개설 2008년 중앙대학교 창업학 박사과정 개설 2010년 숙명여대 – 앙트러프러너십 센터 운영 2012년 산학협력선도대학 사업(LINC사업) – 2016년 기준 86개 대학	*1,600개 대학 2,200여 개 창업교육관련 과정 개설

	한국	미국
	창업교육센터 설치 2015년 대학 창의적 자산 실용화지원(BRIDGE+) 사업 – 18개 대학 선정 2017년 사회맞춤형 산학협력 선도(전문) 대학 사업(LINC+) 육성 – 일반대학교 산학협력 고도화형 55개교, 전문대학 사회맞춤형 학과 중점형 44개교	

출처: 최동국(2017). 학교기업 외식창업교육 품질이 학생만족도와 창업의지에 미치는 영향. 경기대학교 대학원 박사학위논문. 27p, 저자 재구성.

3 대학 창업교육 프로그램 체계

우리나라 대학에서의 창업 강좌는 매우 다양하게 진행되고 있다. 이를 창업교육방식으로 분류하면 크게 '정규교과 창업교육'과 '비교과 과정 창업교육'으로 나눌 수 있다. '정규교과 창업교육'은 대학생의 창업 및 경영 능력 배양을 목적으로 한다. 학점이 부여되는 창업 강좌로 정규교육과정이 이에 해당된다. '비교과과정 창업교육'은 실무적인 성과를 내는 것을 목적으로 한다. 따라서 시제품을 제작하거나 창업역량 배양 또는 창업팀 빌딩과 같은 활동을 하며, 창업 준비단계에서 학점이 부여되지 않는 교육과정이다. 대표적인 예시로는 대학 내 창업 동아리, 창업캠프, 창업특강, 창업경진대회 등으로 분류할 수 있다(창업진흥원, 2017).

1) 국내대학 정규교과 창업교육

(1) 실전형 창업강좌 커리큘럼

'실전형 창업강좌'는 창업 아이디어 발굴에서부터 사업화까지 전반적인 과정을 간접적으로 체험하는 형태의 강좌로 사업계획서를 작성하는 실무 중심의 창업강좌 사례가 대표적이다.

① 연세대학교의 『창업201 캠퍼스 CEO』 사례

- 강의계획서 검토: 사업계획서 작성이라는 팀프로젝트의 명확한 제시와 이를 위한 세부 수행 단계를 주차별 주제로 구성함

표 4-3 『창업201 캠퍼스 CEO』 주차별 강의계획서

	수업방법	주 제
1주차	강의	더 나은 세상을 위한 기업가 정신 - 기업가 정신에 대한 이해
2주차	강의, 팀활동	창업로드맵 및 팀빌딩
3주차	강의, 팀활동	아이디어 도출기법 실습 - 브레인스토밍
4주차	강의, 팀활동	사업아이디어 평가방법 - BM Method
5주차	강의, 팀활동	Business Model Canvas 개요 설명
6주차	발표	중간발표
7주차	강의, 팀활동	Business Model Canvas 작성 가치제안, 고객세그먼트
8주차	강의, 팀활동	Business Model Canvas 작성 채널, 고객관계, 주요활동 등
9주차	팀활동	Business Model Canvas 워크샵
10주차	강의, 팀활동	사업계획서 작성방법(1)
11주차	강의, 팀활동	사업계획서 작성방법(2)
12주차	강의, 팀활동	자금조달 전략(VC를 통한 자금조달 위주)
13주차	팀활동	사업계획서 코칭 및 Role Playing
14주차	발표	데모데이
15주차	발표	기말발표

출처: 한국청년기업가 정신재단 미래인재양성팀(2018). 대학 창업 운영 매뉴얼 3.0, p56.

- 수업은 팀티칭으로 진행되며 외부 전문가 및 담당 교수가 매주 1시간씩 강의를 진행하고, 나머지 2시간은 학생들의 팀프로젝트를 해당 주차의 교수가 질의응답과 멘토링을 통해 지원한다.

- 평가대상: 사업계획서 중심(중간/기말 및 동료 평가)으로 참여도 및 출석 반영
- 특이사항: 평가는 특강 강사 및 멘토 그룹이 참여하고 평가 및 피드백을 제공하며, 사업 아이템에 맞는 맞춤형 멘토링과 아이템이 우수할 경우 아이템 개발비 제공

② 인덕대학교의 『창업실무』 사례

- 강의계획서 검토: 창업 준비를 위한 실질적 방법론을 중심으로 구성되어 있다.

표 4-4 『창업실무』 과목의 주차별 강의계획서

	수업방법	주 제
1주차	강의	창업환경 이해: 창업의 정의, 창업의 3요소, 창업의 종류
2주차	강의	업종별 창업절차 및 사업자등록
3주차	강의	기업가 정신의 정의
4주차	강의	사업아이템 개발: 사업아이템의 발굴, 아이디어 발상기법
5주차	강의	사업타당성 분석의 의미, 내용, 프로세스
6주차	강의	입지와 상권의 중요성, 상권 분석을 위한 기본 학습
7주차	강의	경영과 마케팅: 마케팅 전략 수립과 마케팅 기법의 이해
8주차	-	중간고사
9주차	강의	기업회계: 재무제표의 이해, 종류, 분석법
10주차	강의	창업자금의 추정 방법, 자금의 종류, 자금조달 전략
11주차	강의	사업계획서의 중요성 및 실전 사업계획서 작성
12주차	강의	산업 환경의 변화와 특성, 기업의 대응방안
13주차	강의	특허와 지식재산권: 출원과 등록, 기술계약 및 거래
14주차	강의	세무와 회계: 창업기업이 알아야 할 세금
15주차	-	기말고사

출처: 한국청년기업가 정신재단 미래인재양성팀(2018). 대학 창업 운영 매뉴얼 3.0., p58.

- 수업은 개인 과제로 진행하고 있는 프로젝트의 중간 산출물에 대해 매주 교수가 검토 및 피드백을 제공한다.
- 평가 대상: 주요 평가 대상은 마지막에 발표하는 사업계획서로 중간 35%(아이템 중심), 기말 35%(발표 완성도), 기타 30%(출석과 중간 제출 레포트)로 구성된다.
- 특이사항: 교수의 강의 내용은 이론 중심보다 학생들이 사업계획을 하는데 도움이 되는 자료를 서칭하는 기법과 같은 실질적 방법을 포함한다.

(2) 이론형 창업강좌 커리큘럼

'이론형 창업강좌'는 창업에 대한 기초적이고 전반적인 내용을 소개하는 이론 중심의 창업강좌이다.

① 건국대학교의 『벤처창업경영의 이해』 사례

- 강의계획서 검토: 일반적인 창업과정 커리큘럼으로 구성되어 있다.

표 4-5 『벤처창업경영의 이해』 주차별 강의계획서

구분	수업방법	주 제
1주차	강의	기업가 정신과 한국의 벤처
2주차	강의	벤처기업의 성공과 실패
3주차	강의	벤처기업가
4주차	강의	벤처기업의 자원과 역량
5주차	강의	벤처기업의 산업환경
6주차	강의	벤처기업의 경영전략
7주차	강의	사업 기회의 발견
8주차	-	중간고사
9주차	강의	사업타당성 분석과 위험평가

구분	수업방법	주 제
10주차	강의	사업계획서
11주차	강의	자금의 조달과 관리
12주차	강의	벤처마케팅
13주차	강의	벤처마케팅의 조직관리
14주차	강의	벤처기업의 국제화
15주차	강의	벤처기업의 M
16주차	-	기말고사

출처: 한국청년기업가 정신재단 미래인재양성팀(2018). 대학 창업 운영 매뉴얼 3.0., p60.

- 수업은 교수의 주차별 수업 안내와 본 수업과 연계된 내용의 중요성에 대한 설명과 함께 이론적 설명과 사례들을 소개한다.
- 평가 대상: 창업아이템과 사업계획서 제출 및 출석
- 특이사항: 교양과목으로 편성되어 학년, 전공, 국적이 다양하여 보다 쉬운 접근으로 창업에 대한 기본 소양과 인식 및 흥미 유발을 중점적으로 하고 있다.

② 단국대학교의『벤처창업경영론』사례

- 강의계획서 검토: 일반적인 창업과정 커리큘럼으로 구성되어 있다.

표 4-6『벤처창업경영론』주차별 강의계획서

구분	수업방법	주 제
1주차	강의	창업의 중요성
2주차	강의	사업장(점포) 소재지 계획(The Location Plan)
3주차	강의	수확계획(The Harvest Plan)
4주차	강의	고객관계 증진의 중요성(Customer Relationship)
5주차	강의	제품 및 공급 사슬 관리(Product & Supply Chain Management)
6주차	강의	가격과 여신조건(Pricing & Credit)

구분	수업방법	주 제
7주차	강의	판촉계획(Promotion Planning)
8주차	-	중간고사
9주차	강의	글로벌 마케팅(Global Marketing)
10주차	강의	전문경영과 리더십(Professional Management & Leadership)
11주차	강의	인적자원 관리(Human Resource Management)
12주차	강의	오퍼레이션(생산, 품질, 재고, 물류) 관리(Operation Management)
13주차	강의	기업의 자산 관리(Management the Firm's Assets)
14주차	강의	창업성공사례 동영상 시청
15주차	-	기말고사

출처: 한국청년기업가 정신재단 미래인재양성팀(2018). 대학 창업 운영 매뉴얼 3.0., p62.

- 수업은 교수의 주차별 수업 안내와 본 수업과 연계된 내용의 중요성에 대한 설명과 함께 이론적 설명과 사례들을 소개한다.
- 평가 대상: 지필고사형태 및 레포트형 과제
- 특이사항: 교양과목으로 편성되어 학년, 전공, 국적이 다양하여 보다 쉬운 접근으로 유튜브 등 인터넷의 자료들을 자주 접할 수 있는 기회를 제공한다.

(3) 사회적 경제 관련 강좌

'사회적 경제와 창업'은 혁신적인 방법에 기초하여 사회적 문제를 해결하고자 하는 조직을 연구하는 분야로, 사회적 문제해결을 위한 혁신적인 프로세스의 연구를 주된 분야로 한다.

① 남서울대학교의 『사회적 경제와 창업』 사례

표 4-7 『사회적 경제와 창업』 주차별 강의계획서

구분	수업방법	주 제
1주차	강의	창조경제와 대학생 창업의 이해
2주차	강의	청년 창업과 진로선택: 국내 청년창업 환경의 이해 및 대학생 진로선택과 창업
3주차	강의	기업가 정신과 창업의 이해: 창업 프로세스를 중심으로
4주차	강의	사회적 경제와 사회적 기업의 이해1: 사회적 경제, 사회적 기업, 협동조합, 마을기업, 커뮤니티 등
5주차	강의	우리나라 사회적 기업제도의 발전과 미래: 사회적 기업 육성법, 제2차 사회적 기업 육성기본계획 등
6주차	강의	사회적 기업의 역사적 배경: 유럽과 미국
7주차	강의	비즈니스 모델과 사회적 경제 조직의 적용: 비즈니스 모델 캔버스 이해 및 실습1
8주차	강의	비즈니스 모델과 사회적 경제 조직의 적용: 비즈니스 모델 캔버스 이해 및 실습2
9주차	강의	협동조합의 이해 및 기타 사회적 경제 조직: 협동조합기본법을 중심으로
10주차	강의	비즈니스 플랜 Process: 사회적 경제조직 창업계획서를 중심으로
11주차	강의, 팀활동	팀프로젝트: 5달러 프로젝트 팀빌딩 및 토론 혁신적인 아이디어 창출을 위한 팀프로젝트
12주차	강의, 팀활동	사회적 금융과 사회적 경제: 자금조달과 자금지원 팀프로젝트: 5달러 프로젝트 토론
13주차	강의	지역경제개발과 사회적 경제: 지역경제개발 모델
14주차	강의, 팀활동	Class 총괄정리: 사회적 경제의 발전방향 팀프로젝트: 5달러 프로젝트 발표
15주차	-	기말고사

출처: 한국청년기업가 정신재단 미래인재양성팀(2018). 대학 창업 운영 매뉴얼 3.0., p64.

- 수업은 교재 및 배포되는 논문을 기반으로 학생들이 직접 찾은 자료와 각종 site에 기초하여 토의를 통해 내용에 대한 이해도를 높이며, 전문가를 초빙하여 사례를 통한 심화학습을 수행한다.
- 평가 대상: 팀프로젝트 발표(40%), 기말고사(40%), 출석(20%)로 구성된다.

2) 국내대학 비교과과정 창업교육

(1) 창업 동아리

창업 동아리는 창업의 역량 있는 학생을 발굴하여 등용문에서 나아가 대학의 창업문화를 선도하며, 경험과 지식을 공유하는 조직적 기능을 부여하는 데 그 목적이 있다. 운영의 주체로는 창업지원단이나 창업 관련조직이 주로 하고 있으며 교내외 대학(원)생으로 구성된 3인 이상의 팀이면 동아리를 만들 수 있다.

교내 동아리의 지원 내용으로는 아이템 전시실, 시제품 제작실, 창업카페 등 동아리의 활성화를 위한 '창업공간'을 제공해준다. 또한 지도교수 및 창업 동아리 전담 멘토를 배정하여 집중 관리를 하는 '멘토링'을 제공하며, 교내외 창업전문가 pool을 구성하여 '네트워킹'을 통한 연계 지원을 하고 있다.

① 인천대학교의 『창업 동아리』 사례

- 대학 내 창업에 대한 인식을 제고하며 창업의 기반을 조성해 준다.
- 창업 동아리 실패의 최소화를 위해 전담멘토제를 활용하고 있으며, 아이템 시장 분석 및 사업타당성 분석 후 개발비를 지급한다(현실성이 낮은 아이템은 포기하거나 재도전 기회를 제공).

표 4-8 창업 동아리 지원

<table>
<tr><th colspan="12">집중케어지원</th></tr>
<tr><th colspan="4">지도교수 배정</th><th colspan="4">전담멘토 배정</th><th colspan="4">담당실무자 배정</th></tr>
<tr><td colspan="4">-창업 동아리별 지도교수 1명
-아이템 평가 및 사업타당성 분석 지도</td><td colspan="4">-멘토 1인당 3~5개 팀 창업 동아리 지정
-시장조사 및 경영전략 수립 지도, 사업의 방향성 제시</td><td colspan="4">-창업확산팀 직원(2명)의 행정처리 지원
-면담을 통해 사업진척도에 따른 지원 프로그램 로드맵 구성</td></tr>
<tr><th colspan="12">활성화지원</th></tr>
<tr><td colspan="3">창업공간</td><td colspan="3">아이템 기획 및 제작비</td><td colspan="3">네트워킹</td><td colspan="3">우수창업 동아리 선정</td></tr>
<tr><td colspan="3">-총 406.6㎡ 제공</td><td colspan="3">-최대 5백만 원 지원(팀별 차등)</td><td colspan="3">-워크숍, 커뮤니티 구축, 해외박람회 참가 지원</td><td colspan="3">-총장명의 상장 수여</td></tr>
<tr><th colspan="12">연계지원</th></tr>
<tr><td colspan="3">INU 멘토링센터</td><td colspan="3">INU 아이디어센터</td><td colspan="3">INU 리더스</td><td colspan="3">창업기업뿌리 가꾸기</td></tr>
<tr><td colspan="3">-세무 · 변리 · 법률 등 상시 지원</td><td colspan="3">-지식재산권 출원비용 등 상시 지원</td><td colspan="3">-선배기업(동문창업자) 멘토링</td><td colspan="3">-별도 평가에 의한 사업화 자금 지원</td></tr>
</table>

출처: 한국청년기업가 정신재단 미래인재양성팀(2018). 대학 창업 운영 매뉴얼 3.0., p68.

(2) 창업(사업계획서) 경진대회

학생들의 혁신적이고 창의적인 우수한 아이디어를 사업화시킬 수 있는 방법을 체계적으로 정리하는 실전창업을 위한 기본 역량을 배양시키는 데 그 목적이 있다. 각 대학의 창업지원단 또는 산학협력단 등 창업과 관련된 업무를 수행하는 조직이 운영하며, 사업계획서의 표준 매뉴얼을 제공하고, 동영상 강좌 등을 통해 관련 교육 자료를 제공한다.

① 원광대학교의 『1학과 1기업 창업』 사례

- 교내 창업분위기 활성화를 위해 창업 특성화 프로그램을 통한 창업 부담감을 경감시킴으로써 도전적이고 창의적인 문화를 조성한다.
- 창업아이템 및 아이디어를 보유한 대학생을 대상으로 하고 팀별 최대 5백만 원의 창업 사업화 자금 및 활동 공간을 제공한다.

표 4-9 1학과 1기업 창업의 운영 절차

단계	내용
1	창업지도교수 및 모의창업팀 모집
2	(모의) 창업팀 선정 및 MOU 체결
3	사업설명회: 사업운영 및 지원계획
4	창업캠프: 비즈니스모델화-사업계획서, 시제품제작, 스토리텔링 구성
5	아이디어 확대: 박람회 참관
6	창업 사업화 자금 지원
7	중간점검 진행: 사업추진 현황 점검
8	1학과 1창업 데이: 홍보 및 체험 박람회, 시제품 판매
9	경진대회 및 워크숍

출처: 한국청년기업가 정신재단 미래인재양성팀(2018). 대학 창업 운영 매뉴얼 3.0., p70.

(3) 창업캠프

창업캠프는 창업 동아리 및 예비 창업자의 창업아이템의 사업화를 유도하며, 잠재 아이디어 발굴을 통해 창업자를 육성하여 활동을 장려하는 것에 목적을 두고 있다. 다른 비교과과정과 가장 큰 차이점은 단기간 내 아이디어를 실현시킬 수 있는 기회를 제공하는 것이다. 전국의 대학생 및 일반인을 포함하며, 주로 창업지원단, LINC+

사업단 등 창업 관련 전담 부서가 운영 주체를 맡고 있다.

① 한밭대학교의 『창업캠프』 사례

- 비즈쿨(Bizcool)과 창업선도대학 사이의 비교과 창업교육활동의 연계를 통해 1박 2일 동안 집중형 창업캠프를 진행한다.
- 학부모, 초중고 학생, 비즈쿨교사협의회 소속 교사 등을 대상으로 추진한다.

표 4-10 한밭대학교의 창업캠프

	2017 대전·세종·충남 부모님과 함께 하는 DT 창의·창업캠프	2017년 빅데이터 전문가 양성 Biz-Cool 창업캠프
목적	자기 탐색과 기업가 정신교육 및 창업 활동을 통해 창업의 단계별 의사결정과정 체험으로 실전 역량 강화 및 기업가 정신 함양	빅데이터를 주제로 실습 및 체험 중심의 교육을 통해 기업가 정신을 함양하고, 빅데이터를 활용할 수 있는 역량 배양
방법	IoT와 적정기술을 활용한 창업아이템 메이커를 창출하고, 생활 속 불편함을 개선할 수 있는 창업 아이디어를 창업 아이템으로 전환하기 위한 과정을 거쳐 기술을 활용한 시제품 제작	빅데이터 실무 및 교육 경험이 풍부한 현장 전문가의 코칭 시스템을 갖추고, 창업을 실행시킬 수 있는 전반적 과정에 걸친 빅데이터 활용방법을 이론과 실습을 겸한 강좌로 진행

출처: 한국청년기업가 정신재단 미래인재양성팀(2018). 대학 창업 운영 매뉴얼 3.0., p71.

② 경기대학교의 『가족과 함께 하는 창업캠프』 사례

- 창업을 희망하고 있는 학생 및 일반인 간 창업에 대한 인식의 전환과 소통을 통한 창업 활성화를 목적으로 한다.
- 창업아이디어의 모색을 위한 팀프로젝트를 중심으로 토크콘서트, 벤처창업 특강, 창업 현장 방문, 부모와 자녀 간의 역할극 등 프로그램을 운영한다.

③ 국민대학교의 『K-GEB 프로그램』 사례

- 재학생과 다국적 대학생 간의 협업을 통한 창업 아이템을 발굴하여 제품 제작 등의 기회를 제공하는 것을 목적으로 한다.

- 6개의 글로벌 창업팀 구성(강의, 창업유관기관 방문, 팀프로젝트, 전문멘토링 등을 진행한 후 매주 마지막 날엔 활동을 정리하는 프리젠테이션데이를 갖음)

(4) 창업특강

창업과 관련된 전문지식 및 경험을 보유한 전문가를 초청하여 강연을 통해 창업에 대한 관심을 촉발시키고 진로선택의 기회를 제공하는 것에 그 목적을 두고 있다. 대학생 또는 교직원, 교수 수준에 적합한 세미나의 형태로 약 2시간에서 3시간 정도 진행되며, 창업에 대한 트렌드, 아이디어 발굴 및 사업화 전략, 관련 사례 등을 주된 주제로 한다.

(5) 체험학습 프로그램

인턴십과 같은 체험학습 프로그램을 통해 대학생의 창업과 관련된 관심과 지식 함양을 높여 창업에 대한 두려움을 낮추고 도전의식과 지식을 활용하여 스타트업 기업 등에서 직접 창업 실무를 경험하는 것에 그 목적을 두고 있다.

대학과 학부에서는 창업 프로젝트, 벤처캐피탈 회사 및 산업계와 직접적으로 대응하는 창업가 정신 함양을 위한 교육 및 기술혁신에 중점을 둔 전문 인턴십 프로그램을 지원한다(한국청년기업가 정신재단 미래인재양성팀, 2017).

추진방안으로는 방학 및 학기 중 국내외의 주요 창업 우수 대학과 기업간 연계하여 운영을 하고자 하며, 향후 희망사다리 사업 등 창업 관련 유관 사업과 연계 활용하여 프로그램의 내실화를 강화시키고자 한다.

3) 국내대학 관련 중앙부처 창업지원사업

다음은 사업 주관(수행)기관이 대학인 사업으로 대학(학교기업)을 중심으로 어떻게 창업 저변 확대 및 제도를 통한 지원체계를 구축하고 있는지 보다 구체적으로 알아보고자 한다.

(1) 창업교육

① 창업교육지원(창업아카데미)

창업교육지원(창업아카데미)은 대학생, 예비 및 3년 미만 기창업자를 대상으로 대학, 연구·공공·민간기관이 수행하는 사업이다. 교육을 중심으로 하고 있으며 사업화 지원은 없다. 대학생 및 예비 창업자를 대상으로 실전형 창업교육을 통해 창업 저변 확대 및 성공 창업자를 발굴하고 양성하는 데 그 목적이 있다.

○ 창업교육
- 창업인정형 창업강좌, 주요 업종 및 단계별 실전교육 운영

○ 창업 동아리 및 네트워킹
- 창업 동아리 발굴 및 육성, 네트워킹 구축 및 멘토링 제공

○ 창업 저변 확대
- 창업캠프, 창업교육 콘텐츠 제공

② 대학 기업가센터

대학 기업가센터는 9개 대학의 기업가센터 대학생, 교수 및 교원을 대상으로 대학에서 수행하는 사업이다. 교육 및 연구지원을 하고 있으나 사업화 지원은 없다.

○ 창업전담조직 기능 강화
- 창업 관련 교육계획 수립 및 운영 등 총괄기능 강화 지원

○ 창업강좌 및 교육
- Cash Class 등 최신 창업 트렌드를 반영한 창업 전공강좌 운영지원

○ 콘텐츠 개발 및 연구
- 교재, 모듈 등과 같은 교육 콘텐츠의 개발·보급 및 논문연구 지원

○ 네트워크
- 동문기업, 성공창업가, VC 등 전문가와의 네트워크 구축

③ 창업대학원

창업대학원은 창업학 석사과정 희망자를 대상으로 창업대학원에서 수행하는 사업으로, 창업 전문가 육성을 지원하고 있다. 지원대상은 5개의 특수대학원(국민대: 글로벌 창업벤처대학원, 계명대: 글로벌창업 대학원, 성균관대; 글로벌 창업 대학원, 연세대: 정경·창업 대학원, 부산대: 기술 창업 대학원)으로 대학원별 30명 내외를 기준으로 하고 있다.

○ 대학원 지정 및 운영 – 기업가 정신 및 창업 전반에 대한 전문지식 등의 학위과정 지원 ○ 대학원생 장학금 – 각 대학원생 중 우수한 인원에 대한 장학금 지원 ○ 대학원 인프라 구축 – 대학원 교육과정 및 교재 개발, 네트워킹, 해외연수 지원

④ 스마트 창작터

전국 18개 스마트 창작터에서 체험형 창업교육과 사업 아이템의 사업모델을 검증하고 시제품 구체화 등 후속연계 지원을 목적으로 하고 있다. 예비 창업자 및 3년 이내 창업기업을 대상으로 대학 등의 전문기관이 수행하는 사업이다. 약 500만 원의 BM 검증을 지원한다.

○ 온·오프라인 실습교육 – 온라인 창업교육 플랫폼과 오프라인교육을 병행한 체험형 창업 교육 ○ 사업모델 검증 – 고객의 수요와 시장성 검증을 위한 시제품 제작 및 시장 조사 활동비 등 지원 ○ 후속연계 지원 – 사무 공간 및 시제품 개발, 지재권 출원 및 등록, 마케팅활동 등 소요되는 자금 지원

⑤ 공공기술 기반 시장연계 창업탐색 지원사업

공공기술 기반 시장연계 창업탐색 지원사업은 기초·원천 연구성과의 사업화를 선도할 수 있는 창업 핵심 인력을 양성하여 공공기술 활용을 통해 경제사회적 가치를 창출하고, 공공연구실에 소속된 학생 및 연구원이 관련 기술 사업화를 주도할 수 있도록 지원하여 성공률 향상을 도모시키는 데 목적을 두고 있다. 대학 및 출연(연)의 참여 연구원으로 구성된 기술창업 탐색팀(I-Corps Team)을 대상으로 한국연구재단과 기술창업혁신단이 수행하는 사업이다.

○ 기술창업 탐색활동 관련 제발활동 지원 – 국내교육, 해외교육, 시제품 제작, 비즈니스모델 설계, 멘토링 등

(2) 멘토링 · 컨설팅

연구 개발 특구 육성(R&D)–이노폴리스캠퍼스는 특구 거점 대학을 활용하여 예비 창업자의 아이디어 발굴에서부터 창업 아이템 검증 및 투자 연계를 통한 효과적 창업을 유도하는 데 그 목적이 있다. 현재 이공계열 및 창업지원 교육과정을 운영하는 기관이나 과학기술특성화대학 등을 대상으로 하며, 대학 및 관련 기관이 수행하는 사업이다. 특정 지역(대전, 광주, 대구, 부산, 전북특구 내 소재)에서 한정적으로 운영되는 사업이라는 특징을 가지고 있다.

○ 창업아이템 검증 및 대학의 창업 프로그램 – 아이디어 발굴, 창업아이템 검증, 창업 및 투자 연계, 후속지원 등 지원

(3) 사업화

① 스마트벤처창업학교

스마트벤처창업학교는 앱/웹, 콘텐츠, SW 및 융합과 같은 유망지식서비스 분야의 청년 창업자를 대상으로 사업화 자금에서부터 성장 프로그램까지 창업의 전 과정을 집중 지원하여 우수한 창업 인재로 육성시키는 데 그 목적이 있다. 만 39세 이하 예비 창업자 및 3년 이내 창업기업을 대상으로 대학 등 전문기관이 수행하는 사업이다.

창업한지 3년 이하 및 만 39세 이하의 일반인만 참여가 가능하다.

○ 사업화 자금
 – 평균 5천만 원, 최대 1억 원(총 사업비의 70%) 지원

○ 교육 및 멘토링
 – 입문, 특화, 성장 등 과정별 맞춤형 커리큘럼으로 구성된 교육 및 분야로 솔루션 전문가 멘토링 지원
 * 의무 이수 시간 등 없음

○ 성장지원 프로그램
 – 판로확대, 마케팅, 협업, 투자유치 등 창업기업의 성장 촉진 지원

○ 인프라 지원
 – 사무공간, 회의실, 교육장, 서버, 휴게실, 테스트베드 등 무상 인프라 제공

② 창업선도대학 육성

창업선도대학 육성은 전문인력이나 연구장비와 같은 우수한 창업지원 인프라를 갖춘 대학을 '창업선도대학'으로 지정하여 창업교육에서부터 창업아이템 발굴과 사업화 그리고 후속지원까지 지원을 통해 대학을 창업의 요람으로 육성하고자 하는 사업이다. 예비 창업자 및 3년 미만의 창업기업을 대상으로 창업선도대학이 수행하며, 창업한지 3년 미만이어야 하고, 대학생이 20%의 비율로 구성되어 있어야 한다.

○ 창업아이템 사업화
 – 시제품 개발, 지재권 출원 및 등록, 마케팅활동 등 창업 사업화에 소요되는 자금 지원
 * 최대 1억 원부터 후속지원 최대 3천만 원까지 지원

○ 실전창업교육 및 자율 특화 프로그램
 – 대학생 및 일반인 실전창업교육, 창업한마당 축제, 지역 창업 경진대회, 투자유치 연계 등 대학별 특화 프로그램 운영

4) 미국대학 창업교육 프로그램 분석

미국의 창업교육은 1947년 하버드대학에서 마일즈 메이즈(Myles Mace)교수의 창업(Entrepreneurship) 강연을 시작으로 창업교육의 중요성 및 필요성이 확산되며 하나의 학문으로 자리를 잡았다(표 4-2). 국내 대학과 국외대학의 창업교육 현황에서 살펴본 바와 같이 1960년대 말부터 창업교과과정 개설 수가 급속도로 증가해왔으며, 여전히 증가 추세에 있다(Solomon & Femald, 1993). 창업교육에 있어 60년 이상의 역사를 가지고 있는 미국의 대학에서는 교과과정 및 다양한 프로그램 제공을 위한 개발을 지속적으로 하고 있다.

(1) 아이오와대학(University of Iowa)

아이오와대학은 창업교육을 위해 30개 이상의 다양한 창업관련 강좌가 개설되어 있다. 가장 큰 특징은 공대와 의대 그리고 예술 분야와의 협업을 통한 크로스 캠퍼스(Cross-Campus)과정이 운영되어 학생들에게 더 많은 기회를 제공하고자 한다. 실질적인 교육과 지원을 위해 지리적 이점을 활용하여 제조 및 서비스 관련 창업지원을 위한 활동이 주를 이룬다. 이 외에도 여러 가지 지원활동을 통해 학습들이 창업지식을 경험적으로 습득할 수 있도록 지원하며, 특히 의료혁신그룹의 두 학기 프로젝트는 실제 아이오와 대학병원에 적용할만한 수준이며 자연스러운 네트워킹을 통해 활발한 교환 및 보완을 경험할 수 있도록 하고 있다.

아이오와 대학의 교과 창업교육

창업교육 과정	✔창업경영트랙(Entrepreneurial Management Track) - 전공필수 : 창업전략, 조직론, 인사관리, 창업 마케팅, 협상론, 기업성장관리(+기술과 혁신의 전략경영론, 사회적 기업, 창업가의 온라인전략) - 선택과목 : 창업실습, 창업컨설팅, 창업재무, 사업계획, 인턴십	
별도진행 1. 창업경영과정 (Certificate in Entrepreneurial Management)	별도진행 2. 기술창업과정 (Technological Entrepreneurship Certificate)	별도진행 3. 공연예술과정 (Certificate in Performing Arts Entrepreneurship)
- 창업의 이론과 실제 등 ※ 목적: 전공과 상관없이 향후 창업이 가능할 수 있도록 함	공과대학과 협동과정으로 운영 ※ 목적: 기술과 관련된 창업의 과정과 전략을 학습하며 혁신에 대한 이해와 분석 능력제고	공연예술학과 협동과정으로 운영 ※ 목적: 예술분야 창업을 목적으로 하는 학생들이나 공연예술관련 창업의 기회를 찾는 대학생을 위한 창의성과 창업기술 개발 증대

출처: 이우진 외(2013). 해외 대학의 창업교육 현황과 특징에 관한 연구. 연구자 재구성.

(2) 미주리대학(University of Missouri, Kansas City)

미주리대학의 창업교육은 학부와 대학원 모두 프리스턴 리뷰(The Princeton Review)에 상위 랭킹에 들어있으며, 미국 중소기업협회(USASBE)의 전국 우수 프로그램(National Model Program)으로 선정됐을 정도로 프로그램이 잘 설계되어 있다. 미주리대학의 창업교육은 특히 부동산 센터와 연계한 특화된 교과과정을 개발하고 창업과 부동산을 접목시킨 관련 세부전공을 만들어 운영하고 있는 것이 인상적이다. 다양한 실질적 지원체계를 통해 창업관련 프로그램이 매우 전문화되어 프로그램을 통해 실제 학생들로 하여금 창업투자가 이루어지고 학생 창업기업을 실제로 배출하고 있다.

미주리 대학의 교과 창업교육

창업교육 과정	✔창업관련 정규 교과목은 총 32개 르위스 화이트 부동산 센터(Lewis White Real Estate Center)를 통해 특화된 부동산 관련 교과과정을 운영		
창업 트랙 Entrepreneurship Track	혁신경영 트랙 Innovation Management Track	부동산창업 세부 전공 Entrepreneurship with Concentration in Real Estate	창업 부전공 Entrepreneurship Minor
창업을 시작하고 성장시키는 방법 필수과목: 창업기업 설립, 창업기업 관리, 벤처캐피털 재무와 투자 선택과목: 창업관련1 ※ 창업 목적 학생 대상	혁신관리 및 창업 원리의 적용 필수과목: 창업의 이해, 신상품 개발 선택과목: 창업관련 3 / 창업관련2+재무 마케팅1 ※ 취업 목적 학생 대상	창업의 관점에서 부동산에 대한 영역 교육 필수과목: 기업가 정신의 이해, 창업기업 설립, 창업기업 관리, 부동산 개론, 부동산 재무기초 ※ 학부, 석사과정, MBA와 수료과정에도 제공	총 18학점(6과목) 이수하도록 설계됨 기업가 정신의 이해, 창업기업의 설립을 기초로 창업기업관리, 기술창업, 신제품 개발, 창업재무, 창업 마케팅 등 과목에서 4과목 선택 ※ 부전공 이수

출처: 이우진 외(2013). 해외 대학의 창업교육 현황과 특징에 관한 연구. 연구자 재구성.

(3) 세인트루이스대학(Saint Louis University)

세인트루이스대학의 창업교육센터는 1987년 미국의 23번째 창업교육센터로써 경영대학에 설립되었다. 창업교육 프로그램은 미국중소기업협회(USASBE)의 전국 우수 프로그램(National Model Program)에 선정되어 창업교육 순위 평가기관의 상위 랭킹에 포함되어 있다. 세인트루이스대학에는 독특한 프로그램이 하나 있다. '창업교육센터가 제공하는 비학점제도'가 바로 그것이다. 세인트루이스대학의 학생, 교수 및 교직원, 졸업생 등을 대상으로 한 학기동안 진행되는 프로그램으로 워크숍, 특강, 경진대회, 창업경험 실무로 이루어진다. 또 다른 특징으로는 창업교과정과 창업교육센터의 프로그램들이 상호 보완할 수 있도록 지원하고 있다는 것이다. 따라서 학생의 수준과 성향에 맞는 연계성 있는 실습 분야를 정할 수 있게 해주므로 학생이 창업을 이해하고 간접 경험을 하는데 큰 기여를 하고 있다. 이외에도 창업교육과 중소기업 분야 등의 연구에 지속적 활동을 통해 최신 정보를 학생들에게 전달하는 데 집중하고자 노력한다.

세인트루이스대학의 교과 창업교육

창업교육 과정	✔ 대학 학부의 정규 창업교육 - 경영학 전공에서 창업세부전공 선택 경영학 전공에서 보조분야(Supporting Area) 부전공 개념의 시스템 적용
창업세부전공(Entrepreneurship Concentration)	창업 부전공(Entrepreneurship Supporting Area)
필수과목: 아이디어 개발, 창업기업 자원관리, 사업계획서 작성 일반선택과목: 창업관련 교과목 2개(경영학과목, 인턴십, 가족기업, 설득 및 갈등관리 등) 심화선택과목: 창업관련 교과목 1개(부동산, 통합마케팅 커뮤니케이션, 마케팅 조사, 인적판매)	필수과목: 아이디어 개발, 창업기업 자원관리, 사업계획서 작성 일반선택과목: 창업관련 교과목 1개(경영학과목, 인턴십, 가족기업, 설득 및 갈등관리 등) ※ 경영학과 전공자들에게만 제공

출처: 이우진 외(2013). 해외 대학의 창업교육 현황과 특징에 관한 연구. 연구자 재구성.

4 대학 창업교육의 구성 요소

교육에 관한 접근법을 통해 창업가 정신 개념을 이해할 수 있다. 이는 “기회를 인식하는 과정”으로써 기회 인식에 기원을 두고 있다(오해섭, 2014). 따라서 창업가 정신을 역량의 세트(Set)로 보고 창업가적 과정을 끌어가는 창업가의 역량에 초점을 맞춰 교육의 내용을 결정할 수 있다. 따라서 이러한 과정은 창업가들이 갖추어야 할 기본적 소양을 바탕으로, 기회를 인식하는 단계에서부터 요구되는 역량을 갖추고 창업의 전 과정을 거쳐 기업을 운영할 수 있도록 하는 일련의 선순환 시스템인 것이다(한국청년기업가 정신재단, 2018).

1) 중소기업청과 창업진흥원에서 제시한 『대학 창업지원 모델 길잡이』

대학을 통한 창업자 육성 프로그램의 증가 추세에 따라 대학의 창업지원서비스의 상향평준화의 유도가 필요함을 주장하였다. 다양한 창업에 대한 수요에 맞는 수준별 창업지원 체계를 설계하여 중장기적으로 우수한 창업역량을 배양할 수 있어야 한다.

『대학 창업지원 모델 길잡이』에서 제시한 대학의 창업지원 역량을 고려한 모듈형 설계는 단계에 따라 세분화하여 각 기능을 수행해야 한다고 설명하고 있다. 그 단계는 다음과 같다.

표 4-11 대학의 창업 단계별 필요역량

* a:조직/인력, b:공간/장비, c:학사제도, d:창업포털

	창업 단계 / 필요역량	(1단계) 아이디어 창출	(2단계) 창업 준비	(3단계) 창업 및 성장	인프라
1	창의력	●			
2	도전 정신	●			
3	시장에 대한 이해	●			c d
4	전문기술 및 지식		●		a
5	시제품 제작		●		
6	창업 팀빌딩			●	b
7	피칭			●	
8	네트워크			●	

출처: 길잡이 모델 K-Startup(2016). 대학 창업지원 모델 길잡이, 창업진흥원, p3.

1단계는 정규교과과정으로 대학생의 창업 및 경영 능력 배양을 목적으로 학점이 부여되는 창업 강좌를 의미한다. '창의력', '도전정신', '시장에 대한 이해'를 필요 역량으로 제시하였다. 세부내용을 살펴보면 '창업가 마인드 함양'과 '사업아이템의 창출', '사업타당성 검토', '제품개발', '자금조달', '마케팅홍보전략', '성장전략' 등의 내

용을 포함한다.

2단계는 비교과과정으로 창업 동아리, 창업경진대회, 창업캠프, 창업특강 등의 창업 준비활동을 말하며, 시제품을 제작하거나, 창업 팀빌딩, 역량배양 등을 목적으로 한다. '전문기술 및 지식'과 '시제품 제작'을 필요역량으로 제시하였다. 세부내용을 살펴보면 '창업 지식', '창업 정보', '아이템 기획 및 제작', '비즈니스 플랜 작성', '네트워크 구축', '자금조달을 위한 크라우드 펀딩' 등의 내용을 포함한다.

3단계는 창업사업화로 대학 자체 또는 네트워크 연계를 통해 사업화의 성공을 촉진하는 활동과 같은 전반적인 창업사업화 지원활동을 말한다. '창업 팀빌딩', '피칭', '네트워크'를 필요 역량으로 제시하였다. 세부내용을 살펴보면 '투자(초기투자 펀딩, 투자설명회 개최 등)', '전문보육(사업 아이디어 및 BM 고도화, 창업팀 구성, 세무/회계/법률 등 경영자문, 경영 전반의 멘토링 및 네트워킹)', '마케팅' 등을 포함한다.

전반적인 과정에 요구되는 인프라는 크게 네 가지로 나누어 설명하고 있다. a(조직/인력)는 창업지원 조직 및 인력을 의미하며 대학 내 창업교육 및 지원 업무를 전담하는 조직이다. b(공간/장비)는 대학(원)생의 창업준비 및 창업에 요구되는 창업지원의 공간과 장비를 말한다. c(학사제도)는 대학 내 창업문화 확산 및 활성화를 위해 도입 및 운영이 필요한 대학의 창업 친화적 학사 및 인사제도 등을 가리킨다. d(창업포털)는 창업 관련 정보제공 및 경력을 관리하고 관련 프로그램 전산화 등 대학 내 창업의 접근성에 대한 제고를 의미한다.

2) 한국청년기업가 정신재단의 대학 창업교육과정 체계

한국청년기업가 정신재단에서 제시한 창업가 정신 역량체계 중심의 창업교육 체계는 창업가 정신을 기반으로 한 모델로 기본적으로 세 가지 역량인 기본 역량, 기술 역량, 사업화(또는 차별화) 역량을 제시하고 있다. 창업의 기회를 인식하는 단계에서부터 창업 후 경쟁우위를 확보할 수 있는 단계까지 나누어 점진적으로 역량을 확장시켜야 함을 강조하고 있으나, 현재 피칭이나 리더십, 디자인적 사고 등에 대한 관심도 높아지고 있으므로 기본적인 프레임을 확장시킬 필요성이 요구된다.

더불어 창업가적 정신을 함양시킬 수 있는 사업적 기술과 실질적인 응용 능력을 함양시켜 줄 수 있는 사업화 준비기술 그리고 비즈니스에 직접적인 영향을 미치는 비즈니스 기능을 다시 나누어 보다 세부적인 교육과정 체계를 제시하였다. 예를 들어, 이를 바탕으로 사업화 준비 기술의 기본 역량으로 사업형태, 즉, 팀원 간 협업 문제, 재정적 능력, 의사소통과 같은 기술이 필요하다는 것을 가시적으로 확인할 수 있다.

따라서 필요에 따라 기본적인 역량체계를 벗어나지 않는 프레임 속에서 연관성이 높은 항목들을 추가적으로 대입시켜 활용할 수 있을 것으로 사료된다.

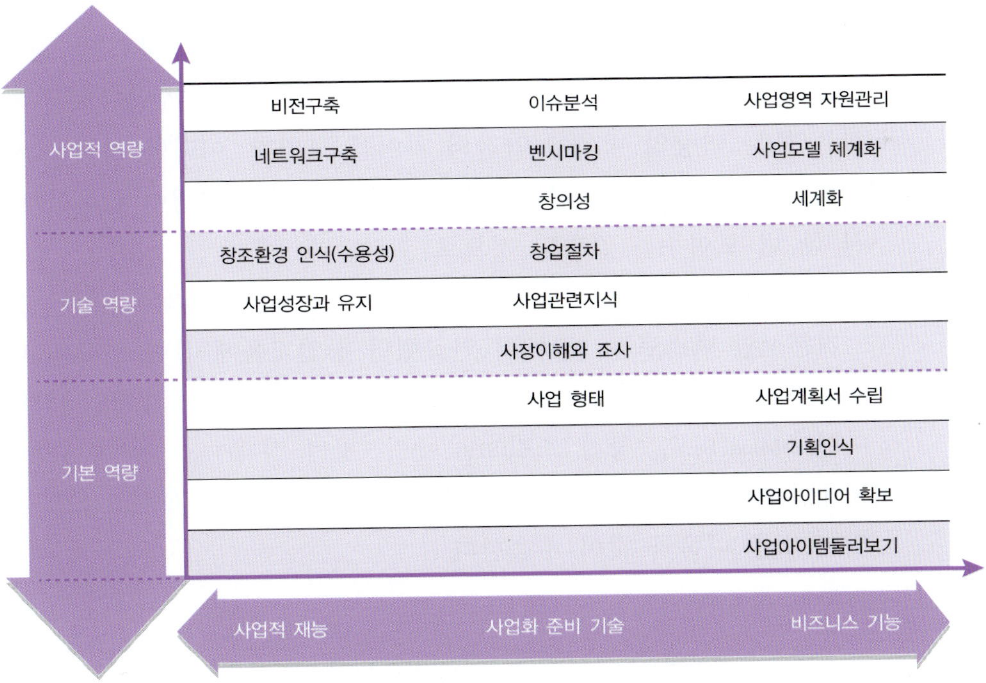

그림 4-1 창업가 정신 역량체계 중심의 창업교육 체계

출처: 박정배(2019). 창업을 둘러싼 생태계에 대한 단상(한국청년기업가 정신재단의 대학 창업 교육 연구인용). 연구자 재구성.

3) 한국경제에서 필요한 창업가 정신 역량

중소기업청과 한국청년기업가 정신재단은 공동으로 국내 대학생 기업가 정신 실태조사[3]를 통해 그 수준을 진단할 수 있는 통계정보의 필요성을 제기하며, 창업가 정신 친화적 문화조성 참여를 장려하고자 하였다. 이때 지표로써 사용된 것이 한국경제에서 제시한 창업가 정신 덕목으로 그 덕목은 다음과 같다.

> ○ 한국경제에서 필요한 창업가 정신 역량
> – 창의, 혁신, 사회적 책임, 도전, 글로벌 마인드, 상생, 반부패, 미래지향, 소통, 페어플레이정신, 열정, 기타

조사결과 한국경제에 필요한 창업가 정신 역량의 1순위는 창의(26.8%)가 가장 높았으며, 혁신(19.7%), 도전(15.3%), 사회적 책임(14.5%) 순으로 나타났다. 하지만 창업가로서의 자질을 묻는 문항에서 가장 높은 비율을 보인 것은 도전 정신(30.5%)이었으며, 사회적 책임(20.7%), 열정(15.2%) 순으로 한국경제에 필요한 역량과 창업가로서 자질을 묻는 역량의 비율에 약간의 차이를 보였다. 이러한 차이는 사업적 재능과 비즈니스 기능과의 사이에 분명한 차이점이 있음을 다시 한 번 보여주는 결과인 것으로 추정된다.

기본적인 텍스트는 1장에서 언급했던 창업교육에 관한 연구의 내용을 참조하여 미리 수립해두었던 창업교육 구성 요소 체계인 '창업 마인드(Mind Set)', '창업 스킬(Skill Set)', '창업 실제(Tool Set)'의 3가지 프레임 속에서 앞서 살펴본 대학 창업교육과 관련된 구성 요소별 하위 요소를 다음과 같이 추출한다.

3) 한국청년기업가 정신재단(2014). 국내 대학생 기업가 정신 실태조사. 55p~

표 4-12 창업교육 구성 요소별 역량개발 체계

구성 요소		하위 요소	대학교육
창업 마인드 (Mind Set)	1	도전의식	●
	2	혁신성	●
	3	열정	●
	4	자기효능감	●
	5	개방성	●
	6	회복탄력성	●
창업 스킬 (Skill Set)	1	문제해결력	●
	2	공감	●
	3	의사소통	●
	4	협상	●
	5	경청	●
	6	네트워킹	●
	7	리더십	●
	8	협업	●
	9	디자인 씽킹	●
창업 실제 (Tool Set)	1	기회포착	●
	2	프로토타이핑	●
	3	마케팅	●
	4	파이낸스	●
	5	자원관리	●

대학에서의 창업교육은 개인에게 창업 또는 그 이상의 동기부여를 해주고 새로운 기술의 발전과 혁신 그리고 융·복합을 통한 창업의 촉진 등 일련의 과정을 창업관련 지식 전달을 통해 자신의 발전, 지역경제의 발전, 나아가 국가경제 성장에 중요한 역할을 담당하므로 매우 중요하다(Chrisman, Hynes, & Fraser, 1995; 이우진 외, 2013).

레이커스(Lackeus, 2015)의 창업의 역량별 체계적 교육 시스템을 보면(그림 4-2 참조) 초기 창업교육의 역량별 체계가 개인 역량 개발 중심에서 사업화 역량 중심을 통해 실제적인 역량을 키운 후 다시 창업가 성장과 관련된 개인 역량 개발로 연결되어 있는 것을 확인할 수 있다. 이 연구를 근거로 대학창업교육 관련 구성 요소별 하위 요소를 재구성하여 추출할 수 있다. 이 요소는 전반적인 이해를 목표로 하는 내용 중심의 이론적 접근 방식인 창업가 정신에 대한 교육으로 기초를 다지고 다시 예비 창업가에게 요구되는 지식과 기술을 제공하는 목표지향적 접근을 하는데 의의가 있는 요인으로 구성되었다.

보다 구체적으로 분류하면 창업의 역량별 체계적 교육 시스템에서 학사과정에 해당되는 고등교육과정의 ① 첫 번째 단계인 창업가 정신에 대한 교육(education about entrepreneurship)은 현상에 대한 전반적인 이해를 목표로 하는 창업 마인드(Mind Set)에 해당하는 단계로 레이커스

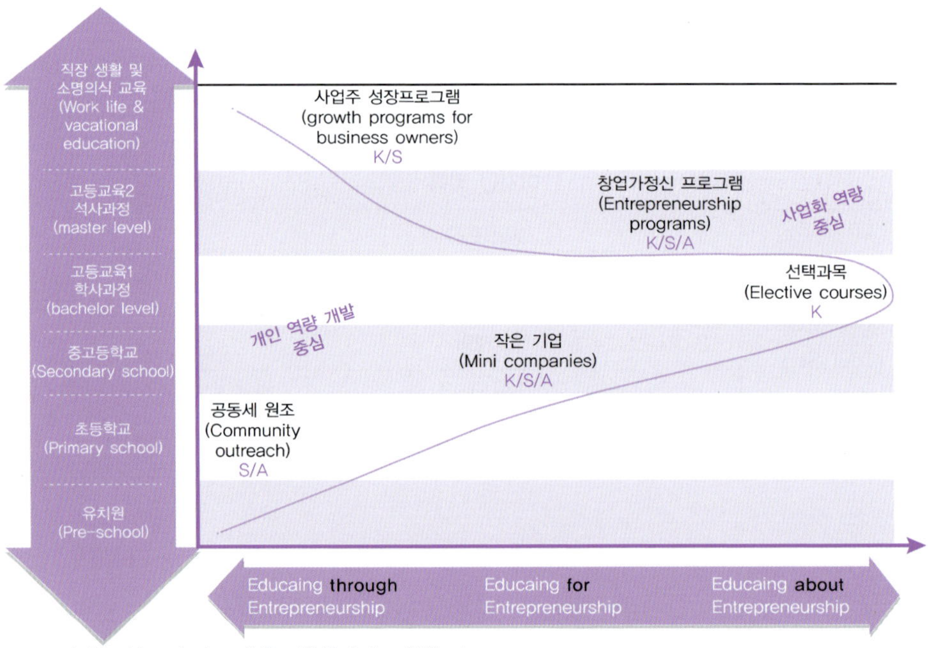

* K = Knowledge / S = Skill / A = Attitudes

그림 4-2 창업 역량별 체계적 교육 시스템

출처: Lackeus, M.(2015). Entrepreneurship in Education: What, Why, When, How. Entrepreneurship 360 Back ground Paper. 8p. 재구성.

(Lackeus, 2015)는 '선택과목'으로 설명하였다. 이에 추출된 하위요소는 도전의식, 혁신성, 열정, 자기효능감, 개방성, 회복탄력성이다. ② 두 번째 단계인 창업가 정신을 위한 교육(education for entrepreneurship)은 예비 창업자에게 요구되는 지식과 기술을 제공하는 것을 목표로 하는 과정으로 '창업가 정신 프로그램'으로 설명할 수 있다. 구성 요소로는 창업기술(Skill Set)에 해당하며, 하위요소는 문제해결력, 공감, 의사소통, 협상, 경청, 네트워킹, 리더십, 협업, 디자인 씽킹에 해당된다. ③ 마지막 세 번째 단계인 고등교육과정의 창업가 정신을 통한 교육(Education Through Entrepreneurship)은 교육을 받는 학생들이 실질적으로 창업가 학습과정을 거치는 과정의 가장 기반이 되는 것으로 경험적 접근 방식을 뜻하며, 창업 역량별 체계적 교육 시스템으로는 창업가 성장 프로그램에 해당되고, 구성 요소로는 창업실제(Tool Set)로 하위요소로는 기회포착, 프로토타이핑, 마케팅, 파이낸스, 자원관리가 이에 해당된다.

레이커스(Lackeus, 2015)의 창업의 역량별 체계적 교육 시스템에도 잘 나와 있듯이 각 역량은 단계에 따라 때로 독립적인 단계로 분리가 되기도 하고 연계하여 심화를 더하기도 한다. 이 시스템에 의거하여 대학에서의 창업교육에 요구되는 하위요소를 추출하였으며, 이를 기반으로 창업가 정신 구축에서 창업가로서 성장에 이르기까지 단계별 구축이 잘 이루어질 수 있는 교육의 장과 지원을 해줘야하는 것이 대학의 역할이다.

Chapter 05

창업교육방법론

훌륭한 배 한 척을 만들려거든 사람을 불러모아 나무를 해오게 하거나
이런 저런 일을 시키려 하지 말고
끝없이 망망한 바다에 대한 동경심을 심어주어라.

-Antoine Marie Jean-Baptiste Roger de Saint-Exupéry-

2000년대로 접어들며 세계에서 주목을 받은 영역은 인터넷이었다. 개인 공간에서 TV, 영화, 책을 보며 타인과의 소통이 가능하도록 만든 통신망의 대중화는 투자하면 반드시 성공한다는 믿음과 함께 많은 이들이 관련 사업으로 뛰어들게 했다. 특히 미국의 거대 인터넷 사업자였던 AOL 주식회사(현 Oath)의 주가는 당시 기준 100억 불이 넘었으며, 인터넷을 대표하는 AOL과 기존의 엔터테인먼트 분야에서 활약하던 미디어 그룹 타임워너와의 합병은 엄청난 시너지 효과를 불러일으킬 것이라는 의견이 지배적이었다. 이에 따라 수많은 IT 관련 벤처 혹은 IT 기업들의 주가가 폭등하였다. 그러나 비싼 요금과 수준 낮은 인터넷 서비스에 대중들은 등을 돌렸고, 결국 AOL과 타임워너의 합병효과는 흐지부지되는 동시에 주가가 폭락하였으며, 그 연쇄효과로 인해 수많은 벤처기업들 역시 파산하고 만다. 정확한 정보가 없음에도 단순히 성공할 것이라는 맹신에 의해 발생한 이 사건을 닷컴 버블(Dot-com Bubble)[1] 현상이라 한다.

닷컴 버블 현상은 사회적인 현상과 시류에만 집중하여 발생했던, 따라서 결과적으로 많은 벤처기업들이 실패와 좌절을 경험하게 했던 현상이다. 막연한 믿음을 바탕으로 체계적인 준비 없이 창업 전선에 뛰어들었던 창업자들은 창업 이후 경험하게 되는 다양한 문제상황들을 능동적으로 해결할 수 있는 역량이 부족할 수밖에 없었다. 창업교육은 이러한 문제들이 발생하지 않도록 창업에 필요한 마음가짐과 태도를 함양하도록 함과 동시에 체계적인 창업준비를 지원하기 위해 생겨난 개념이다. 그러나 창업교육이 실질적으로 창업을 준비하는 개인에게 있어 실효성이 있는지 여부에 대한 의문을 제기하는 사람들이 존재한다. 또한 좁아져만 가는 취업의 문에 가뜩이나 어려운 학생들을 창업이라는 다른 길로 몰아넣는다는 비판도 있다. 그러나 분명한 것은 준비되지 않은 창업에 비해 체계적으로 준비한 창업의 성공률이 높다는 점이다.

과거 많은 사람들은 창업을 취업 실패에 대한 대안으로 여기곤 했다. '퇴직하고 치킨집이나 차려야지'와 같은 말들은 창업에 대해 퇴

1) 위키백과(2019.08.12.), 닷컴버블. https://ko.wikipedia.org/wiki/닷컴_버블

직 이후 혹은 취업에 실패한 결과로 선택하게 되는 길처럼 인식하고 있음을 나타내주는 대표적인 사례이다. 그러나 최근의 온디맨드(On-Demand)[2] 경제의 성장과 ICT(Information and Communication Technology) 기술의 발달, O2O(Online to Offline)의 등장 및 플랫폼의 다양한 활용 가능성의 발견 등은 새로운 산업 구조를 만들어내는 동력이 되고 있다. 신규 일자리의 등장과 기존 일자리의 감소, 초고령화, 사회로의 진입, 생산인구 감소 등의 사회적 변화 역시 중등교육 혹은 고등교육과정 이후 사회를 진출하는 개인에게 보다 다양한 삶으로의 접근을 요구하고 있는 실정이다.

창업교육에서 궁극적으로 추구해야 할 목표는 창업자가 창업에 필요한 준비사항들을 기본적으로 알고, 이해하고, 활용할 수 있도록 하는 것이다. 기본적인 준비사항들은 앞에서 언급한 것과 같이 행정적인 접근, 아이디어의 창출, 기업가 정신 함양, 기술적인 숙달 등 다양하다. 때문에 각각의 내용에 적절하고 효과적인 교육방법을 활용할 필요가 있다. 이 장에서는 앞에서 다룬 기업가 정신과 창업교육의 중요성을 인식하고, 창업에 필요한 내용을 보다 효과적으로 학습할 수 있는 교육방법을 중심으로 ① 창의적 아이디어 생성, ② 집단 지성: 팀 기반 학습과 디자인 씽킹(Design Thinking), ③ 정보 수집과 상호작용을 위한 매체 활용 전략에 대해 살펴보고자 한다.

1 창의적 아이디어 생성하기

창업을 위해 가장 기본적이면서도 핵심적인 것은 '아이디어(Idea)'이다. 4차산업혁명과 관련 기술의 발달은 우리 산업구조에 많은 변화들을 만들어내고 있으며, 하나의 작은 아이디어가 상품화되고 이것들이 발전하여 거대한 수익구조를 만들어내는 시장이 형성되고

2) 온디맨드(On-Demand): 컴퓨터 기술의 발달로 공급자 중심이 아닌 수요자의 요구를 중심으로 대응하는 서비스를 제공하는 새로운 정보산업체제

있다. 불과 10년 전에는 존재하지 않았던 음식을 배달해주거나 택시를 부르는 서비스 어플리케이션은 기존에 형성된 시장의 기본 서비스 구조를 변화시켰다. 플랫폼을 기반으로 서비스 종사자와 고객을 연결해주는 통로 역할을 하며 수익을 창출하는 것이다. 이러한 서비스들은 고객들에게는 편의를, 서비스 제공자에게는 수익 창출의 범위를 넓혀준다는 점에서 양쪽 모두에게 필요한 '무엇인가'를 제공할 수 있는 아이디어를 바탕으로 만들어진 형태로 볼 수 있다.

이처럼 창업에 있어 '아이디어'는 향후 창업자가 나아갈 방향을 정하기 때문에 매우 기본적이면서도 중요하다고 할 수 있다. 그렇다면 창의적인 아이디어는 어디에서 나올까? 창업교육의 기본적인 아이디어는 학생들의 학습과정의 기초로서 학생들의 흥미와 동기 부여에 초점을 맞추는 것이다(Deuchar, 2004; Jones and Iredale, 2010; Moberg, 2014). 이는 전통적인 경영교육과는 구분되는 것으로, 새로운 비즈니스 창출은 귀납적이어야 하며, 인식의 전환과 다양한 관점으로 사물을 보는 능력을 요구함을 의미한다. 여기에서는 창업교육에서 학습자의 창의적 사고, 창의적 태도 그리고 창의적 문제해결력 등을 증진시킬 수 있는 주요 기법을 살펴보도록 한다.

1) 트리즈(TRIZ)

트리즈(TRIZ)는 러시아어 'Teoriya Resheniya Izobretatelskikh Zadatch'의 약자로 '창의적 문제해결 이론(Theory of Inventive Problem Solving)'을 의미한다. 트리즈는 1946년 알트슐러(Genrich Altshuller)에 의해 창안되었다. 그는 제자들과 함께 50년 동안 1950~60년대의 전 세계 특허 200만 건 가운데 우수한 특허 4만 건을 선발 및 분석하여 창의적 문제 해결 방법론을 도출하였다. 즉, 트리즈는 창조성이 뛰어난 특허들로부터 문제해결의 규칙성과 원리를 찾아내어 이를 절차화 한 이론이다. 트리즈 이론은 기술적 문제를 시스템적으로 분석하여 해결방향을 찾아내는 것을 목적으로 하며, 문제에 대한 근본적인 구조적 해결원리와 기술적 모순점을 찾아내어 해결방안을 마련하는 해결원리를 제시한다. 그리고 이 과정에서 개개인의 창조력과 문제 해결 능력의 향상을 도모할 수 있다.

(1) 트리즈의 기본 개념

트리즈는 한 가지 이상의 기술적인 모순점을 가지고 있는 기술적 과제를 발명 문제로 간주하고, 이를 타협 없이 근본적으로 해결하기 위한 접근이다. 문제 해결의 수준은 1수준인 명백한 사실이나 잘 알려진 이론을 바탕으로 쉽게 문제를 해결하는 수준부터 5수준인 새로운 시스템의 출현을 가속화하는 발명을 통한 해결 등 총 5단계의 수준으로 구분된다.

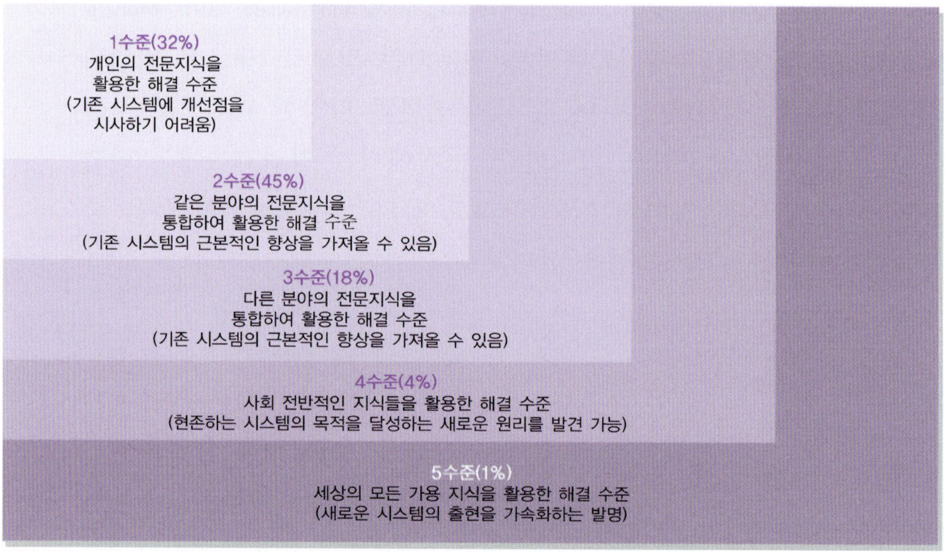

그림 5-1 트리즈의 문제 해결 수준

트리즈는 다양한 문제를 정의하고 분석하여 해결하는 방법으로 특정 문제에 대한 인식과 함께 목표를 이루는 데 있어서 장애 요인(하나의 특성이 개선되면 다른 특성이 약화되는 갈등관계에 놓인 요인)을 탐색한다. 이를 바탕으로 문제를 정의하고 해결하는 관점으로 시스템적 접근과 함께 시스템의 이상적 목표를 달성하기 위해 사용할 수 있는 내·외부적 자원을 탐색하고, 시스템적 접근과 자원들을 활용하여 시스템의 기능은 그대로 유지하거나 발전시키면서 부작용이나 추가적인 비용이 발생되지 않는 이상적인 상태로 나아가도록 하는 것이 트리즈의 기본적인 개념이라 할 수 있다.

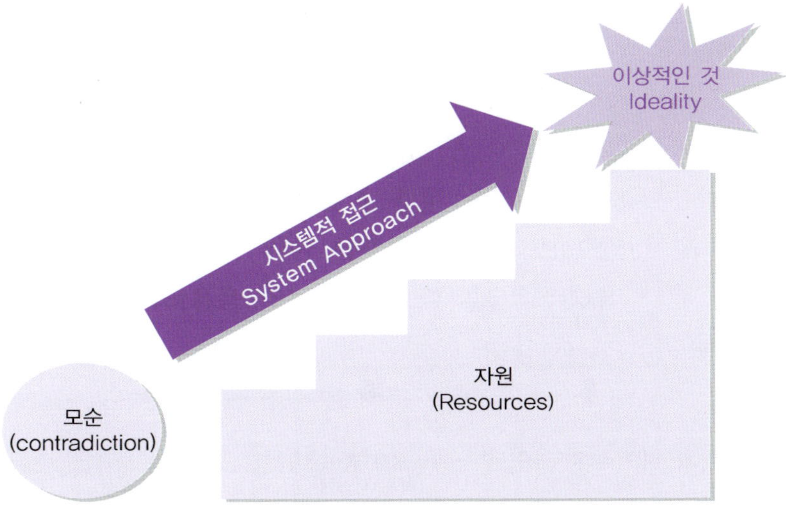

그림 5-2 트리즈의 시스템적 접근 구조

(2) 시스템적 접근

창의적 아이디어를 생성하기 위한 트리즈의 핵심적인 접근 방식은 다면 사고라 불리는 시스템적 사고이다. 우리는 트리즈의 분석적 접근에서 상위 시스템과 하위 시스템이라는 용어를 자주 접하게 되는데, 트리즈에서는 하나의 물체나 시스템을 중심으로 이를 하위 시스템과 상위 시스템으로 구분하여 시간의 흐름에 따라 살펴보게 된다. 즉, 트리즈에서의 분석은 물체의 과거, 현재, 미래를 중심으로 현재의 모습, 상위 시스템, 하위 시스템 등 총 9가지의 측면에서 분해하는 것이다.

링노트를 예로 들어보자. 링노트를 그 자체로 시스템으로 두었을 때, 링노트의 하위 시스템은 스프링, 종이 등이 될 것이고, 상위 시스템은 오답노트가 될 수 있다. 링노트의 하위 시스템인 종이는 시스템의 과거이며, 종이의 하위 시스템은 나무, 상위 시스템은 색종

이와 같이 종이를 가공하여 만든 무엇인가가 될 수 있다. 링노트라는 시스템은 미래에는 쓰레기가 될 수도 있고, 하위 시스템으로는 종이를 채우고 있는 글이나 그림, 낙서 등이, 상위 시스템은 쓰레기들이 될 수 있다.

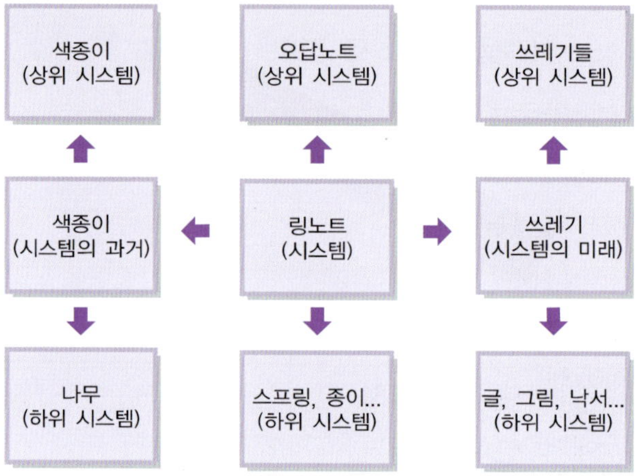

그림 5-3 링노트의 시스템적 구성

(3) 모순 해소

모순(Contradiction)을 적극적으로 모델링하고 이 모순을 해소하는 원리들을 문제 해결에 활용하는 것은 여타 문제 해결방법과 트리즈를 구별짓는 요소이기도 하다. 예를 들어, 비즈니스 문제, 생활 속의 의사결정, 딜레마, 사회 갈등 등의 문제에서 그 원인과 수단이 흑과 백의 상반된 요구로 밝혀지는 경우가 많다. 이때 흑과 백이 트리즈의 물리적인 모순이 된다. 이러한 경우 세 가지 분리 원리(시간 분리, 공간 분리, 조건 분리)를 적용하여 모순 해소의 방향으로 생각하면 문제 해결의 큰 개념적 아이디어를 얻을 수 있다.

① 시간분리

시간분리는 모순되거나 상반된 요소를 동시에 충족시키기 위해 시간적으로 이를 나누는 것을 의미한다. 쉬운 예로 교차로를 생각해

보자. 신호등이 없는 경우 차와 보행자들은 제각기 동시에 목적지를 향해 출발하게 되고, 이는 결국 사고를 유발하거나 혼란스러운 양상을 만들어 낼 수밖에 없다. 이 때 신호등은 각자의 목적지로 갈 수 있는 시간을 분리하여 안내하기 때문에, 교대로 움직일 수 있게 함으로써 모순이 해소되어 모두가 안전하게 각자 원하는 방향으로 나아갈 수 있다.

② 공간분리

특정 요소가 동시에 물질적으로 다른 특성을 요구하는 경우 어떻게 해야 할까? 즉, 하나의 물체에 대해 한 공간에는 A라는 특징을 지녀야 하고, 다른 공간에는 B라는 특징을 지니도록 접근하는 것이 공간분리의 주요 개념이다.

일반적인 식사의 경우 기본적으로 밥, 반찬, 국 등 여러 개의 용기를 사용해야 한다. 그러나 군인의 경우 생활환경 내에서 뿐만 아니라 훈련을 받기 위해 야외에서 식사를 해야 하는 경우가 적지 않다. 외부에서 식사를 하는 경우 여러 개의 그릇을 가지고 다니기가 제한되는 반면, 하나의 용기에 밥, 반찬, 국을 모두 담아서 식사를 하는 것 또한 쉽지 않다. 식판은 이러한 모순을 해결하기 위해 하나의 물체에 여러 파트로 구분지어 놓은 공간분리의 대표적 사례라 할 수 있다.

③ 조건분리

조건, 차이, 기준으로 나누어 특정 모순을 해결하는 것을 조건분리라 한다. 꽉 막힌 도로는 우리가 일상적으로 쉽게 볼 수 있는 현상이다. 이때 사이렌을 울리는 소방차가 나타난다면 어떻게 될까? 길을 막아서던 차들이 소방차가 지나갈 수 있도록 길을 비켜주는 장면을 우리는 쉽게 볼 수 있다. 이렇게 특정 조건에서 모순을 해결하는 것이 조건분리이다.

④ 트리즈의 40가지 발명원리

1. 분할 Segmentation 물체/시스템을 독립적인 부분으로 나눔	2. 추출 Taking Out 간섭하는 부분/물체를 분리, 필요한 부분이나 속성만 선택	3. 일부의 품질 Local Quality 물체의 일부/시스템 구조를 균일할 상태에서 불균일한 상태로 변경	4. 비대칭 Asymmetry 물체/시스템의 모양을 대칭에서 비대칭으로 변경
5. 통합 Merging 물체를 병합하거나 유사한 부품을 조립하여 병렬 작업 수행	6. 보편성 Universality 추가 부품 없이 물체/시스템이 여러 기능을 수행하도록 기능 표준화	7. 포개기 Nesting 물체를 다른 물체 안에 넣거나 차례로 개체 안에 배치	8. 무게 줄이기 Anti-Weight 물체의 무게를 보정하기 위해 다른 물체, 시스템과 병함
9. 사전반대조치 Preliminary Anti-Action 바람직하지 않은 작업에 대항할 물체/시스템을 사전 생성	10. 사전조치 Preliminary Action 필요 전 물체/시스템을 완전/부분적으로 변경	11. 사전대비책 Beforehand ushioning 물체/시스템의 낮은 신뢰성 보완을 위해 비상 수단 준비	12. 등위성 Equipotentiality 잠재적인 부분에서 위치의 변경을 제한하도록 조정
13. 반대 The Other way Round 문제 해결에 사용된 동작을 반대로 수행/물체를 뒤집어 놓음	14. 곡선화 Curvature 직선, 표면 형태를 곡선으로 전환, 선형에서 회전 운동으로 변경	15. 동역학 Dynamics 물체/외부환경/프로세스의 특성을 최적의 작동 조건으로 하도록 설계	16. 부분/과도한 조치 Partial or Excessive Action 목표 달성이 어려운 경우 같은 방법을 덜/더 사용하여 해결

17. 차원변화 Another Dimension 다층 배열 활용, 물체/시스템을 기울이거나 방향 전환	18. 진동가공 Mechanical Vibrations 진동 생성, 주파수 높이기, 공진 주파수 활용	19. 주기적 행동 Periodic Actions 연속하지 않은 주기적 조치 사용, 크기 또는 빈도의 일정한 변경	20. 유용한 작용 지속 Continuity of Useful Action 물체/시스템의 모든 부분을 항상 최대 부하로 작동
21. 건너뛰기 Skipping 프로세스 또는 특정 단계는 빠르게 수행, 연속되는 일의 한 부분을 생략	22. 뜻밖의 이익 Blessing in Disguise 긍정적인 효과를 얻기 위해 유해한 요소를 사용	23. 피드백 Feedback 프로세스나 행동의 수정을 위해 피드백을 활용	24. 중개 Intermediary 중개 절차의 사용, 한 개체를 다른 개체와 임시로 병합(임시로, 쉽게 제거할 수 있도록)
25. 자동 Self-Service 보조적인 도움이 되는 기능 수행을 통한 물체/시스템 자체를 제공	26. 복사 Copying 파손이 쉬운 물체 대신 간단하고 저렴한 사본 사용	27. 싸고 짧은 수명 Cheap Short Lived Objects 고가의 물건을 여러 개의 저렴한 물건으로 교체	28. 기계시스템대체 Mechanics Substitution 기계적 수단을 감각수단(광학, 음향, 미각, 후각 등)으로 대체
29. 유압사용 Pneumatics and Hydraulics 고체 부품을 대체하는 액체 및 기체 부품 사용	30. 얇은 막 Flexible and Thin Shells 3차원 구조 대신 유연한 껍질, 막 사용	31. 투과성 Porosity 물체/시스템을 다공성으로 만들거나 삽입, 코딩 등 다공성 요소 추가	32. 색변화 Color Changes 물체/외부 환경의 색이나 투명도 변경
33. 동질성 Homogeneity 물체가 동일한 재질의 지정된 물체와 상호작용하도록 조정	34. 폐기 및 재생 Discarding and Recovering 물체/시스템의 일부를 없애거나 작동 중에 직접 수정	35. 변수 변경 Parameter Change 물체의 물리적 상태 변경, 농도/일관성/유연성/온도 변경	36. 위상전이 Phase Transition 위상전이 동안 발생하는 현상을 활용
37. 열팽창 Thermal Expansion 재료의 열팽창(또는 수축) 사용, 열팽창 시계수가 다른 재료 활용	38. 산화제 Strong Oxidants 일반 공기를 산소가 풍부한 공기로 교체, 이온화된 산소 사용	39. 불활성 환경 Inert Atmosphere 정상적인 환경을 비활성 환경으로 교체	40. 합성구조 Composite Structures 균일한 구조에서 복합적인 구조로 변경

트리즈를 적용한 학습활동의 예시를 살펴보면 다음과 같다.

1 문제의 인식과 모순의 정의
- 4~5명 정도의 학습자가 포함된 소규모 그룹 편성
  실생활 혹은 과거의 경험에서 불편했거나 어려움을 겪었던 문제에 대하여 논의하고, 이 가운데 해결하고자 하는 과제를 선정(경우에 따라서는 교수자가 제시할 수도 있음)
  선정한 문제 상황을 'A하면 B가 나빠진다'와 같이 모순의 형태로 정의

2 3가지 분리 원리 중 문제 해결에 적합한 원리를 선정하여 큰 틀에서의 방향 설정
- 구성원 간 토론을 통해 시간분리, 공간분리, 조건분리 가운데 문제를 해결하는데 있어 적합한 원리가 무엇인지 선정하여 큰 틀에서 문제 해결의 방향을 설정

3 문제 해결을 위한 최적의 발명원리 선정 및 해결방안 도출
- 논의를 통해 40가지 발명원리 가운데 문제 해결을 위해 가장 적합한 원리들을 선정하고, 이를 적용하여 해결방안을 도출
  교수자는 학습자의 수준에 맞추어 40가지 발명원리 가운데 적정한 일부 원리만을 선별하여 제시할 수 있음
  또한 1수준에서 5수준의 문제 해결 수준 가운데 학습자의 수준에 맞는 단계의 해결 방안이 도출될 수 있도록 지도할 필요가 있음

예시 트리즈 활용 문제 해결활동

2) 스캠퍼(SCAMPER)

스캠퍼 기법은 오스본의 체크리스트를 밥 에버럴(Bob Everle)이 발전시킨 것으로, 이미 존재하는 사물이나 아이디어에 변화나 조작을 가해 새로운 것을 만들어내는 아이디어 전개 방법이다. SCAMPER는 대체하기(Substitute), 결합하기(Combine), 적용하기(Adapt), 변형/확대/축소하기(Modify/Magnify/Minify), 다른 용도로 사용하기(Put to other use), 제거하기(Eliminate), 재배치, 거꾸로 하기(Rearrange, Reverse)의 첫 글자를 따서 이름으로 만든 것으로, 다음과 같은 질문항목에 따라 아이디어를 발상하는 기법이다.

(1) 대체하기(Substitute)

대체하기란 기존에 존재하던 것을 다른 것으로 바꿔 기존과는 다른 시각에서 볼 수 있도록 접근하는 방식이다. 대체하기에는 다른 성분, 재료를 활용하여 생산 비용을 절감하거나, 활용하지 않고 버려지던 물건을 재활용하는 방식 등이 포함된다. 대표적인 사례로는 마모되어 활용하지 못하는 폐타이어를 보도블럭으로 재활용하거나, 기존의 유리로 만들어지는 컵의 재질을 종이로 바꾸는 접근 등이 있다.

(2) 결합하기(Combine)

결합하기란 별개의 사물이나 다른 용도로 사용되던 것들을 결합하여 새로운 것을 창출해내고자 하는 접근이다. A의 기능과 B의 기능을 결합하여 새로운 것을 만들어내는 접근, A라는 아이디어와 B라는 아이디어를 조합하는 접근 방법들이 있다. 한때 유행했던 운동화와 롤러스케이트를 합친 힐리스 운동화, 지우개 달린 연필, 복사기, 프린터, 스캐너를 합친 복합기 등이 대표적인 결합하기 사례이다.

(3) 적용하기(Adapt)

적용하기란 본래의 기능을 가지고 있던 사물을 다른 곳에 응용하여 활용하는 것을 의미한다. 적용하기는 기존의 아이디어를 응용하여 활용하거나 다른 아이디어를 차용하여 다른 형태로 전환시키는 것을 의미한다. 산우엉 씨의 갈고리 모양을 차용하여 개발된 벨크로 테이프(일명 찍찍이), 장미덩쿨의 형태를 재현한 철조망, 증기의 원리를 이용한 증기기관차나 증기선, 민들레 씨의 낙하하는 모습을 활용하여 만든 낙하산 등이 적용하기의 대표적인 사례이다.

(4) 수정, 확대, 축소하기(Modify, Magnify, Minify)

수정, 확대, 축소하기는 확대, 첨가, 생략, 변형의 아이디어 등을 활용한다. 제품의 향기, 맛, 색, 모양을 변형 및 확대, 축소하여 다른 활용 방법을 만들어 내거나 의미, 소리, 형태 등의 변화를 주는 방법이다. 카메라를 작게 만들어 신체 내부를 촬영할 수 있도록 개발된 내시경 카메라, 울룩불룩한 패턴의 형성을 통해 물리적으로 구겨줌으로써 보다 부드러워지도록 만든 엠보싱 화장지 등이 이러한 아이디어를 바탕으로 만들어진 대표적인 물건들이다.

(5) 다른 용도로 사용하기(Put to other uses)

다른 용도로 사용하기의 접근은 기존에 활용되고 있던 물건을 형태의 변화 없이 혹은 약간의 변화나 수정을 통해 다른 용도로 활용하는 접근방법이다. 계란판으로 방음재를 만들거나 모내기 중 거머리를 막기 위해 스타킹을 착용하는 것, 베이킹파우더를 청소용 세제로 사용하는 것 등이 다른 용도로 사용하기의 대표적인 사례이다.

(6) 제거하기(Eliminate)

제거하기는 어떤 것의 일부 또는 제거가 가능한 기능들을 찾아보는 접근이다. 기존에 달려있던 선을 제거한 무선 전화기, 무선 마우스, 무선 키보드 등이 이에 해당한다.

(7) 재배치, 거꾸로 하기(Rearrange, Reverse)

재배치, 거꾸로 하기는 역할이나 위치를 바꾸거나, 다른 순서 차례로 배열, 원인과 결과를 바꾸는 접근을 의미한다. 병뚜껑이 아래로 있는 화장품 용기, 누드김밥, 양면 옷, 발가락 양말 등이 대표적인 사례이다.

스캠퍼 기법을 적용한 학습활동의 예시를 살펴보면 다음과 같다.

1 키보드의 특징을 기술하시오.
(ex) 플라스틱으로 제작된다.
유선이나 무선으로 구성된다.
자판이 가지런히 배열된다.
자판에 글자나 숫자 등이 프린트되어 있다.

2 각각의 특징에 대해 자문하고, 가능한 한 많은 대안에 대하여 조별로 논의해 보시오.
(ex) 플라스틱으로만 제작되어야 하는가?
자판은 가지런히 배열되어야만 하는가?
자판의 글자나 숫자는 프린팅으로만 제작되어야 하는가?

3 논의한 내용을 바탕으로 스캠퍼 기법을 적용하여 키보드 개선 아이디어를 제시해 보시오.
(ex) 사용자가 원하는 자세로 사용할 수 있도록 분리할 수 있는 키보드
자판의 글자나 숫자를 빛으로 표현하여 오래 사용하여도 지워지거나 흐려지지 않는 키보드

예시 키보드 개선 프로젝트 학습

3) 창업교육과 창의적 아이디어 생성

최근 21세기 핵심역량으로 창의성이 부각되면서 이를 고취시킬 수 있는 다양한 모델과 접근법들이 지속적으로 제시되고 있다. 이러한 사회적 흐름은 창업교육에도 영향을 미치고 있다. 특히 창업과정에서 직면하게 되는 다양한 문제의 해결을 위한 창의적 문제해결 능력이나 창의적 태도가 창업자의 기본 역량으로 인식되면서, 창업교육 또한 다양한 아이디어를 도출하고 이를 구체화하여 문제를 해결할 수 있는 능력을 학습자가 배양할 수 있도록 큰 노력을 기울이고 있다.

앞에서 소개한 트리즈나 스캠퍼 등의 활용이 반드시 창의적인 아이디어의 도출로 이어진다고 보장할 수는 없다. 다만 이러한 방법들은 창업교육 현장에서 예비 창업자들이나 창업에 관심이 있는 교육생들을 대상으로 활용할 때 아이디어를 보다 효과적으로 생성할 수 있도록 지원할 수 있을 것이다.

2 집단 지성의 활용: 팀 기반 학습과 디자인 씽킹

1) 팀 기반 학습(Team Based Learning: TBL)

학습자의 집단 지성에 초점을 둔 TBL은 구성주의적 관점에서 아무리 뛰어난 개인이라 할지라도 혼자서는 해결하기 어려운 복잡한 문제를, 다양한 배경 지식을 가진 개개인들이 모여 해결할 수 있다는 가정을 전제로 한다. 프랑스의 사회학자 레비(Lévy, 1994)는 집단 지성을 '어디에든 있고, 지속적으로 가치가 만들어지며 실시간으로 변화하는 역량의 실제에 이르는 지성'이라 정의하였다. 집단 지성의 발현을 위해서는 다양한 구성원의 참여 및 이들 간의 협력과 공유가 핵심이다. 서로위키(Surowiecki, 2004)는 집단 지성을 집단 우둔성(Collective Stupidity)과 비교하며 집단 지성이 발현되기 위해서는 다양성, 독립성, 분산화와 통합이 필요하다고 주장하였다.

다양성이란 참가하는 구성원들이 본래 가지고 있던 다양한 특성들을 그대로 유지하는 것을 의미하며, 독립성이란 구성원 개개인이 타인이나 환경에 영향을 받지 않고 스스로 판단하여 의견을 도출할 수 있어야 함을 의미한다. 그리고 분산화는 집단의 구성원이 한 명의 리더나 개인의 결정에 의해서가 아닌, 수평적인 관계에 의해 의사를 결정하고 문제를 해결함을 뜻한다. 마지막으로 통합은 분산된 개인들의 지식이 단순히 1 + 1 = 2가 아니라 그 이상의 가치를 지닌 집단의 지식으로 만들어지는 것을 의미한다. 즉, 집단 지성은 단순히 개개인의 지성의 집합이 아닌 그 이상의 의미를 가진다는 특성을 지닌다.

학습 상황에서 팀(Team)이란 두 명 이상의 학습자가 집단을 이루고, 정해진 기간 내에 목표를 달성하기 위해 구성원 개개인이 특정 역할을 담당하여 때로는 상호의존적으로, 때로는 독립적으로 활동하는 조직을 의미한다. 따라서 팀 기반 학습(Team Based Learning: TBL)이란 공동의 목표를 달성하기 위해 팀의 구성원들이 동일한 목표와 비전을 공유하고 협업과 의사소통을 기반으로 상호작용함으로써 성과를 달성하는 팀 체계에 바탕을 둔 교수–학습방법이라 정의할 수 있다.

(1) 팀 기반 학습의 네 가지 주요 원리

팀 기반 학습의 주된 학습목표는 학습자에게 학습내용을 응용하는 기회를 부여하는 것이다. 따라서 그 과정(수업활동)의 대부분은 팀별로 의사소통하며 과제를 해결하는 적용 위주의 팀워크에 할애한다. 이때 교수자는 단순히 지식이나 정보를 전달해 주는 것이 아니라 전반적인 교육과정을 계획 및 수립하고, 이를 올바른 방향으로 안내하는 안내자의 역할을 수행해야 하며, 학습자는 정보를 수동적으로 받아들이는 모습에서 벗어나 학습활동에 적극적이고 주도적으로 참여하는 능동적인 학습자로 변화해야 한다.

이러한 변화는 다음의 네 가지 팀 기반 학습의 주요 원리가 적용될 때 자연스럽게 이루어질 수 있다.

첫째, 원활한 팀 기반 학습을 위해서는 적절하게 팀을 형성 및 운영해야 한다. 팀을 구성할 때는 팀이 효과적으로 기능할 수 있도록 가급적 다양한 배경지식이나 경험을 가진 구성원들을 배치하는 것이 좋다. 또한 팀의 결속력을 저해하는 특성을 지닌 구성원들이 존재할 경우 지속적으로 주의를 기울여 원활히 팀 기반 학습이 이루어질 수 있도록 노력할 필요가 있다. 일반적으로 팀 기반 학습의 구성원은 5~7명을 적정 인원으로 간주하며, 특별한 이유가 없는 경우 과업을 수행하는 동안 구성원이 변경되지 않는 편이 좋다. 아울러 모두가 동의하는 방향으로 팀을 구성할 수 없다면 교수자에 의해 조직되는 것이 좋다.

둘째, 학습자에게 학습의 책임을 부여해야 한다. 학습자가 수업을 위해 개인별로 준비해야 할 부분에 대해서는 책임감을 가지고 준비할 수 있도록 안배해야 하며, 이를 위해 수업 준비도 확인 과정을 가질 수도 있다. 또한 팀 내의 구성원 개개인이 어떠한 역할과 공헌을 했는지를 확인하는 것도 중요하다. 이를 위해서는 교수자에 의한 평가뿐만 아니라 동료평가를 병행할 필요가 있다. 즉, 팀 기반 학습은 팀의 성과를 평가하는 효과적인 시스템을 구비해야 한다. 그리고 효과적인 평가는 정기적이고 시기적절한 평가, 과제의 질에 대한 평가, 집단의 상호작용을 촉진시킬 수 있는 행동에 기반한 평가에 대해 고려하고, 그 결과에 대한 적절한 보상이 동반되어야 한다.

셋째, 과제는 팀의 발전과 학습을 촉진할 수 있어야 한다. 교수자는 팀 기반 학습 과제를 개발할 때 반드시 팀 내, 팀 간 상호작용을 고려해야 한다. 팀별 학습 과제의 수행 과정에서 팀이 복잡한 문제를 해결하기 위해 학습한 내용을 적용하고, 팀원 간의 논의를 통해 의사결정을 하거나, 이를 특정 형식으로 보고할 때 대부분의 경우 유의미한 상호작용이 발생할 수 있다. 그러나 예를 들어 팀별 과제 수행의 결과물로서 장문의 보고서를 작성 및 제출해야 하는 경우, 자칫하면 보고서 작성에 지나치게 많은 시간을 소모하게 되어 정작 토론 및 상호작용의 시간은 제한적이게 될 가능성이 있다. 결국 한정된 시간 내에 과제를 수행하기 위하여 개인별 분업 현상이 발생하게 되고, 이는 팀의 구성원 간 의미있는 상호작용을 저해할 가능성이 높다.

넷째, 피드백은 즉각적이고 시의적절하게 제공되어야 한다. 특히 학습 준비도 평가에 대한 피드백은 팀의 과제 수행 방향을 결정할 수 있기 때문에 교수자는 피드백을 제공하는 것에 많은 노력을 기울여야 한다.

(2) 팀 기반 학습의 수업 단계

학습 준비(수업 전)	준비도 점검(수업 중)	적용 활용(수업 중)
• 개별 학습	• 개인별 평가 • 팀별 평가 • 팀별 의견 수렴 • 교수자 피드백	• 응용 문제 해결활동 • 팀별 발표 및 결과 공유

팀 기반 학습의 수업 구조는 크게 수업 전과 수업 중으로 구분할 수 있다. 수업 전 학습자는 개별 학습을 통해 팀 기반 학습에 필요한 학습내용을 학습해야 한다. 그리고 교수자는 팀의 구성원인 개별 학습자들의 원활한 학습활동을 지원하기 위해 핵심개념을 포함하는 풍부한 개인학습자료를 제공해야 한다. 제공하는 자료의 형태는 텍스트, 오디오, 비디오 영상 자료 등 다양한 형태를 포함한다.

수업 전 개별적으로 학습활동을 진행한 학습자들이 수업에 참여했을 때, 교수자는 학습자들의 준비도를 평가해야 한다. 준비도 평가는 개인별 평가와 팀별 평가를 병행해야 하며, 간단한 OX Quiz, 질의응답부터 시험 형식을 갖춘 Pop Quiz까지 다양한 방식으로 수행할 수 있다. 다만 이러한 평가가 학습자들에게 부담이 가지 않도록 높은 난이도의 문제를 내거나 오랜 시간동안 준비도를 점검하는 것은 지양해야 한다. 개인과 팀의 준비도를 평가한 후 학습내용에 대한 팀별 의견을 수합하고 적절한 피드백을 제공하는 것이 좋다. 또한, 준비도 평가 결과가 미진한 경우 핵심 개념과 내용을 중심으로 교수자의 강의를 진행하는 것도 좋은 방법이다.

팀 기반 수업의 실질적인 학습은 적용학습에서 이루어진다. 팀별로 의견을 개진하고 논의하며 결과를 이끌어낼 수 있도록 교수자는 팀 활동이 잘 이루어지고 있는지를 점검할 필요가 있다. 팀 활동이 제대로 이루어지지 않는 팀은 교수자가 구성원으로 참여하여 팀 활동을 촉진시키는 것도 좋다. 단 해당 팀의 과제 수행이 교수자의 의견에 좌우되지 않도록 주의해야 한다. 문제 해결활동이 종료된 후 팀별로 문제 해결 과정 및 결과를 발표하고, 이에 대한 평가와 피드백을 진행한다.

(3) 창업교육에서 팀 기반 학습의 학습효과

모든 교수법은 장·단점을 가지고 있으며, 팀 기반 학습을 적용하기 어려운 교과나 환경은 얼마든지 존재할 수 있다. 이해하고 적용할 필요가 있는 중요한 정보 혹은 아이디어를 포함하는 수업이 아닌 암기나 기술적인 숙련도가 필요한 수업, 팀을 구성하기 어려운 환경을 가진 수업(소규모의 학습 인원, 공간적 제한, 학습 시간의 제한 등)의 경우 팀 기반 학습을 적용하는 것이 학습의 효과를 떨어뜨릴 수 있다.

그러나 팀 기반 학습을 적절하게 활용했을 때의 학습효과는 명백하다. 학습자 측면에서 가장 중요한 것은 혼자서는 해결이 불가능한 문제를 팀원 간의 협력을 통해 해결할 수 있다는 것이다. 이 과정에서 학습자들은 어렵고 복잡한 문제를 해결하는데 있어 팀의 가치를 인정하고, 자신의 강점과 약점, 환경적 측면에서의 기회와 위기 등에 대한 통찰력을 가질 수 있다. 또한 전통적인 강의식 교육방법에 비해 팀 기반 학습은 학습에 어려움을 겪는 학습자들에게도 동료 학습자들과의 협력을 통해 성공적으로 학습을 수행하는 등 긍정적인 경험을 할 수 있도록 지원한다.

창업이란 글자 그대로 업을 만드는 행위이다. 이는 결과적으로 시작과 끝이 존재하고 우리의 창업교육은 사업의 중심을 아이디어로 두고 과정에 대한 강조보다는 단기적인 성과에 집중하는 모습을 보인다. 그러나 오늘날 우리가 직면하게 되는 대부분의 문제들은 개인의 아이디어 차원에서 접근하기에는 원인이 다양하고 복잡하다. 집단 지성을 활용하는 팀 기반 학습은 동일한 목표의 달성을 위해 모인 개개인의 다양한 경험과 지식들이 문제해결과정에서 시너지 효과를 발휘하여 단순한 개인의 합보다 우수한 결과를 만들어 낼 수 있음을 학습자로 하여금 인지하도록 하며, 그 과정에서 협력과 의사소통능력의 배양을 도모할 수 있는 학습방법이다.

2) 디자인 씽킹(Design Thinking)

디자인 씽킹(Design Thinking)은 디자이너들의 작업과정에서 만들어진 용어이다. 기존에 우리는 대개 '디자인'에 대해 아이디어를 시각적으로 아름답게 표현하는 것으로 이해해왔다. 그러나 최근에는 보다 나은 아이디어, 소비자의 필요와 요구에 더 잘 부합하는 아이디어를 창출하는 단계에서 디자인의 역할이 강조되고 있고, 문제 해결의 방법으로서 디자인 과정에 대한 관심이 높아지고 있다(이춘우 외, 2014).

특히 디자인 씽킹이 주목받게 된 것은 세계적인 명성을 가지고 있는 디자인 기업 아이데오(IDEO)가 끊임없는 이노베이션을 이루어내는 창조적인 작업과정으로 '디자인 씽킹(Design Thinking)' 방식을 적용하면서부터이다. 아이데오의 CEO 팀 브라운(Tim Brown)은 '디자인은 만족스러운 경험의 전달에 대한 것이다. 디자인 씽킹은 모두가 대화에 참여하는 기회를 통해서 다극화된 경험을 만들어 내는 과정'이다라고 하였다.

아이데오 설립자 데이비드 켈리(David Kelly)는 '누구나 자신감을 갖고 꾸준히 노력하면 창의적인 사람이 될 수 있다. 스스로를 창의적이라고 생각하는 것이 핵심'이라고 강조했다. 또한 팀 브라운은 자신의 경험으로 볼 때 디자인 전문가와는 거리가 먼 많은 사람들이 디자인 씽킹에 천부적인 능력이 있다고 전제하면서 디자인 싱커(Design thinker)들이 갖고 있는 몇 가지 특성으로 공감(Empathy), 통합적 사고(Integrative thinking), 낙관주의(Optimism), 실험정신(Experimentalism), 공동작업(Collaboration) 등을 제시하였다.

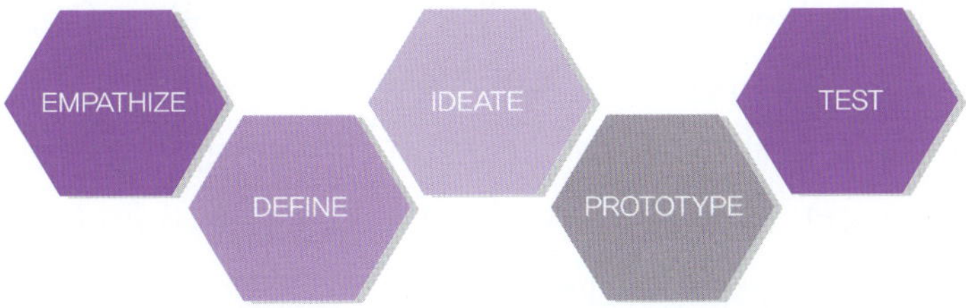

공감	문제 정의	아이디어 도출	시제품 제작	테스트
사회문제를 새로운 시각으로 해석 및 문제제기	사회문제를 해결하기 위한 솔루션 제시, 자료조사, 팀워크 활동	아이디어 스케치, 디자인, 기능구현, 솔루션, 연구방법	프로토타입 구현, 코딩 및 연구결과 문제해결을 위한 시제품 제작	수정 및 테스트, 결과 발표

한편, 스탠포드대학의 디자인 스쿨(Hasso Plattner Institute of Design)은 디자인 씽킹의 문제 해결과정을 '공감(Empathize)–문제 정의(Define)–아이디어 도출(Ideate)–시제품 제작(Prototype)–테스트(Test)'의 5단계로 제시하고 있다.

(1) 공감 단계

사람들이나 고객, 시장의 요구와 필요를 알아채는 과정이다. 공감을 위해 가장 좋은 방법은 그들을 '관찰'하는 것이다. 대상을 철저히 관찰하는 것은 그들의 문제를 찾고 원하는 것이 무엇인지 알아내는 기본적, 핵심적 방법이 된다. 그밖에 '직접 체험'과 그 분야의 종사자나 전문가와의 '인터뷰'도 고객이나 시장의 요구를 찾는 좋은 방법이다. 이 과정에서는 고객이 왜 그렇게 행동하는지 이유를 찾으려는 생각을 꾸준히 하면서 진행하는 것이 효과적일 것이다. 이렇게 수집된 다양한 데이터로 고객들의 요구, 경우에 따라서는 고객 스스로조차 깨닫지 못한 잠재적인 요구를 통찰하게 된다. 단순히 필요한 제품을 만들어 내는 것이 아니라 그것을 사용할 사람을 중심에 두고 왜 필요한지, 어떤 습관 때문에 불편한지 등을 이해하게 된다.

(2) 문제 정의 단계

공감 단계를 통해서 파악된 고객, 시장의 잠재된 수요와 불만사항, 개선을 원하는 내용을 가지고 해결하고자 하는 문제를 정의한다. 단순해 보이지만 문제를 '바르게' 정의하는 것은 매우 중요하다. 문제 정의를 위해서는 어린아이들처럼 '왜'라고 지속적으로 질문해보는 것뿐 아니라 다양한 관점에서 각각의 문제를 바라보는 복합적인 통찰력이 요구된다. 그리고 진정한 문제가 무엇인지 드러나고 문제 정의를 기술할 때 특히 신중해야 한다.

(3) 아이디어 도출 단계

정의된 문제에 대해 아이디어를 도출하는 단계이다. 창의적인 아이디어를 생산하기 위한 학습 도구이자 회의 기법으로 널리 알려져 있는 브레인스토밍(Brainstorming)이나 마인드 맵(Mind-map)을 주로 이용하여 확산적으로 아이디어를 제시할 수 있다.

(4) 시제품 제작 단계

빠른 시간에 아이디어를 시각적으로 보여주는 시제품을 제작하는 단계이다. '프로토타이핑(Prototyping)'이라고 불리는 이 과정은 아이디어를 실현하여 구체화하고, 그 과정에서 사고를 확장해가는 것이다. 더 나은 아이디어나 제품을 만들어가는 과정이라고도 할 수 있다. 이때는 3R 원칙(Rough, Rapid, Right)이 강조된다.

(5) 테스트 단계

시제품을 테스트하고 피드백하여 문제 해결 아이디어를 개선하고 최종적으로 결정하는 단계이다. 직접 체험해보거나 고객이나 시장의 반응을 듣고 그 결과와 내용을 다시 공감하기, 문제 정의, 아이디어 도출의 앞 단계로 피드백하여 비슷한 과정을 이전보다 더 빠르게 진행하면서 최적의 해결책을 찾는 것이다.

3 정보 수집과 상호작용을 위한 매체 활용 전략

창업의 성공 요인에는 많은 것들이 있겠으나, 다수의 창업자들이 매우 중요하다고 거론하는 요소 중 하나는 빠른 정보의 수집과 분석이다. 아무리 머리가 좋은 사람이라 할지라도 혼자서 가치있고 좋은 아이디어를 개발하고 이를 상품화하기까지의 과정은 쉽지 않다. 또한 고심 끝에 아이디어를 개발하여 이를 바탕으로 창업을 하더라도 최근의 유행 및 트렌드에 뒤처져 있다면 성공하기란 요원한 길일 것이다. 반면 정보에 민감한 사람들은 다양한 정보를 통해 비교적 손쉽게 좋은 아이디어를 발굴하며, 국내 및 해외의 최신 트렌드에 대

한 정보를 수집하고, 이를 자신의 창업 분야에 어떻게 적용할 것인지 분석하는 등 보다 성공적인 창업의 길로 나아간다.

최신 유행과 트렌드를 파악하고 이에 맞추어 창업을 하더라도, 정보의 수집과 분석은 지속적으로 이루어져야만 한다. 빠르게 변화해 가는 사회 속에서 다양하면서도 많은 이슈들이 매일같이 생산되고 있다. 이러한 이슈들 가운데에는 직·간접적으로 자신의 창업 분야에 긍정적 또는 부정적인 영향을 미칠 수 있는 것들이 존재한다. 예를 들어, 지난 2016년 조류인플루엔자(AI)가 창궐하였을 당시 수많은 닭의 살처분으로 인해 계란값이 순식간에 폭등하는 일명 '계란 파동' 이슈가 발생하였다. 엎친데 덮친 격으로 2017년에는 '살충제 계란' 이슈가 터지고 말았다. 이로 인하여 계란을 중요 재료로 활용하는 분야 중 하나였던 제과제빵 업계는 큰 타격을 입을 수밖에 없었다. 이처럼 본인의 창업 분야에 영향을 미칠 수 있는 다양한 이슈들에 대하여 정보를 빠르게 수집하고, 어떠한 영향을 미칠 것인지에 대해서도 지속적으로 분석하여 대응해 나아가야만 한다.

현재의 우리는 다행히도 과거와는 달리 수많은 정보에 손쉽게 접근, 수집할 수 있는 시대에 살고 있다. 기밀사항이나 대외비처럼 보안상의 문제로 접근이 제한되어 있는 일부 특정 사례를 제외한 대부분의 정보는 공개되어 있으며, 인터넷에 접속할 수만 있다면 누구나 원하는 정보를 획득할 수 있다. 무엇보다 스마트폰의 발달과 보급은 시간과 장소에 구애받지 않고 언제 어느 곳에서든 원하는 정보에 접근할 수 있는 편의를 제공하고 있다. 이와 더불어 유튜브(Youtube), 트위터(Twitter), 페이스북(Facebook) 등 다양한 종류의 소셜미디어(Social Media)는 사람과 사람 사이에서만 얻을 수 있는 가치있는 정보들을 실시간으로 수집할 수 있는 보물창고이다.

소셜미디어는 또한 활발한 상호작용의 장이기도 하다. 사람들은 소셜미디어를 통해 정보를 공유할뿐 아니라 그에 대한 의견을 교환하고, 피드백을 주고받는다. 이러한 상호작용은 학습 상황에서도 매우 중요하다. 학습 상황에서의 상호작용은 일반적으로 학습자와 학습자, 학습자와 교수자, 학습자와 학습내용 간에 이루어지는 다양한 인지적, 정서적 활동 등을 포괄하는 개념이다(Moore, 1989). 이러한 상호작용은 학습자의 동기와 흥미를 유발하고, 주의를 집중시켜 학습에 대한 참여도와 몰입을 증진시킬뿐 아니라 인지적 자극을 통해 의미있는 학습을 실현함으로써 효과적으로 학습목표에 도달할 수 있도록 하는 등 학습에서 매우 중요한 요소 가운데 하나이다.

여기에서는 학습자들로 하여금 정보 수집 및 분석 능력과 ICT (Information Communication Technology) 활용 능력, 의사소통 능력, 협업 능력 등을 함양하도록 하기 위하여 소셜미디어와 스마트 어플리케이션 등 ICT 기반 매체들이 수업에서 어떻게 활용될 수 있는지에 대하여 알아보고자 한다.

1) 소셜미디어(Social Media)

(1) 유튜브(Youtube)

무료 동영상 공유사이트인 유튜브는 현재 가장 영향력 있는 소셜미디어 가운데 하나이다. 유튜브의 이용자들은 기본적으로 '채널'이라 불리는 일종의 동영상 업로드용 홈페이지 또는 방송국을 개설하고 운영하게 된다. 채널을 개설하지 않을 경우에도 동영상의 검색이나 시청 등 기본적인 활동은 가능하나, 동영상의 업로드, 재생목록의 작성, 커뮤니티 생성 등 공개적 활동을 위해서는 반드시 채널의 개설이 요구된다. 채널의 생성은 누구나 무료로 가능하며, 이후에는 자신이 제작한 동영상 콘텐츠를 자유롭게 업로드하여 다른 사람들과 공유하거나, 실시간 스트리밍 기능을 활용하여 마치 1인 방송국과 같이 실시간으로 방송을 송출할 수 있다. 재생목록의 생성을 통해 주제별 동영상 목록을 작성, 제공하는 것 또한 가능하다. 이밖에도 유튜브에서 제공하는 소스코드와 링크 주소를 활용하면 블로그나 카페, 페이스북, 트위터 등 유튜브 이외의 다른 플랫폼에서도 공유가 가능하다. 원하지 않을 경우에는 동영상을 비공개로 전환할 수도 있다.

유튜브의 상호작용 기능으로는 '댓글', '타임링크', '좋아요', '싫어요', '구독' 등이 있다. '댓글'은 콘텐츠에 대한 개인적인 의견이나 감상 등을 남길 수 있도록 한 기능으로서, 동영상을 업로드한 사람에게 피드백을 제공할 수도 있고, 같은 시청자들 간에 의견을 나눌 수도 있는 기본적인 커뮤니티의 장소가 된다. 뿐만 아니라 댓글에 포함되어 있는 '타임링크' 기능을 활용하면 동영상 내용 중 마음에 들었거나 중요하다고 생각되어 강조하고 싶은 부분 등을 다른 시청자들과 공유할 수 있다. 다만 댓글의 경우 업로드한 사람의 설정에 따라 그 기능이 제한될 수도 있다.

또한 '좋아요' 버튼과 '싫어요' 버튼을 동시에 제공하고 있어 동영상의 내용이 마음에 들었는지 혹은 들지 않았는지 등에 대하여 표현할 수 있다. 이는 다른 시청자들이 해당 동영상 내용의 질에 대하여 시청 전 판단할 수 있는 대략적인 근거가 되어준다. '구독' 기능은 동영상을 제공하는 채널의 전반적인 내용이 마음에 들었거나, 지속적으로 해당 채널의 정보를 제공받고 싶을 경우 해당 채널을 팔로우하는 기능이다. 채널을 구독하게 되면 마치 구독신청을 한 잡지나 신문의 신간이 발매될 때마다 이를 받아볼 수 있는 것과 마찬가지로, 해당 채널에 새로운 동영상이 업로드되거나 새로운 글이 올라왔을 때 메일이나 푸쉬 기능을 통해 이를 곧바로 안내받을 수 있다.

이러한 유튜브의 콘텐츠는 훌륭한 학습 자원이기도 하다. 유튜브는 멀티미디어 라이브러리, 즉 도서관으로서의 역할이 가능하다. 기존의 텍스트가 갖고 있지 못하는 다양한 요소들이 유튜브 영상물에는 포함되어 있으며 이러한 자료는 학생에게 강의를 비롯하여 다양

한 정보를 제공할 수 있다. 즉, 유튜브의 내용 그 자체가 학습자료로 활용되는 것이다. 유튜브에 게시되어 있는 동영상의 유형은 매우 다양하여 단순히 재미를 위해 제작된 영상 이외에도 영어, 수학, 과학, 역사 등 다양한 분야의 지식들을 전달하기 위한 방대한 양의 콘텐츠 역시 존재한다. 뿐만 아니라 다양한 사례들을 소개하는 유형의 동영상 역시 존재한다. 이 가운데 특히 성공 또는 실패한 창업 사례 등을 소개하는 동영상은 창업을 꿈꾸는 학습자에게 간접적인 경험을 제공할 수 있다.

유튜브에 게시하기 위한 동영상을 직접 제작해보는 것 역시 학습자에게 의미있는 학습 경험을 제공한다. 학습자들은 자신의 경험이나 지식, 아이디어를 동영상으로 구성 및 제작하여 업로드할 수 있다. 이 과정에서 학습자들은 지식이나 경험을 자신만의 의미있는 내용으로 재구성하거나 아이디어를 구체화할 수 있다. 공동으로 동영상을 제작할 경우에는 서로 의견을 제시하고 조율하는 과정을 통해 사회적 교류와 협동을 경험하게 된다.

유튜브 동영상을 시청하는 과정을 보다 의미 있게 활용하는 방법도 존재한다. 예를 들면, 유튜브에 게시되어 있는 동영상의 내용 또는 그에 달려 있는 댓글들 그리고 서로 다른 관점의 동영상들은 그 자체로도 훌륭한 토론 주제가 된다. 사례에 관련된 동영상일 경우 일종의 체크리스트를 사전에 제공하여 학습자로 하여금 내용을 분석해보도록 하는 활동 역시 가능하다. 학습내용과 관련되어 있으면서도 재미있게 제작된 동영상은 학습자의 동기와 흥미 유발에 탁월한 효과를 발휘한다.

이러한 유튜브를 교육적으로 활용하기 위한 방법을 정리하면 다음과 같다.

표 5-1 유튜브의 교육적 활용 방법(조민경, 2011)

활용형태	세부내용
학습 커뮤니티 (Learning Community)	전원이 의견을 내고, 참여할 수 있으며, 공통의 창조물을 만들고 공유함
과제 (Assessment Item)	전통적인 과제에서 벗어나 짧은 영상물을 과제로서 활용 가능
미디어에 대한 경험 (Experiment In New Media)	새로운 미디어를 경험하면서 정보와 지식을 습득
토론을 위한 도구 (Discussion Tool)	자신의 콘텐츠에 대한 코멘트들이나 연관되어 있는 다른 관점의 영상물을 활용한 토론활동 실시
가상 도서관 (Virtual Library)	일반 텍스트가 갖지 못하는 요소들이 포함될 수 있고, 학생들에게 강의를 비롯하여 다양한 정보를 제공

(2) 트위터(Twitter)

트위터는 사용자들 간에 트윗(Tweet)이라고 일컫는 메시지를 손쉽게 주고받을 수 있도록 개발된 소셜네트워킹서비스이다. '트윗(Tweet)'이란 작은 새가 지저귀는 소리를 나타내는 영어 단어로서, 140자 이내의 단문을 빠르게 주고받는 트위터 특징을 그대로 나타내준다. 트위터 이용자들은 지역에 제한 없이 전 세계 이용자들과 친구를 맺는 등 네트워크를 형성하고, 마치 대화를 나누듯이 정보와 의견을 주고받을 수 있다. 트위터를 통해 작성된 글은 글쓴이의 페이지와 글쓴이의 팔로워들에게 자동으로 전달되며, 팔로워들은 이를 리트윗(Retweet: 재공유)할 수 있다.

그림 5-4 아마존 CEO 제프 베조스 트위터

다른 소셜네트워크 서비스와는 달리 트위터의 이용자들은 상대방의 허락 유무에 관계없이 자유롭게 관심있는 대상의 계정을 '팔로잉(following)'하고 그들이 올리는 글들을 공유받거나, 리트윗할 수 있다. 그리고 이렇게 공유된 글들은 푸쉬 기능을 통해 이용자들에게 즉각적으로 안내되어 이용자들이 바로바로 반응할 수 있도록 기능한다. 때문에 트위터는 메신저와 같은 신속성을 가진다고 할 수 있다. 위와 같은 기능들이 조합되면서 트위터는 이용자가 관심있는 대상의 정보를 실시간으로 끊임없이 수집할 수 있는 편리한 창구가 되어준다. 최근에는 기존의 생활정보나 개인의 생각을 넘어 선거와 홍보 등 우리 사회의 다방면에 영향을 미치고 있다.

이러한 트위터가 교실환경에서 활용될 경우 학습자와 학습자, 학습자와 교수자 간의 상호작용을 활성화함과 동시에 학습에 필요한 정보와 자료를 실시간으로 공유할 수 있는 강력한 도구로 활용 가능하다. 학습자들은 시간과 장소에 구애받지 않고 트위터를 통해 학습 주제에 대해 상호 간에 실시간으로 의견을 주고받고 피드백을 제공할 수 있으며, 교수자 또한 실시간으로 질의응답이나 수업 준비 및 과제에 대한 안내, 학습의 독려 등 학습자와의 지속적인 상호작용이 가능해진다. 뿐만 아니라 관련 분야의 전문가 또는 연구자들을 팔로잉하여 그들의 의견이나 아이디어 등을 공유하는 등 다양한 방법으로 학습현장에 활용이 가능하다.

트위터를 교육적으로 활용할 수 있는 방법은 다음과 같다.

표 5-2 트위터의 교육적 활용 방법(윤희정, 2011)

활용형태	세부내용
의사소통을 통한 학습 능력 강화	• 트위터 상의 원어민을 팔로워하고, 간단한 의사소통을 실시함으로써 어휘 활용능력 향상 • 영어 혹은 창작·수업 등에서 트윗의 릴레이 작성을 통해 하나의 스토리를 완성해 나가는 프로젝트 운영
질의응답의 활성화	• 수업 중 또는 방과후 간편하게 질의응답
관련 자료의 수집	• 공식 정보를 제공하는 트위터를 팔로워하여 수업에 필요한 정보를 실시간으로 수집 및 정리 가능
실시간 네트워킹	• 연구자, 교수, 전문가 등의 트위터를 팔로워하여 연구활동 및 업적, 근황 등에 대한 정보 수집

(3) 페이스북(Facebook)

페이스북(Facebook)은 개방과 참여, 공유, 협력을 근간으로 뉴스피드와 담벼락, 페이지, 그룹 등의 서비스로 구성되어 있으며, 이밖에도 메신저 기능을 통해 이용자 간의 개별 또는 그룹별 의사소통활동을 지원한다. '친구 요청' 기능을 활용하여 많은 사람들과 손쉽게 네트워크를 형성할 수 있으며, '좋아요'와 '댓글' 등을 통해 관심 또는 다른 사람의 글에 대한 자신의 의견을 나타내는 등의 활동이 가능하다.

그림 5-5 KAIST Entrepreneurship Expedition 페이스북 커뮤니티

'뉴스피드'는 페이스북의 메인이 되는 기능으로 이용자가 팔로우하고 있는 모든 대상들의 게시글과 활동 기록, 관련 정보들을 나열해 주는 기능이다. 설정을 통해 관심있는 대상의 활동 기록이나 게시글, 관련 정보들이 우선적으로 제시되도록 지정할 수 있다. '담벼락'은 페이스북의 가장 기본이 되는 개인공간으로 자신이 직접 작성한 게시글과 공유한 글 혹은 타인이 자신의 담벼락에 게시한 글 등이 시간순으로 나열된다. 담벼락 내의 글들은 설정을 통해 비공개로 돌리거나 친구에게만 공개 혹은 모두에게 공개하는 등 공개범위를 지정할 수 있으며, 이야기, 사진, 동영상 등 원하는 자료를 자유롭게 공유할 수 있다.

개인적인 정보를 공유하는 '담벼락'과는 달리 '페이지'는 단체, 기업, 공인 등이 자신들과 관련된 공식적인 정보를 공유하거나 홍보하기 위한 장소이다. 친구관계가 존재하지 않는 대신 페이지를 팔로우를 하였거나 '좋아요(like)' 버튼을 클릭한 이용자에게 게시된 정보들이 자동으로 공개된다. 해당 정보들은 뉴스피드를 통해 지속적으로 받아볼 수 있다. 마지막으로 '그룹'은 동일한 관심사를 지닌 이들이 모여 소규모의 커뮤니티를 형성, 상호작용을 할 수 있도록 지원하는 기능이다. 관심있는 주제에 관련된 이야기나 사진, 동영상 등 다양한 정보를 공유하고 그에 대한 의견을 교환하며, 실시간으로 채팅을 즐길 수도 있다. 그룹은 그룹에 소속되지 않은 이용자들도 모든 게시물을 열람할 수 있는 공개 그룹과 그룹의 존재 및 누가 소속되어 있는지 정도만 확인할 수 있는 비공개 그룹, 마지막으로 그룹에 소속되지 않으면 존재 자체를 알 수 없는 비밀 그룹 등 3종류의 유형이 존재한다. 이밖에도 페이스북은 친구들간에 실시간으로 의사소통할 수 있는 페이스북 메신저(Facebook Messenger), 유튜브와 유사한 동영상 공유 채널인 Watch 동영상 등 다양한 기능을 제공한다.

페이스북의 강력한 상호작용 기능은 학습현장에서도 효과적으로 활용할 수 있다. 자유로운 글의 게시와 공유 기능은 학습내용을 공유하는데 최적화되어 있으며, 좋아요와 댓글 기능을 통해 해당 내용에 대한 즉각적이면서도 신속한 피드백이 가능하다. 그룹 기능과 댓글, 메신저 기능 등을 활용하면 온라인을 통한 토론활동 또한 수행 가능하다.

이러한 페이스북의 교육적 활용 방법을 정리하면 **표 5-3**과 같다.

표 5-3 페이스북의 교육적 활용 방법(조병호, 2012)

활용형태	세부내용
학습내용의 공유	• 페이스북 담벼락을 활용한 기본적인 정보의 공유 • 링크를 통해 정보의 출처 및 유튜브에 게시된 관련 동영상 등을 공유 • 사전학습활동 사진 및 관련 이미지의 게시와 공유
상호작용	• 좋아요 및 댓글 기능을 통한 즉각적이면서도 신속한 피드백활동
토론활동	• 페이스북의 비밀 그룹에 접속, 토론활동을 실시하며, 좋아요 기능을 활용하여 상대방 의견에 대한 동의 표현 및 댓글을 통한 의견 교환

2) 스마트 어플리케이션

(1) 마인드마이스터

학습한 내용을 기억하고 각 개념 간의 관계를 구조화하여 명확하게 파악하는데 있어 학습내용의 시각화는 큰 도움이 된다. 마인드맵(Mindmap)은 이러한 시각화의 대표적인 사례이다(류지헌, 정효정, 2013).

마인드마이스터(MindMeister)는 온라인상에서 학습자들이 공동으로 마인드맵 작업을 수행할 수 있도록 한 협업 도구이다. 마인드마이스터의 이용자들은 시간과 장소에 관계없이 즉각적으로 마인드맵의 변경사항들을 확인하고 댓글을 달거나, 아이디어를 투표하여 결정하고, 통합 채팅을 활용하여 논의할 수 있다.

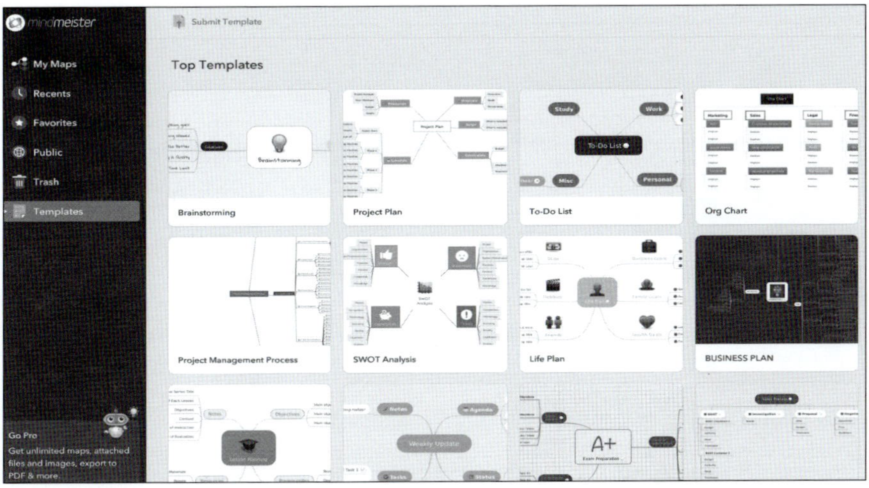

그림 5-6 마인드마이스터(www.mindmeister.com)

(2) 스마트메이커

국내에서 개발된 스마트메이커(Smart Maker)는 복잡하고 어려운 코딩 없이 자신의 아이디어를 어플리케이션으로 구현할 수 있는 도구이다. 간단한 마우스 조작 및 원클릭으로 안드로이드, iOS 등에서 작동하는 실용적인 어플리케이션을 만들 수 있으며, 어플리케이션 개발에 필요한 DB 설계와 생성 또한 자동으로 처리된다. 또한 구글 및 앱스토어와 유사한 마켓이 있어 개발한 어플리케이션을 유료화할 수 있으며, 온·오프라인에서 다양한 교육 및 고객지원을 제공하고 있다.

학습자들은 창업에 필요한 스마트 어플리케이션의 아이디어를 도출하고, 개발 계획을 수립한 뒤 스마트메이커를 활용하여 이를 구현화해 볼 수 있다. 예를 들어, 창업 아이템에 대한 문의사항을 받거나 주문을 접수하는 등의 기능이 담긴 어플리케이션을 개발하고, 실제로 운영해봄으로써 실제적인 창업의 준비가 가능해진다.

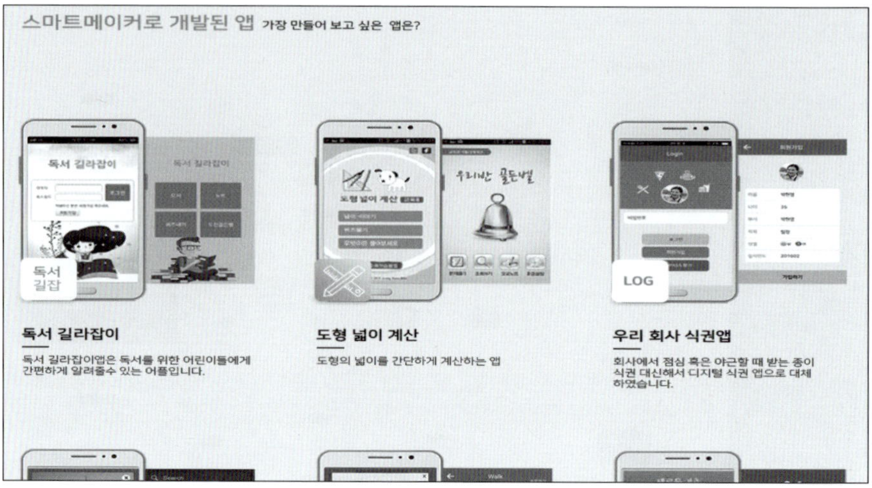

그림 5-7 스마트메이커(http://www.smartmaker.com)

Chapter 06

창업교육평가의 이론과 실제

1 창업교육평가란?

1) 창업교육평가의 개념

창업교육평가의 개념을 정의하기 위해서는 창업교육과 교육평가의 개념을 확인할 필요가 있다. 먼저 창업(創業)이란 일반적으로 '개인이 일생 동안 경제활동을 위하여 자주적으로 업(業)을 선택하면서 새롭게 시작하는 모든 활동'으로 정의한다. 좁은 의미로는 '경제적으로 생산의 주체인 기업을 새롭게 설립하는 것으로, 일반적으로 새로운 사업체를 만드는 것[1)]'을 의미한다.

창업에 필요한 필수적 요소는 창업자, 창업 자본, 창업 아이템으로 이를 창업의 3요소라고 하며, 창업의 요소 중 창업자에 대한 일정의 창업 관련 교육을 실시하게 되는데 이를 '창업교육'이라 한다. 보다 구체적으로 정의하면 '창업교육은 인간이 삶을 살아가는 가운데에서 모든 일에 적극적이고 긍정적인 태도와 도전 정신을 배양할 수 있도록 주도적인 삶을 가르치는 대화 능력, 창의성, 협동심, 협상력 등의 역량을 향상하는 행위 교육'이다(구자억 외, 2019). 즉, 인간이 일생 동안 경제활동을 위하여 자주적으로 직업을 선택하면서 새롭게 시작하는 모든 활동을 영위할 수 있는 역량(대화능력, 창의성, 협동심, 협상력)을 조직적으로 훈련과 수업을 실시하는 것을 '창업교육'이라 한다.

한편 교육평가는 학생이 시험에 대한 결과를 기록하고 통계적인 정리를 하는 일련의 과정으로만 간주하는 경향이 있다. 그러나 교육이 이루어지는 모든 현상에 평가의 기능이 대부분 직접적으로나 간접적으로 작용하게 된다[2)]. 교육평가의 목적은 교육의 목적이 어느 정도 달성되었느냐를 따져 보는 교육의 반성적, 자각적 과정이며, 학생의 바람직한 행동의 변화에 대한 이해를 판단할 수 있는 과정이다. 또한 교육을 수행하는 과정에서 필요로 하는 학생에 관한 정보

1) 기업가 정신 인정도서 편찬위원회(2011). 기업가 정신, p.157.
2) 황정규·이돈희·김신일(2011). 교육학개론, p388.

를 수집하고 교육과정의 효율성을 판단하며, 교육목적 달성도를 밝히려는 과정이다. 즉, 학습자가 교육목적을 달성하였는지, 교수자가 실시한 교육활동에 대한 성과를 파악하며, 교육 향상을 위하여 교육 전반에 관한 자료를 수집하는 것이라고 할 수 있다.

이러한 교육평가의 목적에 기반하여 창업교육을 평가할 수 있다. 학습자가 창업이론을 지도받고, 창업 실천 기능이 배양되었는지, 그 효과성에 대한 평가를 수행하는 것이다. 예를 들면, 창업과 관련하여 지식, 기술, 태도 등을 학습하고 이에 창업 지식이나 기술에 대한 변화된 행동, 가치관이나 태도의 변화 등을 측정 평가하는 것이다. 즉, 창업교육을 수행하고 바람직하게 창업에 관한 행동의 변화가 목적에 도달하였는지, 그 목적과 효과를 평가하게 되는 것을 '창업교육평가'라고 할 수 있다.

2) 창업교육평가의 목적

창업교육도 일반 교육과 동일하게 교육 목적이 진술될 수 있다. 교육의 목적을 '학습자에게 바람직한 행동의 변화를 가져오게 하는 것'이라고 정의할 때, 창업교육의 목적 또한 '학습자에게 창업과 관련하여 바람직한 행동의 변화'를 가져오게 하는 것이다. 이 정의에 비추어 창업교육평가의 목적은 '학습자가 창업과 관련하여 바람직한 행동의 변화를 가져 왔는지 그 달성 정도를 평가하는 것'이라고 할 것이다.

예를 들면, 창업교육 결과에 대한 평가는 실제 창업교육의 효과를 어느 정도 달성했는지에 대한 성과를 진단하는 영역이라고 할 수 있다. 아울러 창업교육 교수자가 실제 창업교육을 수행함에 있어서 개선해야 할 점과 나아가야 할 방향을 알려주는 지표로서의 역할을 수행하는 것이다.

창업교육평가는 창업교육 프로그램, 교수 모델(공급자), 수요자 등으로 구성하는 창업교육에 대한 전반적인 교육의 효과를 달성하였는지에 대한 성과를 진단하고, 그 결과에 의하여 창업교육의 방향 및 비전을 제시하는 내비게이션의 역할을 수행하는 중요한 영역이라고 할 수 있다. 따라서 창업교육은 개인의 창업 잠재능력을 개발하고, 창업교육을 받을 기회를 제공하며, 개인의 직업 소양을 배양하는 창업정신과 기능을 양성하는 것이다. 즉, 이러한 창업교육의 성과를 판단하는 것이 창업교육평가이다. 창업교육평가의 목적은 개인이 창업에 대한 잠재적인 능력을 소지하고 있는지, 창업정신과 기능이 확립되어 있는지, 창업교육을 받은 기회가 적절하게 부여되었는지를 판단하는 것이다.

창업교육의 성과는 직접적인 성과와 간접적인 성과로 구분할 수 있다. 직접적 성과는 창업교육을 실시하는 일련의 과정에서 교육체계, 교육방법 및 교육자원 등이 이에 속하며, 간접적 성과로는 창업교육 실시 후 나타난 개인의 수입 및 창업교육 실천 성과이다. 창업교육의 직접 결과로는 창업교육 기구, 창업교육 커리큘럼, 창업교육 방법, 창업교육 교수진, 창업교육 환경, 창업 인프라 등이다. 창업교육의 간접 결과는 창업계획서, 창업인재, 창업교육 성과의 시장성, 창업교육 성과의 경제적 효용성이 포함된다(段華治·簞麗芳, 2012).

한편으로는 창업교육평가의 목적을 창업과 관련한 직접적인 결과에만 두지 않고, 인간은 현실성보다 가능성이 크고, 주어진 조건보다 개발 될 수 있는 잠재 가능성이 무한하다는 것을 인식할 필요가 있다. 현재보다는 미래의 발전 가능성에 의미를 두고 개방적인 관점에서 평가할 수 있는 여지를 두는 것이 바람직할 것이다. 또한 창업교육평가의 자료, 대상, 시간은 무한하다는 신념을 가지고 학습자의 사소한 자료들을 소홀히 여기지 않고 평가할 수 있는 개방된 마인드로 평가할 수 있어야 할 것이다. 교육이라는 현장에서 가장 중요한 것은 인간 이해자로서 평가할 수 있는 여지를 남겨두어야 하기 때문이다.

3) 창업교육평가의 대상

창업교육은 창업교육 프로그램, 창업교육 공급자(교수모델), 창업교육 수요자 등 3가지 요소로 구성하여 교육을 실시한다. 창업교육 프로그램의 운영 주체는 교육기관, 민간기관, 국가(정부)기관으로 구분할 수 있고, 창업교육 공급자는 교수모델을 통하여 창업을 교육하는 것이다. 여기서 교수모델이라고 하는 것은 창업교육의 대상, 목적과 목표, 콘텐츠, 방법과 교수법, 평가 등을 포함한다. 따라서 창업교육을 평가한다고 할 때, 창업교육의 3가지 구성 요소들을 평가할 수 있으며, 각각에 대한 개별 평가도 가능할 것이다. 이를 표로 제시하면 **표 6-1**와 같다.

표 6-1 창업교육평가의 구성 요소, 운영 주체 및 유형

구성 요소	운영 주체	평가 유형
창업교육 프로그램	국가 교육기관 민간단체	종합평가
창업교육 공급자 (교수모델)	창업교육의 대상 목적과 목표 콘텐츠, 방법, 교수법, 평가	종합평가
창업교육 수요자	학생 창업자	진단평가 형성평가/수시평가 총괄평가

표 6-1과 같이 여기에서는 창업교육평가의 구성 요소 가운데 수요자인 학생(초중고)을 평가 대상으로 삼고, 대학은 창업교육의 운영 주체로서 평가 대상으로 할 수 있다.

교육부[3]에서 창업교육의 발전 단계를 창업교육(기초), 창업교육 실무, 실전 창업체험, 창업 실행(창업성장)으로 구분하고, 초중고는 기초 1단계로, 대학은 실무 2단계로, 대학원은 실무 및 현장 실습의 3단계로 세분화하고 있다(교육부, 2018). 따라서 창업교육평가의 대상은 각 학교 급별로 실시되는 창업교육의 내용과 프로그램에 대하여 수행할 수 있다.

3) 교육부(2018). 대학 창업교육 활성화 추진계획. 내부자료, p4.

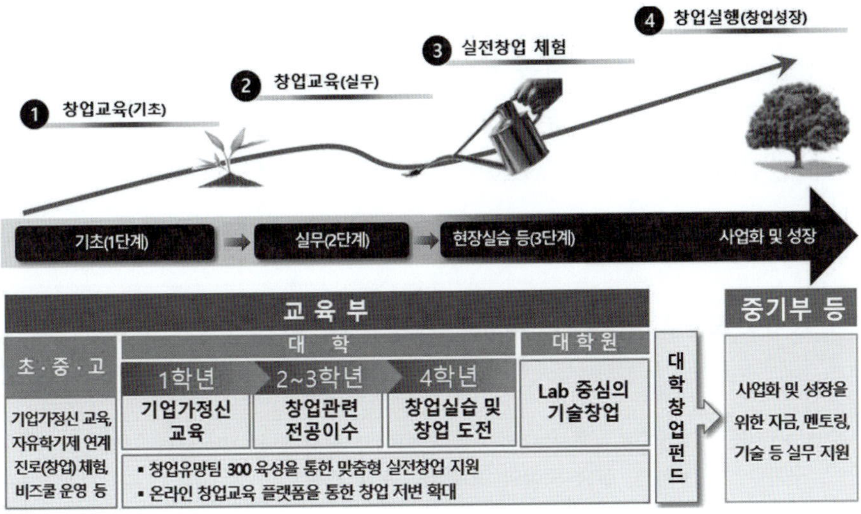

그림 6-1 창업교육의 발전 단계

출처: 교육부(2018). 2018년 대학 창업교육 활성화 추진 계획. 내부자료.

2 창업교육평가의 영역과 구성 요소

최근 기존의 학교교육만으로 새로운 경제 패러다임에서 경쟁력 있는 취업 역량이나 진로 역량을 함양하는 것은 거의 불가능하다고 여기고 있다. 더욱이 4차산업혁명의 도래는 학교교육에 대한 혁신 혹은 개혁을 시급하게 요구하고 있다. 즉, 능동적이고 적극적인 경제 활동 능력의 개발이 요구되며, 이것이 기업가 정신 혹은 창업교육이라고 할 수 있다. 창업교육평가의 핵심은 창업 학습현장에서 이루어지는 과정 속에서 교수와 학습을 개선하고, 발전시키며 학생들의 창업 성취 향상에 직접적으로 도움을 주는 데 있다. 창업교육평가의 유형이나 기능 또한 학교학습과 밀접한 관련 속에서 이해되어야 할 것이다. 이에 창업교육평가 영역과 정책에 관하여 살펴본다.

> 4차산업혁명 : 정보통신기술(ICT)과의 융합을 통해 생산성이 급격히 향상되고 제품과 서비스가 지능화되면서 경제·사회 전반에 혁신적인 변화가 나타나는 정보화혁명보다 더 진화한 혁명
>
> EU의 오슬로 어젠다: 2006년 유럽위원회와 노르웨이 정부가 주관한 '유럽의 기업가 정신교육: 교육과 학습을 통한 기업가 정신 진흥 세미나'에서 제시된 정책 문건

1) EU 창업교육 영역과 정책

EU의 오슬로 어젠다(Oslo Agenda for Entrepreneurship Education)에서

는 초등학교부터 대학에 이르기까지 모든 교육과정을 통해서 아동과 청소년이 기업가 정신을 함양하고 실천하는데 필요한 지원 정책이라고 할 수 있다. 이 문서에서 우리나라 창업교육평가 영역과 내용과 관련하여 시사점을 도출할 수 있는 부분을 제시하면 표 6-2와 같다.

표 6-2 오슬로 아젠다에서 제시한 창업교육정책

영역	주요 정책내용
교육 시스템 구축	• 초등학교교육과정에서부터 기업가 정신 함양교육 실시 • 실천, 실습 중심의 교육방법 개발 지원
교사 지원	• 기업가 정신 함양교육을 위한 교사 양성 • 교사교육 프로그램 개발 • 담당교사를 지원하고 있는 학교에 인센티브 부과 • 교사들 간의 교류 지원 확대 • 교사 양성, 훈련 프로그램 개발
학교의 기업활동	• 기업가에게 요구되는 행동 요소들을 포함한 활동(호기심, 창의성, 자율성, 주도권, 연대의식) • 초등교육부터 사회 내 기업가들의 역할에 대한 인지능력 개발 • 기업가 정신 함양교육을 위한 혁신적인 교수법 개발 • 기업활동 프로그램 평가로 기업가 역량 측정 활동 • 학교 졸업생이나 동문 중에서 기업가를 찾아 연계 • 위기 청소년, 취약계층 청소년, 소외 청소년들에게 우선적, 집중적인 기업가 정신 함양교육 제공 • 관련 활동 평가제도 도입
현장과의 연계 구축	• 기업가 정신 함양을 위한 학습공동체 구축 지원 • 기존 기업들의 학교교육과정 내 기업가 정신 함양교육에 참여 및 모니터링 • 고용인들이 학교교육에 참여할 수 있는 방법 개발과 참여 지원 • 기업가 청신이 특화된 특성화 학교, 대학 양성 • 청소년들이 방학을 이용하여 실제 기업활동에 도전해 볼 수 있는 기회 제공 • 학교와 교사를 지원하기 위해 지역별 지원센터 설립 • 기업가들에게 교수법 개발 기회 제공
의사소통 활동	• 학교에서의 인식 제고를 위한 캠페인 • 학교에서의 기업가 정신 함양교육 프로그램이나 활동에 대한 포상 • 우수 프로그램 선정 후 지원

출처: 박선영(2014). p70을 참고로 재구성.

2) 창업교육평가의 체계와 역량

> 역량: 특정한 상황이나 직무에서 준거에 따른 효과적이고 우수한 수행의 원인이 되는 개인의 내적 특성

유럽위원회에서는 창업교육을 위한 교육정책을 분석하고 이 교육과정을 통해 달성해야 하는 세부 교육목표를 제시하였다. 이 교육목표를 달성하기 위하여 태도, 지식, 기술로 구분하였고, 각각의 영역에 대한 필요한 내용을 서술하였고, 이를 창업교육의 역량이라 표현한다. 즉, 창업교육을 실시하고, 교육을 실천하는 과정에서 필요한 내용들을 학습자가 충분히 습득, 체득하였는지에 대해 확인하는 것을 평가라고 정의한다. 따라서 창업교육을 실시하였고, 무엇을 학습하였으며, 그 결과로 학습된 내용으로 인하여 체득된 역량을 확인하는 것이 창업교육의 평가라고 할 수 있다. 유럽연합은 아동이 청소년기를 거치면서 학교교육과정을 통해 창업교육의 역량을 학습할 수 있도록 권고하고 있다. 창업교육의 역량은 **표 6-3**과 같다.

표 6-3 유럽연합에서 제시하는 창업교육의 역량

영역	필요한 내용(역량)
태도	- 자기인식과 자신감: 기업가 정신에 필요한 가장 중요한 태도, 자신의 능력을 찾고 창의적인 생각을 실행에 옮기는 역할을 하는 것으로 자기인식과 자신감은 교육의 일반적인 목표에 해당하기도 함 - 주도권, 위험 감수, 비판적 사고, 창의성, 문제해결 능력: 기업가 정신에 기본적인 태도이면서 기업가로서의 자신을 표현하는 특징적인 태도라고 할 수 있음
지식	- 직업 세계와 직업의 기회: 기업가 정신을 위해서 뿐만 아니라 미래에 직업을 갖고자 하는 모든 사람이 가져야 할 기본 지식에 해당함. 그러나 기업가에게 필요한 지식이란 다양한 종류의 일과 일의 특성을 이해하는 것이며 이런 지식을 가질 때 청소년은 자신의 미래와 직업을 준비할 수 있음 - 경제 문해와 재정 문해: 기업을 운영할 때 필요한 기본 경제와 재정에 관한 지식
기술	- 의사소통, 프리젠테이션, 기획, 팀워크: 기업가가 갖추어야 할 기본 기술 - 기업을 운영하는데 필요한 기회를 실질적으로 탐구하고 실천: 사업이 정착되는 과정의 모든 단계에서 필요한 것으로 사업계획을 세우고 기획하는 데 필요한 기술

출처: 박선영(2014). p79.

세계경제포럼에서 제시하고 있는 미래인재 핵심역량 4C는 우리나라 교육과정에서 지식보다 중요한 '생각하는 힘'으로서 배양되어야 할 것으로 권고하고 있다. 여기서 4C는 첫째, 비판적 사고력(Critical Thinking)이다. 주어진 지식을 기계적으로 암기하거나 수동적으로 받아들이지 않고 지식의 배경과 맥락을 이해하고 타당성을 갖는지에 대해 생각해 볼 수 있는 능력을 말한다. 둘째, 창의력(Creativity)이다. 이는 기존의 지식을 응용하여 실제 현실에 응용하거나 새로운 지식을 만들어 낼 수 있는 능력이다. 셋째, 의사소통 능력(Communication)으로 자신의 생각과 느낌을 자유롭게 표현할 수 있는 능력이다. 넷째, 협업 능력(Collaboration)으로 다른 사람과 협동하여 공동 작업을 할 수 있는 능력을 학습 내에서 양성해야 할 것을 강조하고 있다(https://www.weforum.org, 세계경제포럼).

따라서 4C 역량이 창업교육 내용에서 학습되어야 할 것이며, 그 학습의 결과가 학습자에게 내재되어 창업 시 그 역량이 발현되었는지를 평가할 수 있을 것이다. 이들의 관계를 도식화하면 그림 6-2와 같다.

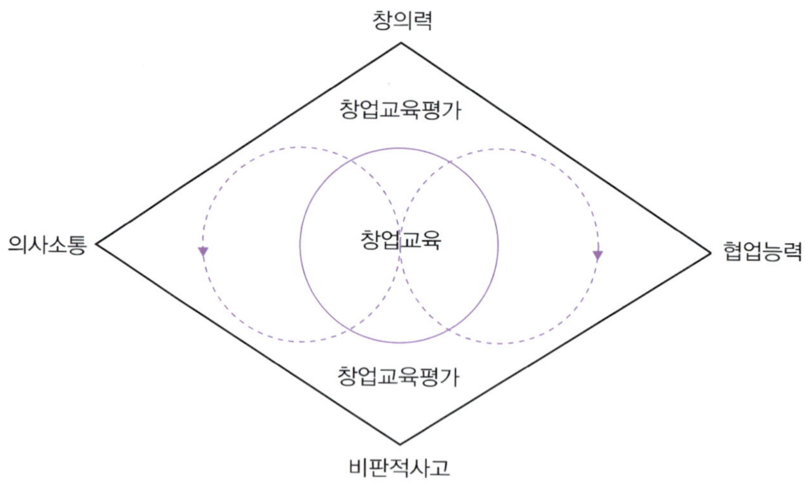

그림 6-2 미래인재 핵심 역량 4C와 창업교육평가와의 관계

또한 미래인재 핵심역량 4C는 우리나라 2015 개정교육과정에서 학교 급별 교육목표에서 찾아볼 수 있다. 다음의 표 6-4와 같이 핵심

역량이 반영되고 있다.

표 6-4 2015 개정교육과정 학교 급별 교육목표에 제시된 핵심 역량

구분	초등학교	중학교	고등학교
역량	문제해결 능력 의사소통 능력 협동 능력	진로탐색 능력 기초 능력 문제해결 능력 창의적 사고 능력 의사소통 능력 민주시민 의식	지식 진로개척 능력 자기주도 학습 능력 비판적 사고력 창의적 사고력 사회적 책임 의식

출처: 교육부·한국교육과정평가원(2013).

미래인재 핵심역량과 우리나라 2015개정교육과정에서 지향하는 핵심 역량들이 창업교육에서 발현될 수 있으며, 역량을 위한 학습과정과 교육되고 있는지를 평가하는 것이 필요할 것이다. 2015교육과정에서 핵심역량과 창업교육의 구성 요소별 역량 체계를 제시하면 **표 6-5**와 같다.

표 6-5 초·중등단계 창업교육의 구성 요소와 2015개정교육과정 핵심역량

구성 요소	하위 요소	초등학교	중·고교	2015개정교육과정 핵심역량 (공통 부분)
창업 마인드 (Mind Set)	모험심	●	●	
	혁신성	●		
	열정		●	
	호기심	●	●	●
	자기효능감	●	●	
	수용성	●	●	
	회복탄력성	●	●	
창업 스킬 (Skill Set)	문제해결	●	●	●
	공감	●	●	
	의사소통	●	●	●
	협상			
	경청			

2015교육과정에서 핵심역량과 창업교육의 구성 요소별 역량 체계: Lackeus, M.(2015)의 창업교육의 구성 요소는 첫째, 창업 마인드로서 모험심, 혁신성, 열정, 호기심, 자기효능감, 수용성, 회복탄력성이 속한다. 둘째, 창업스킬로서 문제해결, 공감, 의사소통, 협상, 경청, 네트워크 구축, 리더십, 협업, 창의성, 디자인 씽킹(design thinking)이 이에 속한다. 셋째, 창업 실제로 기회인식, 체계화 능력/프로토타이핑, 마케팅, 자금, 자원관리로 제시하였다.

회복탄력성(resilience): 크고 작은 다양한 역경과 시련과 실패에 대한 인식을 도약의 발판으로 삼아 더 높이 뛰어 오르는 마음의 근력

구성 요소	하위 요소	초등학교	중·고교	2015개정교육과정 핵심역량 (공통 부분)
	네트워크 구축		●	
	리더십		●	
	협업	●	●	●
	창의성	●	●	●
	디자인씽킹		●	
창업 실제 (Tool Set)	기회인식	●	●	
	구조화 능력		●	
	마케팅		●	
	자금		●	
	자원관리		●	

출처: 제2장 창업교육구성 요소를 참고하여 재구성.

디자인씽킹(design thinking) : 건설적인 미래의 결과를 생산하려는 의도를 가진 문제 기반 또는 문제 중심 사고

표 6-5에서와 같이 초중등학교에서 창업 마인드는 호기심, 창업스킬에서는 문제해결 능력과 의사소통 능력, 협업, 창의성이 교육과정을 통하여 학습될 수 있는 주요 역량이라고 분석할 수 있다. 이러한 핵심 역량들이 창업교육을 통하여 학습되고, 더불어 창업교육평가의 구성요인이 될 것이다.

그러므로 초·중·등학교에서는 미래인재 핵심 역량이 창업교육을 통하여서도 실천될 수 있으며, 창업교육평가는 실제 모형에 이러한 핵심역량을 반영되었는지의 여부를 판단할 수 있어야 할 것이다.

3 창업교육 평가모형과 절차

1) 창업교육의 평가모형

창업교육을 수강하는 학생 평가는 창업교육활동의 불가결한 구성요소로서, 학생이 창업교육을 통해 학습한 성과를 확인하려는 목적, 교육적 성장과 발전을 돕기 위한 목적, 향후 교수학습과정의 계획을

수립하기 위한 목적으로 실시되는 중요한 활동이다. 따라서 창업 학습이 진행되는 시점에서 평가가 이루어진다. 실제적으로 어느 시점에서 평가되느냐에 따라 학습 초기의 진단평가, 학습과정 중에 시행되는 형성평가, 학습이 완료되는 시점에서 실시되는 총괄평가 등이 있다.

먼저, 진단평가는 교수학습 투입 전 단계에서 학생들의 출발점을 파악하기 위하여 평가를 실시하는 것이다. 둘째, 형성평가로서 이는 교수학습 진행 중에 학생의 진전 점검, 수업 개선점을 확인한다. 셋째, 총괄평가는 교수학습이 완료되는 시점에서 성과를 확인하고 성적을 부여하는 단계이다. 일반적으로 사용되는 형성평가와 상시평가의 개념을 이해할 수 있도록 **표 6-6**과 같이 제시한다.

표 6-6 진단평가, 형성평가, 상시평가, 총괄평가의 구분

평가유형	정의
진단평가	- 교수학습이 투입되기 전 학생들의 출발점을 파악하기 위하여 실시하는 평가
형성평가	- 형성평가는 정기적인 평가 사이에 향후 학습에 도움을 주는 것을 목적으로 하는 평가 - 정기평가는 학기 초 평가계획서에 평가 시기와 성적 산출 반영 비율 등을 공지해야 하는 반면, 이와는 별도로 교수학습 진행 중에 시행되는 평가를 형성평가라 함
상시평가 (수시평가)	- 상시평가 또는 수시평가는 중간, 기말평가 또는 1차, 2차 평가로 한 학기에 2회 실시되던 정기적 평가의 횟수를 유연하게 실시하는 것이 목적임 - 학기별 평가계획 작성 및 사전 공지가 의무화되어 있고, 성적 산출을 목적으로 함
총괄평가	- 학습과제나 교과가 끝난 다음 기말 등에 실시하여 학생의 학습 성취 수준을 종합적으로 확인하려는 것임 - 전체 교과목이나 학습내용에 대한 교수의 효과와 학생의 성취수준을 평가함 - 학생 성적의 결정 및 서열을 결정함. 교수방법의 개선, 집단 간의 학습 효과 비교가 가능. 교수효과 결정을 할 수 있음

출처: 김희경(2014). 창의인성교육을 위한 학생평가 어떻게 할까요? 참고로 재정리.

창업교육평가를 실시하는데 있어 평가를 실시하는 기준, 즉 모형에 의거하여 진행하는 것이 합리적이고 효율적인 평가를 수행할 수 있다. 일반적으로 교육평가에서 대표적으로 사용되는 모형으로서 '커크패트릭(Kirkpatrick) 4단계 수준평가 모형'이 있다. 이 모형은 제1단계에서 제4단계로 구분하고 단계별로 평가 수준을 다르게 하는 방법이다. 커크패트릭 모형을 창업교육평가 모형으로 적용할 수 있다.

제1단계 수준의 반응평가는 창업교육에 대한 수강생의 반응은 좋았는가? 하는 교육만족도평가이다. 교육이 끝난 뒤에 교육에 대한 수강생의 반응이나 태도에 대한 자료, 과목내용, 자료, 교육방법, 학습환경, 강사, 시설 등에 대한 만족도를 측정하는 것이다. 반응평가는 수강자를 직접 인터뷰하거나 질문지를 사용할 수 있다.

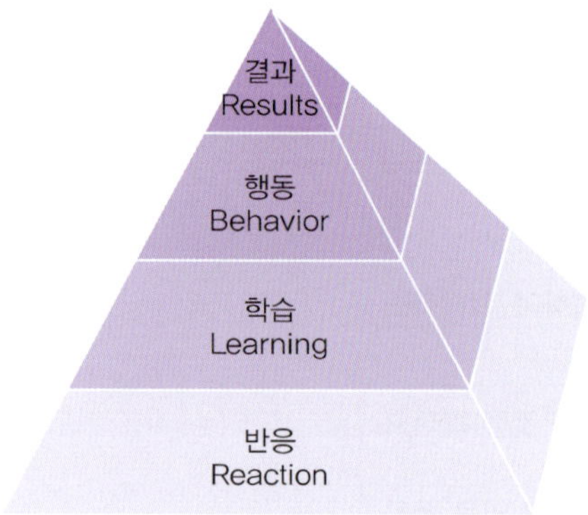

커크패트릭 4단계 평가 모형

제2단계 수준의 창업교육평가는 의도했던 학습이 실시되었는가? 하는 성취도를 평가하는 것이다. 최종적으로 학습자가 성취해야 할 목표를 달성했는지에 대한 자료, 지식, 기능, 태도 등의 획득 여부를 측정하는 것이다. 창업교육평가방법은 지필검사를 하거나 역할 연기 등으로 평가할 수 있다.

제3단계 수준의 행동평가는 창업교육내용이 현장에서 활용되고 있는가? 하는 업무수행평가이다. 창업교육에 참여한 사람이 실제 창업을 하는 현직에서의 수행 능력 면에서 변화가 일어났는지에 대한 자료 프로그램 참여 결과 얻어지는 참여자들의 행동으로 적용되고 있는지를 측정하는 것이다. 행동평가는 관찰을 하거나 체크리스트를 작성하여 주로 평가한다.

제4단계 수준의 결과 평가는 창업교육이 창업 경영성과에 기여하였는가? 하는 경영 성과평가이다. 활동, 성과 또는 생산성과 연관하여 조직의 개선 및 효율성에 기여한 정도에 대한 자료, 지적 증거로 측정하는 것이다. 결과 평가는 운영비의 증감이나 장비 고장률, 총수입 증감, 사고수의 정도에 따라 그 결과가 나온다.

총괄적으로 커크패트릭(Kirkpatrick)의 4단계 수준평가는 창업교육 수강생의 교육만족도, 학습자의 성취 목표 달성 여부, 창업 업무 수행, 창업 경영의 성과를 평가하는 것이다. 따라서 이수자가 실제 창업교육을 함에 있어서 개선해야 할 점과 나아가야 할 방향을 알려주는 지표라고 할 수 있다.

창업교육평가의 영역은 학습자의 평가, 창업교육활동의 평가, 창업교육의 교육과정 혹은 프로그램평가, 창업교육 공급자(교사 혹은 교수)평가, 창업교육학교(기관) 및 환경의 평가, 창업교육 운영체제의 평가로 구분할 수 있다. 여기에서는 창업교육을 받는 학습자(학생)를 대상으로 한 평가를 중심으로 하였다.

2) 창업교육평가의 절차

일반적으로 교육현장에서 사용되는 교육평가 절차에 의거하여 창업교육평가가 진행된다. 창업교육평가의 목적과 방법에 따라 약간의 차이는 있겠지만 대체로 창업교육 수업목표의 확인, 창업교육평가 장면의 선정, 창업교육평가 도구의 선정 또는 제작, 창업교육평가의 실시와 평가의 결과 처리, 창업교육평가 결과의 해석 및 활용이라는 여섯 단계를 거쳐 이루어진다. 구체적인 절차 내용을 제시하면 다음 **그림 6-3**과 같다.

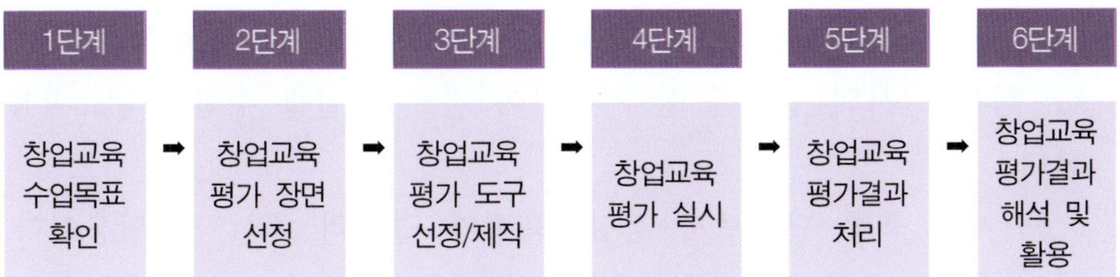

그림 6-3 창업교육의 평가 단계

출처: 교육평가 단계를 참고로 구성.

그림 6-3과 같이 1단계는 창업교육 수업목표의 확인이다. 이는 창업교육 수업에서 '무엇을 평가할 것인가'라는 원칙은 창업교육에서 '무엇을 가르칠 것인가'라는 창업교육의 목표에서 도출될 수 있다.

2단계는 창업교육평가 장면의 선정이다. 이 단계에서는 창업교육 목표를 측정하기 위해 어떤 평가 장면, 검사 형태가 가장 적절한 것인가를 결정하는 것이다. 평가 장면은 수업목표에 명시된 행동특성이 그대로 다 드러날 수 있고, 실제로 그러한 행동을 학생이 할 수 있는 기회가 내포된 상태이어야 한다. 일반적으로 창업교육평가에서 이용될 수 있는 평가 장면은 필답고사, 질문지법, 관찰법, 면접법 등이 있다.

3단계는 창업교육평가 도구의 선정 또는 제작이다. 이는 창업교육 평가 장면으로서 창업교육평가방법이 결정되면 실제 평가에서 사용할 도구를 직접 제작하거나 또는 선정해야 한다. 이때 중요한 것은 창업교육 평가도구의 내용이 창업교육 목적을 제대로 측정할 수 있는가 하는 합목적성과 평가도구의 타당도와 신뢰도가 고려되어야 할 것이다. 예를 들어, 학습성과의 평가 장면으로 필답고사를 선정하였다면, 창업교육 수업목표가 잘 반영된 평가문항을 제작한다.

4단계는 창업교육평가의 실시이다. 이 단계에서는 창업교육에 대한 평가 실시의 시기, 평가 횟수, 평가방법, 평가대상 등을 고려하여 실시한다.

5단계는 창업교육평가의 결과 처리이다. 이는 창업교육평가를 실시한 결과를 어떻게 처리하느냐의 단계로서 결과처리는 수집된 행동증거를 통계적인 방법에 의해 수량화시키고 종합 정리하는 것이다. 검사 실시의 결과를 잘 기록하여 자료를 일괄 수합 보관, 활용한다.

6단계는 최종 단계로서 창업교육평가 결과의 해석 및 활용이다. 이는 창업교육평가 결과는 활용을 목적으로 실시하므로 객관성 있고 타당성 있는 해석과 평가자로서의 교육적 소양이 요구된다. 창업교육평가 결과는 학습경험의 선정과 조직, 학습지도, 교육과정 및 교수법의 개선, 평가 자체의 개선, 교육정치, 교육계획, 교육연구 등에 활용할 수 있다.

4 창업교육평가의 실제

1) 진로교육 목표와 성취 기준

초중등학교 교육과정에서 진로교육은 특정한 직업을 선택할 수 있도록 정보나 안내를 제공하거나, 개인의 소질검사를 실시하는 단편적이고 기능적인 의미에서 학교급간의 연계성을 강조하는 추세로 변화하고 있다.

학교교육에서 진로교육의 목표는 '학생 자신의 진로를 창의적으로 개발하고, 지속적으로 발전시켜 성숙한 민주시민으로서의 행복한 삶을 살아갈 수 있는 역량을 기른다'이다. 이처럼 학교 진로교육 목표를 설정하고 그에 따른 성취 기준을 제시하고 있다. 초중등학교에서의 진로교육 목표와 성취 기준은 창업교육에서도 적용되고 있다.

진로교육의 목표로 자아이해와 사회적 역량개발, 일과 직업 세계의 이해, 진로 탐색, 진로 디자인과 설계 영역으로 구분한다. 이는 다시 각 영역에 대한 하위 영역에 따른 성취 기준이 제시된다. 따라서 창업교육평가에서는 진로교육의 목표에 의하여 성취 기준에 도달하였는지를 평가한다(진미석, 2013). 이에 각급 학교별 진로교육 목표와 성취 지표수를 제시하면 다음의 **표 6-7**과 같다.

표 6-7 초·중등학교 진로교육 목표와 성취 지표 수

대영역	중영역	초등학교	중학교	고등학교	
				일반고	특성화고
자아이해와 사회적 역량 개발	자아이해 및 긍정의 자아개념 형성	7	9	5	5
	대인관계 및 의사소통 역량 개발	6	4	3	5
일과 직업 세계의 이해	일과 직업의 이해	3	6	4	4
	건강한 직업의식 형성	6	7	5	6

대영역	중영역	초등학교	중학교	고등학교	
				일반고	특성화고
진로탐색	교육 기회의 탐색	4	4	7	6
	직업 정보의 탐색	3	4	5	5
진로디자인과 설계	진로 의사결정 능력 개발	2	4	3	3
	진로 계획과 설계	4	4	9	12

출처: 진미석(2013). 창의적 진로개발과 SCEP(학교진로교육 프로그램). p112.

이러한 진로교육의 목표에 근거하여 각급 학교에서는 창업교육 프로그램 설계 및 기획, 진행을 하고 그 결과를 평가할 수 있을 것이다. 최근 교육부와 한국직업능력개발원에서 창업교육 프로그램 및 매뉴얼, 평가 등을 공동으로 연구·개발하여 각급 학교에 보급하고 있다. 이들 운영체제는 그림 6-4와 같다.

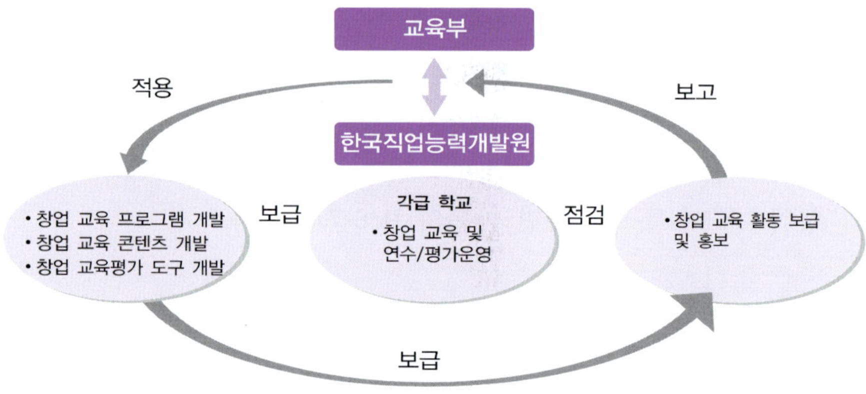

그림 6-4 교육부와 한국직업능력개발원의 창업교육 프로그램 및 평가 개발 운영체제도

2) 초등학교 창업교육평가

초등학교의 창업교육평가는 창업교육평가 절차에 의하여 창업교육 수업목표의 확인, 창업교육평가 장면의 선정, 창업교육평가 도구의 선정 또는 제작, 창업교육평가의 실시와 평가의 결과 처리, 창업교육평가 결과의 해석 및 활용 순으로 진행할 수 있다.

1단계는 창업교육 목표를 확인하는 과정이다. 초등학교 사회과 5학년 1학기 '우리 경제의 성장과 발전' 교육과정에 관한 주제를 확인한다. 이 단원의 내용에서 학생들이 이해하도록 구성되어 있다. 그러나 이 부분에 대한 성취기준은 보다 높은 기능 및 가치 태도의 목표 도달을 제시하고 있다. 따라서 창업교육의 목표는 주제와 관련하여 성취기준을 확인한다.

2단계는 창업교육평가 장면의 선정이다. 창의적 체험활동의 4개 중 진로활동과 사회과(3. 우리 경제의 성장과 발전, 국어과(5, 대상의 특징을 살려)의 교육과정의 재구성으로 7차시를 확보하여 창업교육활동을 전개한다.

여기서는 5학년 창업교육 수업을 예시로 제시한다. 1–2차시 수업에서 창업을 원하는 학생을 대상으로 사업계획서 작성 및 방법을 안내한다. 그리고 학생들에게는 가정에서 사업계획서를 구상하고 작성해보도록 과제로 제시한다. 3–4차시에서 창업주와 취업예비생을 구분하고, 각각의 역할에 대하여 안내한다. 창업주는 다음 차시를 대비하여 면접 준비를 한다. 5–6차시는 창업 투자 설명 안내와 면접 실시 결과를 발표한다. 6–7차시 창업투자 결과 발표 및 소감 발표하기로 수업을 마친다. 창업교육을 평가해야 하는 수업 장면에서 평가방법은 3가지로 진행할 수 있다. 이때 교사는 관찰평가를 실시한다. 학생의 창업교육 결과물(사업계획서, 채용공고문, 이력서 및 자기소개서 등)을 활용한 과정 중심평가를 실시하는 것이다.

3단계는 창업교육평가 도구의 선정 또는 제작이다. 이는 지필고사 대신 창업교육을 수행하는 과정을 학생 스스로 상호 관찰평가를 할 수 있도록 하고, 아울러 학생 스스로 직업에 대한 자기 인식할 수 있는 자가 평가 도구(질문지)를 선정한다. 상호 관찰평가 문항과 자기평가 문항은 교육부와 한국직업능력개발원에서 연구 개발한 활동지를 참조하여 학교 및 학생 수준에 적합하게 재구성하여 사용한다.

창업체험 프로그램을 기획 운영할 수 있도록 2018년 교육부와 한국직업능력개발원에서 개발한 진로교육 집중학년·학기제 초등학교 운영사례[4]의 창업체험 프로그램 흐름도를 예시로 제시한다(표 6-8).

표 6-8 초등학교 창업체험 프로그램과 평가방법(예시)

대상	5학년	총차시	7차시	수업모형	프로젝트 기반학습
수업주제	세상 속 별별 직업인과의 만남 '창업 프로젝트 수업'				
진로영역	일과 직업 세계의 이해 – 변화하는 직업 세계 이해				
진로목표 성취기준	- 주변의 직업들이 없는 자신의 생활을 상상해 보고 모든 일과 직업의 소중함을 이해할 수 있다. - 생활 속의 다양한 직업을 찾아보고 각 직업이 하는 일을 설명할 수 있다. - 자신이 직업을 가져야 하는 이유와 이를 통해 얻을 수 있는 긍정적 가치를 말할 수 있다.				
학습목표	- 창업 프로젝트 운영에 대해 이해할 수 있다. - 창업 투자 설명회를 통해 기업 운영을 위한 조건과 필요한 것들을 이해할 수 있다. - 창업 프로젝트 운영을 마무리 하면서 생각과 느낌을 표현할 수 있다.				
수업흐름	1차시: 창업 프로젝트 소개하기 2–3차시: 창업(취업) 준비하기 4–5차시: 면접 및 결과 발표하기 6–7차시: 창업 투자 설명회/결과 발표하기				
평가방법	프로젝트 운영 중 교사가 관찰평가를 실시한다. 프로젝트를 마무리하면서 작성한 프로젝트 평가서를 통해 평가한다. 프로젝트 결과물(사업계획서, 채용공고문, 이력서 등)을 활용한 과정 중심 평가를 한다.				

출처: 교육부 · 한국직업능력개발원(2018a). 진로교육 · 집중학년학기제 운영사례집 초등학교, pp 155-156 참조 재구성.

초등학교 창업체험 프로그램에 대한 활동 결과는 표 6-9와 같이 실시할 수 있다.

4) 교육부 · 한국직업능력개발원(2018a). 진로교육 · 집중학년학기제 운영사례집 초등학교.

표 6-9 초등학교 창업교육활동에 대한 평가 내용(예시)

창업교육	내용
사업계획서	1. 창업하고자 하는 이유는 무엇인가요? 2. 다른 회사와 비교하여 우수한 점은 무엇인가요? 3. 창업하고자 할 때 필요한 것은 무엇이 있을까요?
이력서/ 자기소개서	1. 지금까지 다닌 유치원, 초등학교 등을 씁니다. 2. 집, 학교, 학원 등에서 창업하고자 하는 업무 내용에 관련 있는 것을 씁니다.
창업투자 설명회계획서	1. 회사명 2. 준비할 것 등을 씁니다.
창업 운영 평가	1. 창업회사에서의 나의 역할을 모두 쓰시오. 2. 사업 투자자로 나는 어떤 회사에 투자했나요? 투자한 이유는 무엇인가요? 3. 나의 생각을 정리해서 쓰세요.

출처: 교육부·한국직업능력개발원(2018a). 진로교육·집중학년학기제 운영사례집 초등학교 활동지 재구성.

4, 5단계는 창업교육평가의 실시와 평가의 결과 처리이다. 창업교육 수업을 진행한 후 학생에게 자기평가를 위한 질문지를 배부하고 이를 작성하도록 한다. 교사는 학생의 직업에 대한 인식 정도를 기입하고, 자기평가에 대하여서는 학생의 인지에 대한 사실을 기입한다.

6단계는 창업교육평가 결과의 해석 및 활용이다. 초등학교 진로교육 과목에서 자기 이해 및 직업의 체험교육과정은 지식 전달 중심의 수업을 진행할 수 있다. 그러므로 직업 및 창업에 대하여 학생들의 지식의 내면화에 초점을 두고 교육활동을 진행한다. 그러므로 창업활동을 직접 체험할 수 있도록 기획된 프로그램을 구성 운영함으로써 초등학교 수준에서 창업을 원하는 학생들에게 창업의 기회를 우선적으로 줄 수 있도록 기회를 제공할 수 있다. 그 외의 학생들에게는 창업 공고문을 보고 나의 적성과 흥미를 살려 취업하고 싶은 기업에 지원하게 함으로써 자기이해 및 직업 세계의 이해도를 높일 수 있다[5].

5) 교육부·한국직업능력개발원(2018a). 진로교육 집중학년·학기제 운영사례집 초등학교.

3) 중학교 창업교육평가

중학교 진로교육의 목표는 '초등학교에서 함양된 진로개발역량의 기초를 발전시키며 다양한 직업 세계와 교육기회를 탐색하고, 중학교 이후의 진로를 디자인하고 준비한다'로 설정하고 있다. 따라서 창업교육의 목표는 진로교육의 목표 달성이라고 할 수 있다.

중학교 창업교육의 필요성은 기술 발달의 가속화가 새로운 기업 환경을 만들고, 소비자의 다양하고 빠른 변화 요구에 신속히 대응하면서 새로운 부를 창출할 수 있는 다양한 창업 정보를 제공할 수 있기 때문이다. 아울러 평생직장의 개념이 사라지면서 고용과 유연성 증가가 생활을 개선하고 사회를 유익하게 하는 창업의 욕구를 촉진하고 있다. 따라서 기업가 정신의 증진과 창업 아이디어를 도출하며 학생들의 창업역량을 키우는 데 있다.

창업체험 프로그램은 사회의 빠른 변화와 창조의 시대에 부응할 수 있는 학생의 기업가 정신을 증진시키는 목적으로 구성할 수 있다. 이로서 정해지지 않은 유연하고 활동적인 창업교육을 통해 중학교 학생들의 미래 핵심 역량인 창의력과 문제 해결력을 키울 수 있으며, 아울러 의사소통과 협업으로 이루어지는 모의 창업활동과정을 통해 의사소통역량과 협업역량을 키울 수 있다.

중학교 진로체험활동에서 창업교육의 목표, 활동, 시간을 구상하면 **표 6-10**과 같다.

표 6-10 중학교 진로체험활동 중 창업교육의 목표, 활동, 적용시간(예시)

구분	1학년	2학년	3학년
목표	- 기업가 정신과 자기관리 역량 증진 - 창의 및 문제해결역량 증진 - 의사소통 및 협업역량 증진	- 기업가 정신과 자기관리 역량 증진 - 창의 및 문제해결역량 증진 - 의사소통 및 협업역량 증진	- 창의 및 문제해결역량 증진 - 의사소통 및 협업역량 증진 - 자신의 진로 포트폴리오 구축
활동	- 자신의 진로 특성을 탐색하는 자기이해활동	- 기업가 정신의 이해와 실행, 체험활동	- 모의 창업체험활동 - 다양한 창업 아이템 기

구분	1학년	2학년	3학년
	- 기업가 정신의 이해와 실행체험활동 - 모의창업체험활동	- 모의 창업체험활동 - 다양한 창업 아이템 기획과 시제품 제작활동	획과 시제품 제작활동 - 특허 출원활동
적용 시간	- 진로와 직업교과 수업 시간 - 창의적 체험활동-진로활동, 동아리활동, 수업시간 - 자유학기제 주제선택 수업 시간	- 창의적 체험활동 - 진로활동, 동아리활동, 수업 시간	- 창의적 체험활동 - 진로활동, 동아리활동 수업시간

출처: 교육부·한국직업능력개발원(2015a). 기업가 정신 학교에 가다. YEEP. p153.

중학교 창업교육평가 절차를 설명하기 위하여 교육부와 한국직업능력개발원에서 개발한 진로교육·집중학년학기제 중학교 운영사례[6]를 예시로 제시한다(**표 6-11**).

표 6-11 중학교 창업체험 프로그램의 설계와 평가방법(예시)

대상	1학년	총차시	17차시	수업모형	인터넷활용수업 모둠토의·토론수업 프로젝트 수업
수업주제	기업가 정신과 협업 능력을 키워 창업활동에 참여해 보자.				
진로영역	자아이해와 사회적 역량 개발 - 자아이해, 대인관계 및 의사소통 역량 개발 일과 직업 세계의 이해 - 변화하는 직업 세계의 이해				
진로목표 성취기준	- 자신의 능력이나 특성, 강약점을 존중할 수 있다. - 자신에게 주어진 과제와 행동을 성공적으로 수행할 수 있다는 자신감을 갖고 그런 예를 설명할 수 있다. - 사회생활에서 팀워크와 의사소통의 중요성을 이해할 수 있다. - 다양한 진취적 역량(창의성, 협업능력, 창업가 정신 및 리더십 등)들을 이해할 수 있다.				
학습목표	- 나의 기업가 정신 수준을 알고 창업을 위한 기업가 정신을 증진할 수 있다. - 우리 생활을 혁신하기 위한 창업 아이디어를 찾을 수 있다. - 우리 모둠 구성원의 능력을 찾고 생활을 혁신할 아이디어를 찾아 창업 아이템을 만들어 낼 수 있다.				

6) 교육부·한국직업능력개발원(2018b). 진로교육 집중학년·학기제 운영사례집 중학교.

대상	1학년	총차시	17차시	수업모형	인터넷활용수업 모둠토의·토론수업 프로젝트 수업
수업흐름	1차시: 창업 세계에 입문하기 위한 기업가 정신 만나보기 2-3차시: 창업을 준비하는 나의 창의력의 강점과 약점을 알고 창의력 증진활동하기 우리 생활에서 발생하는 문제를 해결하고 혁신할 수 있는 창업 아이디어 찾기 4-5차시: 친구 능력 찾아주기, 창업 아이템 선정하기 6-7차시: 창업 아이템 선정하기, 창업아이템 제품화하기(…. 중략) 17차시: 창업 경진대회				
평가방법	- 학생의 활동 보고서 작성과 발표에 대한 평가를 한다. - 문제해결 시나리오에 대한 과정 평가를 한다. - 사례 연구에 대한 결과 평가를 한다.				

출처: 교육부·한국직업능력개발원(2018b). 진로교육·집중학년학기제 운영사례집 중학교. pp158-159 참조로 재구성.

표 6-12 중학교 창업교육 수업 주제, 진로 영역, 성취 기준에 의거한 평가(예시)

주제	진로 영역	성취 기준	학습복표
기업가 정신과 협업 능력을 키워 창업활동에 참여해 보자	자아이해와 사회적 역량 개발: 자아이해, 대인 관계 및 의사소통역량 개발 일과 직업 세계의 이해: 변화하는 직업 세계의 이해	1. 자신의 능력이나 특성, 강점 약점 등을 존중할 수 있다. 2. 자신에게 주어진 과제와 행동을 성공적으로 수행할 수 있다는 자신감을 갖고 그런 예를 설명할 수 있다. 3. 사회생활에서 팀워크와 의사소통의 중요성을 이해할 수 있다. 4. 경청, 질문, 설득 등을 상황에 맞게 활용하여 효과적으로 의사소통을 할 수 있다. 5. 다양한 진취적 역량, 창의성, 협업 능력, 창업가 정신 및 리더십들을 이해할 수 있다.	• 나의 기업가 정신 수준을 알고 창업을 위한 기업가 정신을 증진할 수 있다. • 나의 창의력 수준을 알고 창의력을 증진할 수 있는 방법을 말할 수 있다. • 우리 생활을 혁신하기 위한 창업 아이디어를 찾을 수 있다. • 모둠 구성원의 능력을 찾고 생활을 혁신할 창업 아이디어를 찾아 창업 아이템을 만들어 낸다. • 모둠의 창업 아이템을 제품화할 수 있는 방법을 말할 수 있다. • 모둠별 창업 제품 이름을 정하고 시제품 제작과 제품의 설명서를 작성할 수 있다. • 모둠에서 만든 창업 회사 이름을 정하고 창업 회사를 설명할 소개서를 작성할 수 있다. • 모둠이 만든 창업회사 제품을 판매할 마케팅 방법의 제시와

주제	진로 영역	성취 기준	학습목표
			창업 회사 홍보 방법을 제시할 수 있다. • 모둠이 만든 창업회사의 공공성을 제시할 수 있고, 교내 창업경진대회를 진행할 수 있다.

출처: 교육부·한국직업능력개발원(2015b). 기업가 정신 학교에 가다. YEEP. p157.

창업활동과 평가를 통하여 학생의 창업 관련 기업가 정신의 수준을 알고 창업에 도전하는 기업가 정신을 증진시킬 수 있다. 또한 중학생들의 생활 혁신을 위한 문제 인식과 문제를 해결하는 창의력 증진과 함께 실제 창업에 적용되는 창업 아이디어를 제시할 수 있다(교육부·한국직업능력개발원, 2018b).

또한 한국직업능력개발원(2015)에서 발행한 '기업가 정신 학교에 가다'편을 참고하여 문항번호에 해당하는 점수를 표시한 후 합산을 함으로써 학생들의 기업가 정신 수준을 확인할 수 있다. 개인별 기업가 정신 수준을 확인하기 위한 활동지는 **표 6-13**과 같다.

표 6-13 나의 기업가 정신 수준을 알고 창업 의지 제시해 보기 활동지(예시)

문항	진단항목내용	점수
1	나는 새로운 과제에 참여하고자 노력한다.	
2	나는 황당한 아이디어에도 주의 깊게 듣는다.	
3	나는 새로운 생각이나 해결책이 갖는 강점과 약점을 알려고 한다.	
4	나는 직감으로 일하는 대신 정보를 수집하기 위해 설문조사와 같은 객관적 방법들을 사용한다.	
5	나는 어떤 활동에 소요되는 돈, 시간, 비용 등 실제로 드는 비용을 잘 찾는다.	
6	나는 같은 문제가 발생하지 않으려면 어떻게 해야 할지를 알고 문제 행동이나 생각을 바꾼다.	
7	나는 내가 접촉하는 사람들의 비즈니스 또는 제품에서 무엇을 어떻게 개선할 수 있는지 방법을 안다.	
8	나는 종종 문제를 해결하는데 또 다른 방법이 있는지 묻는다.	
이하 생략		

출처: 교육부·한국직업능력개발원(2015a). 기업가 정신 학교에 가다. p74.

(항상 그렇다 5점, 거의 그렇다 3점, 조금 그렇다 1점, 전혀 그렇지 않다 0점)

표 6-13의 활동지와 관련하여 합산 점수를 표시하고 기업가 정신 수준을 확인하는 자료는 '기업가 정신 학교에 가다'를 참고하면 된다. 이러한 활동은 창업교육을 실시하는 초기 단계에서 진단평가로서 실시할 수 있으며, 아울러 기업가 정신에서 요구하는 역량들을 설명할 수 있다. 기업가 정신(안트러프러너십)의 6대 역량은 다음과 같다.

기업가 정신(안트러프러너십)의 6대 역량

- 기회 인식: 쉽게 기회를 발견하고 새로운 방식으로 아이디어를 연결함으로써 가치 있는 무언가가 그것 때문에 발생지도 모른다는 직감을 가진 능력
- 아이디어 창출: 새로운 아이디어를 생각해 내고 그것을 사용 가능할 것으로 개발할 수 있는 능력
- 위기 관리: 언제, 어느 정도의 위험을 감수해야 하는지 그리고 그것을 어떻게 관리하는지를 아는 능력
- 정보 분석: 올바른 정보를 얻고 필요할 때 그것을 사용할 수 있도록 준비하며 필요한 정보를 분석하는 능력
- 자원 관리: 자원이 무엇이 언제 필요한지를 구별하는 능력
- 문제 해결: 문제를 발견하여 해결책을 찾고 그것이 다시 일어나는 것을 방지하는데 필요한 변화를 만들 수 있는 능력

이상의 6개 역량에 대하여 미래 나의 창업 의지 수준을 상·중·하로 평가할 수 있으며, 창업 의지 수준 이유를 평가한다.

이 활동지 이외에도 '기업가 정신을 발휘한 기업을 찾고 창업을 위한 기업가 정신 발휘해 보기, 자신이 관심을 갖는 분야에서 평소 가진 문제점을 해결해 보고 모의 창업에 도전하기' 등 다양한 활동지를 제공하여 학생들의 창업에 대한 역량을 분석할 수 있다. 차시별로 제공되는 프로그램에 대한 활동을 수행하고, 각 활동에 따른 성취 기준 도달 여부를 파악하는 평가활동을 진행할 수 있다.

- 창업을 준비하는 나의 창의력의 강점과 약점을 알고 창의력 증진 활동해 보기
- 나의 창의력 수준 알아보기
- 창의력 증진을 위한 6가지 활동 참여하고 발표하기

이러한 활동들을 통하여 중학교 단계에서 학생들의 창업역량을 확인해 볼 수 있다(교육부 · 한국직업능력개발원, 2018b).

중학교 단계에서는 창업체험 프로그램 활동 이외에도 다양한 창업 관련 진로 프로그램을 구성하여 그 결과에 대한 평가를 실시할 수 있다. 일례로 'Wi-Fi창업과 진로 프로그램'은 창의적 진로 개발 모형으로 학생들로 하여금 자신의 아이디어나 지식을 가지고 만들 수 있는 상품이나 서비스를 생각하고, 구현해 볼 수 있는 지식과 기술을 제공할 뿐만 아니라 향후 자신이 새로운 일자리나 직업을 창출할 수 있다는 가능성에 대한 인식을 촉진시킬 수 있다. 이 프로그램의 구성내용과 평가방법은 **표 6-14**와 같다.

표 6-14 창업과 진로 프로그램 구성내용과 평가(예시)

모듈	구성내용	평가
1. 창업가 정신이란?	- 창업의 이해 - 창업가 정신	평가지를 활용한 자기평가
2. 국가를 이루는 구조는 무엇일까?	- 가상 국가 건국 - 모의 시장	
3. 우리만의 특별한 사업 아이템 찾기	- 창업 아이템 선정방법 강의 - 자신의 아이템 선정활동	
4. 회사를 설립해 보자	- 개인과 법인 사업자의 설립절차 - 회사의 가치관 설립	
5. 사업의 타당성을 검토해 보자	- 사업의 타당성 검토 - 목표와 방향 전략 수립	
6. 조직을 구성해 보자	- 기업의 조직도 강의 - 스카우트	
7. 마케팅에 대해 알아보자	- 마케팅의 이해 - 마케팅 개발 및 발표	
8. 우리 회사를 소개해 보자	- 내가 꿈꾸는 회사 그리기 - 내가 꿈꾸는 회사 발표하기	

출처: 진미석(2013). 창의적 진로개발과 SCEP(학교진로교육 프로그램). p118.

4) 고등학교 창업교육평가

고등학교 단계는 중학교 자유학기제를 경험한 학생들에게 보다 연계성 있고 집중적인 진로교육이 필요한 학년이라고 할 수 있다. 또한 변화하는 미래 세계의 경향에 맞추어 도전, 협업, 문제 해결 등의 실천활동을 통해 새로운 가치를 만들어 내는 진로 개발역량 함양이 필요하다. 아울러 미래사회의 인재는 기존에 존재하는 직업이나 회사를 수동적으로 선택하기보다는 자기 주도적으로 미래사회 변화를 포착하고 창업이나 창직을 선택할 수 있는 창의적 진로개발역량이 필요하므로 기업가 정신교육을 운영하여 또래 집단과 함께 성장하고 나눌 수 있는 기회를 제공해야 할 필요가 있다.

고등학교 진로교육의 세부 목표와 성취기준을 살펴봄으로써 적합한 창업교육을 실시하고 그에 따른 평가를 할 수 있다. 교육부의 고등학교 진로교육 목표에서 도달해야 하는 성취기준은 **표 6-15**와 같다.

표 6-15 고등학교 단계의 진로교육 목표와 성취기준 및 창업교육활동

대영역	중영역	세부목표	성취기준	창업교육활동
자아 이해와 사회적 역량 개발	자아이해 및 긍정적 자아개념 형성	자아정체감을 갖고 자기 효능감과 자신감을 향상시킨다.	자신의 특성을 이해하고 긍정적 자아정체감을 가질 수 있다.	동아리활동 분야 창업 아이템 탐색
		관심 진로에 대한 자신의 강점과 능력을 평가하고 향상시키려고 노력한다.	자신의 진로목표를 성공적으로 이루어 나갈 수 있다는 자신감을 가질 수 있다.	
			자기평가와 타인평가를 종합하여 자신의 강약점과 능력을 객관적으로 알 수 있다.	사업타당성 분석 교내외 창업 경진대회 참가
	대인관계 및 의사소통 역량 개발	자신의 대인관계 능력을 점검하고 향상시킨다.	친구, 가족, 지인, 동료 등 주변 사람을 대하는 자신의 태도와 관계를 성찰하고, 부족한 부분을 개선할 수 있다.	동아리활동 정리
			진로 체험이나 협동과제 수행에서 다른 사람들과 협력적인 관계를 맺을 수 있다.	동아리 구성, 창업 환경 분석, 홍보물 제작, 동아리 평가

대영역	중영역	세부목표	성취기준	창업교육활동
		직업생활에서 의사소통의 중요성을 이해하고 효과적인 의사소통 능력을 향상시킨다.	직업생활에서 팀워크와 의사소통의 중요성을 이해할 수 있다.	동아리 구성, 창업 아이템 선정, 마케팅 전략, 특허 및 지식 재산권 확보, 동아리 평가
			상황(대화, 발표, 회의 등)에 맞는 의사소통방법을 알고 이해할 수 있다.	
일과 직업 세계의 이해	변화하는 직업 세계의 이해	미래 직업 세계의 변화와 인재상을 탐색한다.	미래 직업 세계의 변화에 따른 새로운 직업과 인재상을 탐색한다.	시제품 제작
		창업과 창작의 필요성을 이해하고 관련 계획을 세워 본다.	다양한 진취적 역량(창의성, 협업 능력, 창업가 정신 및 리더십 등)의 의미와 중요성을 설명할 수 있다.	기업가 정신 이해 창업의 기초 이해 창업 환경 분석 제품 이름 짓기 특허 및 지식재산권 확보 창업 아이템 선정 사업타당성 분석 창업 자금 산출 및 조달계획 수익성 분석
			관심 있는 분야의 직업이나 사업을 구상하고 계획하는 모의활동을 할 수 있다.	
	건강한 직업의식 형성	직업생활에 필요한 직업윤리 및 관련 법규를 파악한다.	근로자의 법적 권리와 관련 제도 및 기관을 알아보고 활용할 수 있다.	특허 및 지식재산권 확보
진로 탐색	교육기회의 탐색	진로에서 학습의 중요성을 이해하고 자기주도적 학습 태도를 향상시킨다.	진로목표를 위해 자신의 학업 성취 수준을 점검하고, 향상의 동기를 가질 수 있다.	교내외 창업 경진대회 참가
	직업 정보의 탐색	관심 직업에 대한 구체적인 직업 정보와 경로를 탐색한다.	관심 직업의 현황, 전망, 산업구조 등 구체적인 정보를 수집한다.	창업 환경 분석 마케팅 전략 창업자금 산출 및 조달계획 수익성 분석 사업계획서 작성 및 발표
진로 디자인과 준비	진로설계와 준비	진로 목표를 세우고, 구체적인 계획을 수립한다.	자신의 진로목표를 구체화할 수 있다.	사업 실행계획서 구성, 작성 및 발표 동아리활동 계획서 작성
			자신의 진로 목표를 이루기 위한 중장기적인 계획을 수립할 수 있다.	
			자신의 진로목표와 관련된 학교활동을 계획하고 수립할 수 있다.	

출처: 교육부·한국직업능력개발원(2017). 고등학생의 진로탐색을 위한 창업 동아리 가이드북. 참조 재구성.

표 6-15에서 제시한 진로교육목표와 성취기준에 준하여 창업교육 활동의 세부적인 내용을 추진할 수 있다.

고등학교에서는 진로교육목표와 성취기준에 근거하여 학년별 창업체험활동을 설계한다. 먼저 1학년 시기에는 중학교 연계 고등학교 적응을 위한 다양한 창업체험활동을 실시한다. 창업체험을 통하여 기업가 정신교육을 체험할 수 있기 때문이다. 2학년에서는 대학 및 전공에 대한 교육 기회의 탐색으로 관심 직업에 대한 직업 정보를 탐색한다. 3학년에서는 진로목표 관련 직업, 대학 및 학과 탐색을 선택하여 진로 목표 관련 대학 및 학과를 선택할 수 있도록 한다.

1학년 전체 학생들을 대상으로 교육부와 한국직업능력개발원에서 개발한 YEEP 프로그램으로 창업체험에 필요한 기본 소양을 다지는 입문 교육을 진행할 수 있다. 여기서 창업체험에 필요한 기본 소양이란 의사소통기술로서 기업가 정신의 모든 과정은 학생들 간의 토론과 토의로 이루어지기 때문에 의사소통의 기술을 익히는 것이 우선적으로 실시할 수 있다.

일반고 교육과정의 특성상 창의적 체험활동의 진로활동 시수를 증감하여 운영하는 것은 사실상 어려운 실정이므로 1학년일 경우 정규 진로활동 시간 혹은 희망하는 학생의 신청을 받아 방과 후 특화 프로그램으로 운영할 수 있다. 고학년인 경우는 수능 이후에 활동을 기획하는 것이 바람직하다고 할 수 있다.

창업체험활동은 세상의 문제들을 자기 눈으로 바라보며, 스스로 해결책을 찾아내려고 노력하는 과정에서 자기주도적인 학습 능력을 배양할 수 있다. 자신이 구상한 창업 아이템을 어떻게 하면 구상 가능한 아이템으로 만들 수 있을까를 성찰하는 과정에서 어떤 기술들이 필요한지 생각하게 되고, 미래 기술의 변화에 대해 관심도도 증가하게 되는 것이다. 따라서 학생들이 창업교육을 통하여 자기주도적인 학습 능력을 배가할 수 있다. 이러한 부분에 초점을 두어 고등학생들에게 기업가 정신교육 혹은 관련 체험활동, 프로그램 등이 수행될 수 있다.

기업가 정신교육, 관련 프로그램, 체험활동 등에 대한 평가는 학생들 스스로가 자기주도적인 학습 능력이 향상되었는지, 문제해결 능력에 있어 협업을 활용하였는지를 고려할 수 있다. 특히 창업 프로그램 진행과정에서 수행되는 토론이나 토의 등의 과정에서 학생들의 참여도를 체크할 수 있으며, 일반 교과활동에서 볼 수 없었던 적극성을 보이는 학생들도 나타나게 된다. 교사들은 이러한 학생들의 평가를 객관적이고도 평가할 수 있는 활동지를 활용하는 것이 바람직하다.

창업교육을 실시하고 이를 평가하기 위하여 우선적으로 진로영역과 진로목표 성취 기준을 확인해야 한다. 고등학생의 경우 1학년을 대상으로 실시할 때 변화하는 미래사회, 미래직업을 이해하고 기업가 정신이 무엇인지를 설명할 수 있다. 또한 우리 사회나 일상생활 속 불편한 점들을 찾고 토론을 통해 이를 해결할 수 있는 창의적 아이템을 만들 수 있다. 기업의 비전 및 철학이 담긴 기업명, 슬로건, 로고 제작을 통해 회사를 만들 수 있다. 마케팅 사례를 공유한 창업 아이템을 홍보할 수 있다.

표 6-16 일반계 고교 창업체험 프로그램의 설계와 평가방법(예시)

대상	1학년	총차시	4차시	수업모형	모둠 토론수업
수업주제	창업체험을 통해 창의력을 키우는 기업가 정신교육				
진로영역	자아이해와 사회적 역량 개발 - 자아이해, 대인관계 및 의사소통 역량 개발 일과 직업 세계의 이해 - 변화하는 직업 세계의 이해				
진로목표 성취기준	- 진로체험이나 협동과제 수행에서 다른 사람들과 협력적인 관계를 맺을 수 있다. - 다양한 진취적 역량(창의성, 협업 능력, 창업가 정신 및 리더십 등)의 의미와 중요성을 설명할 수 있다. - 관심 있는 분야의 직업이나 사업을 구상하고 계획하는 모의활동을 할 수 있다.				
학습목표	- 변화하는 미래사회, 미래직업을 이해하고, 기업가 정신이 무엇인지 설명할 수 있다. - 기업의 비전 및 철학이 담긴 기업명, 슬로건, 로고 제작을 통해 회사를 만들 수 있다. - 마케팅의 사례를 공유한 후 창업 아이템을 홍보할 수 있다.				

대상	1학년	총차시	4차시	수업모형	모둠 토론수업
수업흐름	- 1차시: 왜 기업가 정신인가? - 2차시: 일상속 문제 찾기 - 3차시: 회사 만들기 - 4차시: 마케팅과 모의 투자하기				
평가방법	- 과정 중심 관찰 수행평가와 활동 후 소감문 작성 등을 통해 개별 학습목표 달성정도를 평가한다. - 학생들의 자기이해 및 사회적 역량 개발 직업 세계의 이해, 진로 설계 능력을 바탕으로 한 진로목표 성취도검사 사전·사후 점수를 통해 학생들의 자기주도적 진로개발역량의 변화를 비교한다.				

출처: 교육부·한국직업능력개발원(2018c). 진로교육·집중학년학기제 운영사례집 고등학교. pp 185-186참조 재구성.

- 1학년 진로교육 시간에서 총 4차시를 구상하여 왜 기업가 정신인가?, 일상 속 문제 찾기, 회사 만들기, 마케팅과 모의 투자하기 수업을 구상한다.
- 학생 활동지로 '기업 생태계에 대한 이해'를 활용하여 기업이나 창업은 단순히 직장의 개념인지 모두가 함께 살아가는 사회에서 기업의 역할은 무엇인지를 이해할 수 있다.

이 수업을 통하여 과정 중심 관찰 수행평가와 활동 후 소감문 작성 등을 통해 개별학습목표 달성 정도를 평가한다. 학생들의 자기이해 및 사회적 역량 개발, 직업 세계 이해, 진로 설계 능력을 바탕으로 한 진로 목표, 성취도검사, 사전 사후 점수를 통해 학생들의 자기주도적 진로개발 역량의 변화를 비교할 수 있다.

평가 결과 및 활용에 있어서 고등학교 창업교육을 통해서는 대화의 방법, 의사소통 기술 등의 중요성을 인식하고, 여러 과정의 협동과제 수행에서 협력적인 관계를 맺을 수 있게 된다. 또한 미래 직업세계의 변화가 자신의 진로에 미치는 영향을 이해하고, 향후 직업사회의 변화를 예측해 볼 수 있다. 아울러 기존에 존재하는 회사나 직업을 수동적으로 선택하는 것이 아니라 자기주도적 창업이나 창직을 할 수 있는 창의적 진로개발 역량을 함양할 수 있게 된다(교육부·한국직업능력개발원, 2018a).

일반고와 특성화고 모두 창업 동아리활동을 통하여 학생들의 진로교육과 창업을 연계할 수 있다. 이에 교육부와 한국직업능력개발원(2017)에서 개발한 '고등학생을 위한 창업 동아리활동평가'를 소개한다. 창업 동아리활동을 평가함에 있어 진단평가 단계에서는 동아리 운영 측면과 창업 동아리로서의 적절성을 평가할 수 있다. 구체적인 평가 요소는 표 6-17과 같다.

표 6-17 창업 동아리 운영과 적절성의 평가 요소

동아리 운영 측면의 평가 요소	
진로 탐색활동의 효과성	- 활동의 결과가 학생들에게 유의미하게 나타나는가? - 실질적인 진로 탐색으로 이루어졌는가? - 동아리활동이 진로 탐색활동과 연계되었는가?
학생 참여(주도)성	- 학생들의 주도적 참여를 유도하였는가? - 학생 주도로 수행되었는가? - 지속적이고 적극적인 활동이 이루어졌는가?
파급성	- 동아리활동의 내용이나 방식이 타 동아리활동에 귀감이 되는가? - 동아리활동의 내용이나 방식을 타 동아리에 적용하는 것이 현실적인가?
창의성	- 동아리활동의 내용, 수행 방식 등이 참신하였는가? - 동아리의 특색과 진로 탐색활동을 잘 연계했는가?
창업 동아리로서의 적절성 평가 요소	
적절성	- 창업 동아리에 적합한 활동 주제가 선정되었는가? - 창업의 기초와 기업가 정신이 충분히 전달되었는가? - 창업 아이템 선정의 적절성과 사업타당성(실현 가능성)이 확보되었는가?

출처: 교육부·한국직업능력개발원(2017). 고등학생의 진로탐색을 위한 창업 동아리 가이드북. p187 참조 재구성.

둘째, 형성평가 단계에서 교사 또는 동아리 단위의 창업 동아리 결과 보고서를 작성하도록 한다. 표 6-18의 활동보고서 내용을 참고하여 실시한다.

표 6-18 동아리활동 결과 보고서 내용 일부 예시

구분	활동 내용
동아리 운영목적	- 학생들이 창업 동아리를 운영하며 각종 대회 참여, 제품 제작, 판매 등의 활동을 경험하게 함으로써 창의력 증진과 창업 마인드 함양을 목적으로 함
동아리 운영방침	- 창의성 있는 아이디어 개발 - 아이디어를 토대로 각종 대회 출전
동아리 운영방법	- 주기적으로 아이디어 회의 - 여러 아이디어들 중 창의성과 상품성이 높은 아이디어를 채택
프로그램 운영실적	- 파워포인트, 워드프로세스 등의 교육을 통하여 창업계획서 및 각종 문서 작성 능력을 함양 - 주기적인 아이디어 회의 실시

출처: 교육부·한국직업능력개발원(2017). 고등학생의 진로탐색을 위한 창업 동아리 가이드북. p188.

이 단계에서 학생 차원의 창업 동아리활동 만족도 조사를 실시할 수 있다. 학생 개개인이 창업 동아리에 대한 평가, 자기평가, 진로탐색 연계 여부 등에 대하여 의견을 나눌 수 있다. '창업 동아리 가이드북'에서 제공하는 '창업 동아리활동 만족도 조사 설문지(학생용)'을 참조하여 학교 상황에 맞게 사용할 수 있다.

셋째, 총괄평가 단계로서 창업 동아리활동 결과를 발표하도록 한다. 창업 동아리활동 결과 보고서 및 만족도 조사 설문지 내용을 바탕으로 그간의 활동에 대한 느낌, 장단점, 개선 방향 등을 발표한다. 최종적으로 학생들의 상호 토론과 자체 평가 의견을 수렴하고, 문제점이나 개선 방향을 제시할 수 있다. 이는 향후 창업 동아리활동에 반영하거나 학생의 창업에 반영될 수 있다. 고등학교 창업 동아리활동은 학생들의 진로 설계에 직접적인 도움이나 방향을 제시할 수 있을 것이다(교육부·한국직업능력개발원, 2017).

초·중등학교 단계 창업교육평가는 진로교육목표와 연계하여 그 성취 기준 도달 여부를 평가할 수 있어야 할 것이다. 창업교육의 평가는 최근 학교교육에서 평가는 수행평가로서 학습자가 이해하였는지 혹은 학습내용에 대한 성취 수준을 도달하였는지에 대한 확인을 하고 있다.

5) 대학의 창업교육평가

기업가 정신이라고도 불리는 창업교육은 고등교육 단계에서는 실천/실행의 단계라고 볼 수 있다. 락커스(Lackus. M)의 역량 체계 구조에 의하면, 고등교육 단계에서는 기회를 인식하고 체계화 능력, 마케팅, 재정, 자원 관리를 본격적으로 학습 및 실행할 수 있다. 고등교육기관에서 제공하는 교육과정 체계를 통하여 창업의 실제를 교육받게 된다. 그러므로 고등교육기관에서 실시하는 창업교육에 대한 평가는 학생에 대한 평가라기보다는 창업교육을 지원하는 교육과정 및 운영에 관한 평가가 이루어진다고 할 수 있다.

우리나라는 최근 대학의 창업교육을 적극적으로 지원하고 있으며, 대부분의 대학에는 창업교육지원센터가 설치되어 있고, 정부의 재정 지원도 활발하게 이루어지고 있다. 이처럼 청년의 창업에 대한 관심도가 높아지고 있다고 할 수 있다. 그러나 그 효율성이나 성과에 대한 평가는 구체적으로 거론되고 있지 않다.

중국에서는 일찍이 창업교육을 중시하고 국가 차원에서 고등교육의 창업교육에 대하여 적극적인 지원과 평가가 실시되고 있다. 따라서 여기에서는 중국 대학에서 실시하고 있는 창업교육과정의 평가지표 및 운영평가 지표를 소개한다. 중국의 대학에서 창업교육에 관한 평가는 조직 기구 운영에 관한 평가이다.

첫째, 조직 기구 평가는 창업교육을 운영하는 인프라로서 창업교육 전담 기구의 설립 및 전담 인원을 배치하였는지를 평가한다. 이외에도 창업교육실행위원회, 창업교육추진위원회 등이 실질적으로 운영되고 있는지를 파악하고, 교수와 학생을 중심으로 하는 창업교수양성센터 및 창업학생훈련(발전)센터 등이 설치 여부를 평가한다.

둘째, 기구 제도의 설립을 평가한다. 이는 창업교육의 운영을 보장하는 지표로서 법령 제정과 관련 직제의 편제를 확인하는 것이다. 세부지표로서 '관련 법령의 제정'에서 창업교육대학의 특성, 지위와 직책 등이 편제되었는지를 평가한다. 아울러 관련 직제를 편성하였는지를 평가한다. 대체로 창업교육의 관리, 창업교육의 교수학습 항목 등을 평가한다. 주로 창업교육 대학의 운영 방식, 창업 항목 심사, 검사, 성과 인증 등을 포함하고 있다.

셋째, 창업교육의 목표를 평가한다. 이는 창업교육의 발전 방향을 나타내는 지표라고 할 수 있다. 대학의 창업교육은 인재 양성 모형을 혁신하는 것으로 융합교육과정, 교수진, 교수법 등 각종 교육자원을 투자하여 학생의 창업 의식을 제고시키고 창업 위험을 감소시키며, 창업 능력을 향상시키는 시스템으로 설계되어야 할 것을 강조하고 있다(胡正明, 2018).

넷째, 대학에서의 창업교육을 운영하는 관리 시스템을 평가하며, 이는 창업교육이 효율적으로 운영될 수 있도록 인프라 구축에 관한 평가를 실시하고 있다. 이는 창업교육의 질적 부분에 영향을 끼치는 핵심요소로서, 대학의 창업교육을 발전시키는 중요한 근거로 삼고 있다.

이처럼 대학의 창업교육을 평가함에 있어서 창업 커리큘럼, 창업 교수, 창업교육 환경, 창업 실천성과, 창업자로 구분할 수 있다. 또한 대학에서의 창업교육에 대한 평가는 창업 커리큘럼과 창업 교수, 창업자(학생)를 중심으로 평가할 수 있다. 중국 대학의 창업교육의 영역별 세부 지표는 **표 6-19**와 같다.

표 6-19 중국대학의 창업교육 성과 평가 지표(예시)

대분류	중분류	세부 지표
1. 창업 커리큘럼	1.1 커리큘럼 체계	1.1.1 창업 지식 교육과정 개설 비율
		1.1.2 창업 기능 교육과정 개설 비율
		1.1.3 기타 학과 교육과정 개설 비율
		1.1.4 모의 실습 교육과정 개설 비율
	1.2 교학방법	1.2.1 전공 교수의 수업 시수
		1.2.2 창업 성공 기업가 교수의 수업 시수
		1.2.3 사례 분석 교과의 강의 수

<table>
<tr><th>대분류</th><th>중분류</th><th>세부 지표</th></tr>
<tr><td rowspan="2"></td><td rowspan="2"></td><td>1.2.4 사회조사에 참여한 학생의 비율</td></tr>
<tr><td>1.2.5 창업계획, 조사 보고로 성적을 산출하는 교육과정 비율</td></tr>
<tr><td rowspan="8">2. 창업 교수</td><td rowspan="4">2.1 교수 배경</td><td>2.1.1 창업 경력이 있는 교사 비례</td></tr>
<tr><td>2.1.2 실제 기업 관리에 종사한 경력 교사 비례</td></tr>
<tr><td>2.1.3 관리 자문 혹은 창업지도 교사 경력이 있는 교수 비례</td></tr>
<tr><td>2.1.4 직책, 학력, 연령, 전공 등 구조적인 요인 비례</td></tr>
<tr><td rowspan="4">2.2 교수 능력</td><td>2.2.1 발표 논문 편수</td></tr>
<tr><td>2.2.2 논문 인용 횟수</td></tr>
<tr><td>2.2.3 교육적 성과가 경제적 이익으로 전환된 비례</td></tr>
<tr><td>2.2.4 교육적 성과가 국가 관련 기관 정부에서 사용된 횟수</td></tr>
<tr><td rowspan="3">3. 창업교육 환경</td><td>3.1 소프트웨어</td><td>3.1.1 창업교육이 전개된 교육활동 횟수
3.1.2 창업교육이 전개된 학술 강좌 횟수
3.1.3 교내 연구 기구 수
3.1.4 창업 동아리 수
3.1.5 학교의 창업 관련 문서 수량
3.1.6 학교와 기업합작 항목 수
3.1.7 창업기구 수</td></tr>
<tr><td rowspan="2">3.2 하드웨어</td><td>3.2.1 인큐베이터 및 관련 서비스를 학생에게 개방한 비율</td></tr>
<tr><td>3.2.2 학교가 설립한 창업기금으로 학생의 가용률
3.2.3 창업 기금의 수량
3.2.4 창업기지에서 서비스 받은 학생의 수</td></tr>
<tr><td rowspan="2">4. 창업 실천 성과</td><td>4.1 창업계획서</td><td>4.1.1 계획서 분석 총량
4.1.2 시상 받은 계획서 수
4.1.3 유관 단위에서 인용된 비율
4.1.4 실천 계획서가 실천된 수</td></tr>
<tr><td>4.2 창업회사</td><td>4.2.1 생존 기업 점유 비율
4.2.2 성공 기업이 동종기업의 경제 이익 순위
4.2.3 성공 기업의 성장률
4.2.4 실패 기업 비율의 자산 손실률</td></tr>
<tr><td>5. 창업자
(학생)</td><td>5.1 창업자의 배경</td><td>5.1.1 실무 경험자 점유 비율
5.1.2 가내경영 기업의 학생 점유 비율</td></tr>
</table>

대분류	중분류	세부 지표
		5.1.3 전교 학생에서 창업교육에 참가한 학생 비율 5.1.4 창업교육 이수 학생 중 각종 창업대회에 참가한 학생 비례 5.1.5 창업교육 이수 학생 중 각종 창업대회에서 수상한 학생 비례
	5.2 창업자의 상황	5.2.1 창업교육을 받은 학생의 창업 성과 증가율 5.2.2 창업교육을 받은 졸업생의 자주적 창업률 5.2.3 창업교육을 받은 창업자와 창업교육 미 이수 창업자의 평균 수입률

출처: 段華洽·簞麗芳(2012). 高校創業教育成果的評價體系構建研究. 創新與創業教育, p4.

6) 창업교육평가의 발전방향

창업세계의 변화는 경제적, 기술적인 변화뿐만 아니라 다양한 정치적, 사회적 요인이 작동하기 때문에 초중등학교 청소년들이 향후 어떠한 창업이 유망할지 정확히 전망하기는 쉽지 않다. 따라서 보수적인 직업관에서 탈피하여 제4차산업혁명 시대에 맞는 창의적 창업 진로 로드맵을 탐구하려는 시도가 요구된다.

창의적이고 새로운 시대에 부합하는 창업교육은 '현장과 연계된 창의력, 협력, 의사소통, 문제해결' 역량이 함양될 수 있도록 교육과정 중에 지속적으로 피드백이 이루어져야 할 것이다. 또한 창업교육 문화를 조성하기 위해서는 현장과 연계된 창의적 창업교육을 수행해야 하며, 이를 위하여 각급 학교에서 실시되는 창업교육 수행평가의 내실화, 형성평가의 활용, 수업과 평가의 일체화, 현장과의 연계가 이루어져야 할 것이다. 이를 도식화하면 **그림 6-5**와 같다.

최근 창업교육은 개인의 진로나 경제 역량에만 국한하는 것이 아니라 국가 차원에서 지원되는 추세이다. 따라서 창업교육에서 글로벌 역량 혹은 외국어 활용 능력 또한 포함할 수 있을 것이다. 이는 청소년 진로교육이 범국가적으로 중요하게 다루어지고 있는 것은 청소년의 진로에 관한 지도나 교육은 국가 발전과 개발, 존속과 관

현장과 연계된 창의적 창업교육 문화 조성

수행평가의 내실화	형성평가 활용	수업과 평가의 일체화	현장과의 연계
• 학생의 창업 활동 관련 직접 작성 제작 과정과 결과 평가 • 프로젝트 수업, 문제해결(PBL)수업, 모둠 토의수업 등 활용 평가	• 단원, 학기가 진행되는 과정에서 수시로 필요에 따라 시행 • 학생의 강점, 약점 잠재력, 교육적 요구를 확인하는 평가 시행	• 수업과 평가가 분리되지 않으며 진로교육목표와 성취 기준 도달 여부 평가 • 기업가 정신 이해 및 역량 평가	• 학생이 방학을 이용하여 실제 기업 활동 도전 기회 제공 평가 • 학교와 교사를 지원하기 위한 지원 체제 구축 • 글로벌 현장의 탐색

학생의 창업 학습과 창업 역량을 배양하는 평가

그림 6-5 창업교육평가의 발전 방향

련된 것이기 때문이다[7].

특히 창업교육에서 강조하고 있는 창의성, 진취성, 자기 주도적 학습 능력, 문제해결 능력, 협동심 등 청소년에게 필요한 핵심 역량들이 창업교육과 직·간접적으로 연계되어 학습되고 있는지를 평가할 수 있을 것이다. 이는 개인의 창업역량 강화와 함께 자아실현을 도울 수 있을 뿐만 아니라 창업교육에 대한 긍정적인 인식과 창업교육 문화가 조성될 수 있는 계기가 될 수 있기 때문이다.

요컨대, 창업교육을 활성화하려는 정부의 노력에도 불구하고 창업교육의 효과나 그 성과를 평가할 수 있는 평가 프로그램이나 도구 개발은 여전히 미진한 상황이다. 그러므로 창의적이며 현장과 연계된 창업교육 문화가 조성되기 위해서는 창업교육평가 도구 및 평가 프로그램 개발 등에 대한 관심이 제고될 필요가 있다. 또한 창업교육평가 전문인력 양성 및 평가 전문기관(혹은 평가센터)의 설립이 추진되어야 할 것이다.

7) 박선영(2014). 유럽연합의 기업가 정신 함양교육 분석.

Chapter 07

외국의 창업교육

여기에서는 외국의 창업교육을 사례로 살펴보도록 하겠다. 전 세계에서 가장 우수한 창업교육을 실시하고 있는 미국, 전 세계에서 창업교육을 가장 체계적으로 실시하고 있는 핀란드, '창업국가'로 알려져 있는 이스라엘을 사례로 분석하도록 하겠다.

1 미국의 창업교육

미국은 세계 최고, 최대의 창업교육 국가이다. 양과 질적인 측면에서 다른 나라를 압도한다. 미국은 오랜 창업교육 역사를 갖고 있고, 현재에도 계속해서 발전하고 있으며, 많은 국가들이 미국의 창업교육 시스템을 배우기 위해 노력하고 있다.

1) 미국 초·중등 창업교육

미국에서는 초·중등교육에서부터 창업교육이 행해지고 있다. 초·중등 학생들을 대상으로 하는 창업교육을 위해 다양한 민간단체가 지원하고 있다.

초등학생에 대한 창업교육은 정규교과, 방과후 프로그램, 특별 프로그램 등으로 진행되고 있다(김종운 외, 2013, 98p). 정규교육과정은 기업가 정신, 경영학, 시민의식, 수학, 윤리, 독립의식, 협력 등 다학제 프로그램으로 운영되고, 학생이 주도적으로 학습을 진행한다. 방과후 프로그램에서는 비즈니스 플랜을 학생이 직접 작성하도록 교육하고 있다.

중·고등학교에서는 창업에 대한 교육과정과 실제 창업 준비를 위한 교육과정이 나선형의 단계별 교육과정 행태로 개발되어 실시되고 있다(김종운 외, 2013, 98-99p). 창업의 개념과 창업 기술에 대한 기본적인 지식을 제공하고, 학생들이 창업에 대해 준비할 수 있도록 돕는 것이다.

최근 미국에는 전통적 교육이 아닌 실제의 세계와 접목될 수 있는 새로운 창업교육 프로그램이 도입되고 있다. 캘리포니아 주 프레스노에 2015년 설립된 '필립 파티노 기업가 정신고등학교(Phillip J. Patino School of Entrepreneurship)'도 주목받고 있는 사례이다. 이 학교는 정규 고등학교교육과정을 제공하고 있다. 소위 '앙트레프러너십 고등학교'라고 할 수 있다. 이 고등학교의 학생들은 방학 동안 실리콘밸리에서 인턴십을 하고, 재학 중 스타트업 프로젝트를 수행하는 것을 의무화하고 있다. 기본 방향은 대학에 진학하지 않고도 스스로 '자기 고용'을 하고, '경제활동과 사회생활' 모두를 독자적 능력으로 해낼 수 있도록 인재를 양성하는 것이 핵심이다(Korea Institute of Entrepreneurship and Technology, 2017).

미국에서는 초중등학생들의 창업교육을 위해 다양한 기관이 지원하고 있다. NCEE, NFTE, JA, Kauffman Foundation 등 다양한 비영리교육기관에서 교육 프로그램을 개발하여 자체적으로 교육하거나 학교에 제공하고 있다.

표 7-1 미국의 초·중·고생 대상 창업교육 프로그램

기관명	프로그램 특성
Network for Teaching Entrepreneurship	○ Bizcamp – 사업 아이디어 개발과 사업계획서 작성을 위해 강의, 현장 실습, 초청강연, 경진대회를 수행하는 2주 프로그램으로, 15-18세의 청소년을 대상으로 진행하는 Mini-MBA의 형태를 추구 ○ Start Up Summer – 16세 이상의 청소년을 대상으로 사업계획서 작성 이후 실제 창업을 할 수 있도록 투자자 및 코치를 매칭
Junior Achievement	○ JA Be Entrepreneurial – 고등학생을 대상으로 기업가 정신을 함양하고 고등학교 기간에 벤처창업을 통한 사회적 기여를 장려하며, 역량 배양을 위한 강의 및 현장체험 제공 ○ JA Titan – 웹 기반의 가상기업을 운영하는 시뮬레이션 프로그램으로 제품 가격, 회사 마케팅, 연구개발, 기업운영을 경험할 수 있도록 구성 ○ 이외 초·중·고 학생을 대상으로 학년별·주제별로 제공하는 20여 개 프로그램 제공

기관명	프로그램 특성
University of California Berkeley	ㅇ The Center for Young Entrepreneurs at Haas(YEAH) Program – 중학생: 팀워크, 리더십, 시간관리, 프레젠테이션, 자긍심, 문제해결 능력 등을 교육하는 방과후 프로그램을 제공 – 고등학생: 강의, 멘토링, 코칭을 통해 문제해결 능력, 리더십, 프레젠테이션, 인터뷰 스킬 및 인턴십을 제공하는 1년 프로그램
University of Southern California	ㅇ Exploring Entrepreneurship – 기업가 정신, 재무, 마케팅, 기업윤리, 사업계획, 네트워크 구축에 대한 수업, 외부활동, 기업가 정신 초청강연 등을 수행하며, 이수학점 인정

출처: 중소기업청·창업진흥원(2014). 미국 대학생 창업 인프라 심층 조사, 27.

2) 미국대학 창업교육

1945년 하버드대학에서 처음으로 창업과정이 도입된 이래, 1958년 MIT에서 창업과목이 개설되었고, 1970년대에 들어서면서 본격적으로 경영대학에서 기업가 정신교육이 이루어졌다(김종운 외, 2013). 학부에서의 전공은 뱁슨대학(Babson college)에서 처음 시작되었고, 석사수준에서의 전공은 1972년 서던 캘리포니아대학(Univ. of Southern California)에서 시작되었다.

이후 미국대학에서는 창업과정에 관한 교과목을 가르치는 대학의 수가 급증하였고, 동시에 이를 가르치기 위한 교수의 수도 늘어났다. 미국 대학교의 창업교육 프로그램은 현장의 경험과 실제를 중시한 사례 및 현장중심으로 구성되어 있다. 각 대학마다 독특한 교육 프로그램이 개설되어 있고, 창업연구센터와 같은 기관이 설립되어 있어 다양한 분야의 교수들이 창업교육에 참여하여 학제적 협력 강의와 연구를 수행하고 있다.

미국의 창업교육 프로그램은 1980년대부터 폭발적으로 성장하였다. 1975년에는 104개였던 창업 및 기업가 정신 관련 교과목 개설대학 수가 2006년에는 2,337개로 증가했다. 1985년 250개의 창업 관련 수업이 있었는데, 2008년에는 5,000개의 수업이 개설되었다. 그 결과 2013년 창업 관련 수업을 듣는 학생은 매년 40만 명에 달하고 있다. 1975년에는 1.5%의 학부과정 신입생이 기업을 소유하고 싶다고 응답했으나, 2005년에는 3.6%의 신입생이 기업을 소유하고 싶다고 응답해 이 비율이 2배가 되었다(김현준, 2017).

2014년 미국 조지워싱턴대학(The George Washington University Center for Entrepreneurial Excellence)에서는 미국 206개 대학을 대상으로 창업교육 실태를 조사하였는데, 그 결과를 요약하면 표 7-2와 같다.

표 7-2 미국대학의 창업교육 강좌(코스)

창업교육 강좌(코스)	강좌 개설 대학 수 (조사대상 206개)
기업가 정신	162
비즈니스 플랜	130
창업 재원	102
신규 벤처 창업	86
혁신	82
소기업 비즈니스 관리	77
창의성	72
창업 마케팅	72
가업	56
소기업 비즈니스 컨설팅	55
신제품 개발	48
기술	47
소기업 전략	39
소기업 재정	35
벤처 캐피털	30
기타	64

출처: The George Washington University Center for Entrepreneurial Excellence(2014). The National Survey of Entrepreneurship Education: An Overview of 2012-2014 Survey Data, 17p.

표 7-3 미국대학의 창업교육활동

창업교육활동	활동 개설 대학 수 (조사대상 206개)
비즈니스 플랜 대회	129
창업 클럽	112
유명 연사 강연 시리즈	112
엘리베이터 피치 대회	97
창업 인큐베이터	68
웹사이트	62
고등학교와 협력 프로그램	45
캠퍼스 기업	43
타 대학과의 협력 프로그램	40
창업 사례 경쟁 대회	39
학생 소유 기업	25
청년 기업가 조직	21
전문대학과의 협력	19

출처: The George Washington University Center for Entrepreneurial Excellence(2014). The National Survey of Entrepreneurship Education: An Overview of 2012-2014 Survey Data, 23p.

미국대학의 창업교육에서 가장 많은 사용되는 방법은 다음과 같은 순으로 나타났다. 토론, 비즈니스 플랜 개발, 실습, 창업주 초청 강의, 전문가 초청 강연, 사례 분석, 실현 가능성 분석, 인턴십, 벤처 현장 방문, 학생 중심 컨설팅 프로그램, 컴퓨터 시뮬레이션, 상담 프로그램, 블로그, 트위터 등(The George Washington University Center for Entrepreneurial Excellence, 2014).

3) 미국 대학 창업교육 사례

(1) 뱁슨대학(Babson College)

① 개요

뱁슨대학(Babson College)은 미국 동부 매사추세츠 주 보스턴 근교 웰즐리(Wellesley)에 위치한 사립대학으로, 1919년 금융 자본가이자 기업가였던 로저 뱁슨(Roger W. Babson)에 의해 설립되었다. 웰즐리 캠퍼스에는 학부생 2,000여 명, 대학원생 약 830여 명, 교수 약 260여 명으로 미국 내에서도 작은 규모이다.

뱁슨대학은 기업가 정신(Entrepreneurship) 학부전공을 독립적으로 운영하기 시작한 최초의 대학으로 창업교육 분야에서 학부 및 대학원 과정 모두 세계적으로 인정받고 있다(중소기업청·창업진흥원, 2014). 독립적인 기업가 정신 학위과정도 운영하고 있지만, 다른 전공에 있어서도 기업가 정신이 반영된 교육체계를 운영하고 있다.

미국 대학들은 저마다 자신만의 기업가 정신 철학을 정의하고 있는데, 뱁슨대학은 '사회적·경제적 가치를 창출할 수 있는 기회를 발굴하기 위해 필요한 리더십과 자원 배분 역량'으로 기업가 정신을 정의하고 있다(중소기업청·창업진흥원, 2014). 기업가 정신은 단지 기업의 CEO에 국한된 것이 아니라 모든 분야의 모든 직책에 해당되는 것으로, 수익을 창출하는 기업뿐만 아니라 비영리조직, 사회단체 등 모든 조직에서 필요한 역량임을 강조하고 있다.

뱁슨대학의 모든 교수는 실제 산업 현장에서 창업 혹은 기업가 정신과 관련된 활동을 한 경험을 가지고 있거나 현재도 활동하고 있는 기업가로서, 학생들에게 멘토로서 실무적인 노하우를 전수해줄 수 있는 역량을 갖추고 있어야 한다. 현재 미국 내 기업가 정신 관련 우수 대학 가운데 100% 기업가 출신 교수 채용 대학은 뱁슨대학이 유일하다.

뱁슨대학은 수업의 질적 수준을 높이기 위해 지속적인 개선 노력을 기울이고 있으며, 학부 및 대학원 교육과정에 대하여 다양한 인증기관으로부터의 인증을 획득하였다. 모든 교수와 직원, 졸업생은 뱁슨대학의 일원이라는 자부심으로 자발적으로 지원하고 있으며, 학생이 입학한 첫해부터 졸업할 때까지 기업가 정신에 흥미를 가질 수 있도록 전폭적으로 지원하고 있다. 이러한 노력의 결과 뱁슨대학은 U.S. News & World Report, Bloomberg Business Week, Princeton Review & Entrepreneur Magazine 등 언론 및 외부 평가에서 창업교육 부문 최상위권을 차지하고 있다.

② 교육과정

뱁슨대학은 기업가적 사고방식 고취와 기업가 정신의 발현에 중점을 두고 있으며, 특히 실용성을 강조함으로써 단순한 사상이나 학술적 성과에서 머무는 기업가 정신이 아닌 실제 현장에서 활용할 수 있는 실무적 역량 배양에 초점을 맞추고 있다.

기업가 정신 전공을 독립적으로 운영하고 있으나, 학부의 모든 전공과정에는 기본적으로 기업가 정신이 반영될 수 있도록 하고 있고, 교수들도 이러한 원칙에 따라 과목을 설계하고 있다. 이는 모든 교수가 기업가 정신·창업과 관련된 풍부한 현장 경험을 가지고 있기 때문에 이러한 교육이 가능하다.

뱁슨대학의 학부 커리큘럼 운영체계는 크게 Discover Phase, Explore Phase, Focus Phase로 구분할 수 있다(중소기업청·창업진흥원, 2014).

- ○ Discover Phase(1학년-2학년)
  - – 기업가 정신, 조직행동론, 마케팅, 운영관리 등의 과목을 통합적으로 학습
- ○ Explore Phase(2학년-3학년)
  - – 재무, 경제학, 마케팅, 정보기술, 경영학, 회계, 운영관리 등에 대해 심층적인 학습을 진행
- ○ Focus Phase(3학년-4학년)
  - – 학생으로 하여금 확신, 독립성, 창의성을 키울 수 있도록 스스로 이슈에 대해 고민하고, 대처방안을 마련할 수 있는 기회와 역량 배양에 초점을 두고 있으며, 각 학생의 진로에 따라 다양하게 과목을 선택

밥슨대학은 경영 중심 대학으로 경영학 단일전공으로 운영되며, 모든 졸업생은 경영학 학사 학위증이 발급된다. 희망하는 학생에 따라 4년 내에 심화과정을 이수할 수 있는데, 심화과정을 통해 아이디어 창출, 기회 파악, 자원 조달, 사업타당성 평가, 경영 능력 개발 등 사회·경제적 가치를 창출할 수 있는 종합적이고 전문적인 역량의 배양을 추구한다.

뱁슨대학의 커리큘럼은 창업 시작(Startup)에서 기업성장(Growing Business)과 같이 기업성장 단계에 따른 관련 지식을 교육함으로써 기업운영과정에서 다양하게 발생할 수 있는 문제에 대한 대처 능력 및 의사결정역량을 함양하도록 하고 있다.

(2) 스탠포드대학(Stanford University)

① 개요

스탠포드대학은 미국 서부 캘리포니아 주 스탠포드에 위치한 세계적인 명문 사립대학으로, 1885년 릴랜드 스탠포드(Leland Stanford)에 의해 설립되었다. 본교(Main Campus)는 학부생 약 7천 명, 대학원생 약 8천 8백 명, 교수 약 2천여 명의 대규모 대학이다. 아이비리그에 속해 있는 전통 있는 대학으로 대부분의 대학평가에서 1위 내지는 상위권을 차지한다. U.S. News & World Report에서 2012년도에 발표한 Best Business Schools에서는 1위를 차지하였다.

1930년도부터 스탠포드 출신이 창업한 기업은 약 4만여 개로, 이들이 창출한 수입은 연간 2조 7천억 달러에 달하며, 연간 540만 개의 일자리를 창출한 것으로 알려져 있다(중소기업청·창업진흥원, 2014).

창업기업가의 55%는 스탠포드대학이 기업가적 환경 때문에 스탠포드를 선택한다고 답했으며, 스탠포드대학이 2007년부터 2011년까지 유치한 벤처자금은 41억 달러로, 하버드대학, MIT 등을 제치고 미국 내 1위를 차지하였다.

② 교육과정

스탠포드대학의 학부나 대학원 과정에는 뱁슨대학과 같이 기업가 정신 전공이 명시적으로 혹은 독립적으로 존재하지 않으며, 각 전공의 과목 혹은 학내 관련 기관에서 프로그램을 운영하고 있다. MBA 과정에서는 명시적으로 기업가 정신 분야의 전공은 없으나 수업들을 세부별로 분류하여 기업가 과정의 로드맵을 제시하고 있다.

정규교육과정 가운데에서는 기술창업 특성화 과목으로 "Technology Venture Formation"이 운영되고 있는데, 스탠포드대학의 공과대학 관련 과목 가운데 가장 창업을 집중적으로 교육하는 과목이다. 4명씩 구성된 11개 팀을 선발하여 기술 컨셉이나 제품을 사업 기회로 발전시키기 위한 역량 개발에 초점을 맞춰 팀 구성, 기회평가, 소비자 발굴, 제품 개발, 기획, 재무, 시장진입 전략, 지식재산권 등 초기 단계의 창업 단계에 대한 교육을 수행한다. 수업은 창업기업가, 벤처캐피탈리스트, 지식재산권 관련 전문가, 주요 기술 분야에 대한 전문가가 팀을 구성하여 진행하며, 이들을 통해 멘토링, 강의, 지도 등을 받을 수 있도록 구성된다. 2주일에 1회씩 벤처캐피탈리스트를 만날 수 있는 기회를 제공하며, 수업의 최종 단계에서는 벤처캐피탈 회사의 임직원을 패널로 초청하여 수업을 진행한다.

또한 "Stanford Ignite"라는 기업가 정신 과정이 개설되어 있으나, 이는 비전공자나 관련 재직자들을 대상으로 하는 프로그램이며, 정규 학위과정은 아닌 수료인증과정이다. 경영대학원에서 운영하는 프로그램으로 공학, 의학, 법학 등 다양한 분야의 전문가를 선발하여 비즈니스 스킬을 종합적으로 교육하며, 지속적으로 벤처캐피탈과의 미팅을 주선한다. 스탠포드 경영대학원의 명성을 활용하여 개인적으로 만나기 어려운 벤처캐피탈 및 전문가와의 미팅을 주선하고, 코칭 서비스를 제공하는 프로그램으로 4주간 매일 8시간씩 집중적으로 진행한다.

③ **창업교육 프로그램 사례**: Stanford Technology Venture Program (STVP)

STVP는 1990년대 초반 2개의 과정으로 시작되었다(중소기업청·창업진흥원, 2014). 첨단기술 분야에 대한 창업교육을 수행하며, 기술 중심

기업들을 대상으로 학술연구 성과를 학생, 학자, 기업가들에게 제공함으로써 해당 산업에 대한 새로운 통찰력을 제시한다. 실리콘밸리가 성장하면서 많은 창업기업가들이 등장하였으나, 대부분 공학 전공자 출신으로 기업가 정신이나 기업 운영에 대해서는 전문적이지 못하였던 문제를 해결하기 위한 목적을 갖고 있다. STVP에 참여하는 학생들은 환경, 인류의 건강, 정보기술 등 세계의 주요 문제를 해결하기 위한 혁신을 일으킬 수 있는 기업가적 기술들을 습득하게 된다. STVP에서 정의하는 기업가 정신은 '스스로 문제를 해결하기 위한 역량이며 사고방식 및 문제에 대한 접근 방식'으로 기업가 정신 전공이 별도로 개설되어 있지 않은 것은 비즈니스 현장에서 그것을 습득해야 한다는 판단에 근거한다.

STVP에 속한 주요 창업 프로그램으로는 "Entrepreneurship Corner", "DFJ Entrepreneurial Thought Leaders Seminar", "Mayfield Fellows Program" 등이 있다.

㉠ Entrepreneurship Corner는 기업가 정신 관련 주제를 중심으로 웹사이트를 통해 명사의 강의를 동영상으로 제공하며, 온라인 강의 및 학습을 목적으로 제공되는 프로그램이다. STVP에 속한 교육자, 기업가, 엔지니어, 디자이너들이 자체 개발하였다. 학생들이 대학에서 얻은 기술적인 지식을 바탕으로 자신만의 비즈니스를 설립할 수 있게 도움을 줌으로써 창업과 일자리 창출에 기여한다.

㉡ DFJ Entrepreneurial Thought Leaders Seminar는 학생들을 대상으로 설문조사를 실시하여 리스트를 작성한 후 유명 기업가들을 섭외하여 창업과정에 대한 주간 강연을 제공하는 프로그램으로, 10주 한 학기 동안 9~12명을 선발하여 진행한다. Google, Facebook, AOL, JetBlue, Instagram, Yahoo!, LinkedIn, Twitter, Cisco, Electronic Arts, HP, NVIDIA, Genentech, Microsoft, Amazon 등 세계적인 기업의 창업자들이 참여하고 있다. 본 프로그램은 STVP와 학생 창업조직인 BASES 및 DJF가 공동으로 운영하고 있으며, 모든 강연들은 iTunes와 Stanford Online

등 여러 매체를 통해 무료로 배포하고 있다.

㉢ Mayfield Fellows Program은 9개월 동안 진행되는 인턴십 병행 학습 프로그램으로, 이론적 지식과 현장에서의 실무적 역량배양을 동시에 달성하기 위한 목적에서 운영되고 있다. 총 9개월 동안 3개월의 수업과정과 6개월의 인턴십 과정으로 구성되어 있다. 정규교수, 컨설팅교수, 초청연사 등 다양한 분야의 교수들이 참여하여 학생을 지원하고 있다. 스탠포드대학 전체에서 최고의 학생 12명만을 선발하여 장학금을 지급하고 있으며, 경쟁률이 매우 치열하다.

(3) 아이오와대학(University of Iowa)

아이오와대학의 학부 창업교육 프로그램은 미국중소기업협회에서 선정한 전국 우수 프로그램으로 선정되었다. 아이오와대학의 창업교육은 창업교육센터를 중심으로 이루어지고 있다. 창업교육센터는 총 17명의 교수인력과 8명의 운영인력이 센터에서 근무하며 아이오와대학의 창업교육 프로그램을 설계하고 관리하고 있다(이우진 외, 2013).

창업교육센터에서 학생들에게 지급하는 장학금은 총 네 가지 종류가 있다. $2,500불씩 네 명에게 지급되는 JPEC 장학금, $1,000불을 1명의 학부생 중 창업경영이나 기술창업 혹은 공연예술과정을 수강하는 학생에게 주는 Cliford 장학금, $1,000불을 학부와 대학원생들 수명을 선발하여 주는 Oldorf 장학금 그리고 창업경영과정을 선택하는 두 명의 학부나 대학원생에게 $1,000씩 지급하는 Leighty-Nelson 장학금, 이렇게 총 네 가지 종류가 있다.

아이오와대학에서는 총 3개의 인턴십 프로그램을 제공한다. 인턴십을 통해 창업교육센터에서 학점인정을 해줄 수 있는 아카데믹 인턴십과 학부 4학년을 대상으로 아이오와 지역의 창업기업에서 경험을 쌓게 하는 아이오와 인턴십 그리고 학교에서 중소기업을 대상으로 지원금을 주고 차후에 졸업생에 대한 인턴십 지원을 보장받는 학생인턴십 프로그램이 있다. 특히 아이오와 인턴십의 경우 임금의 절반을 창업교육센터에서 부담하여 창업기업의 부담도 줄여주고, 학생들에게 업무의 경험도 시켜줄 수 있는 효과적인 제도이다.

아이오와대학의 창업교육센터는 성공한 창업가와 기업인을 초청하여 창업과 기업의 성장에 대한 주제로 토론 및 강연을 지속적으로 개최한다. 창업교육센터 이벤트 및 특강에는 학생만 오는 것이 아니라 창업가, 투자자, 기업인 등 누구나 참여할 수 있으며, 네트워킹의 기회를 제공하는 것을 목적으로 한다. 이 중 6주 과정으로 운영되는 창업트레이닝에는 카우프만재단의 뉴 벤처 시리즈(New Venture Series)를 18시간 교육하는 과정이 포함되어 있다.

아이오와대학에서는 총 8개의 창업 관련 경진대회가 개최된다. 사업계획서 경진대회와 엘리베이터 피치대회로 구성된 이러한 경진대회를 통하여 학생들은 자금 획득의 기회를 얻을 수 있고, 연간 창업교육센터에서 $115,000 이상의 상금을 수여한다.

창업 동아리활동을 통하여 학생들에게 창업에 대한 동기를 부여하고, 필요한 아이디어를 교환하고 협력할 수 있는 환경을 제공한다.

매년 여름 아이오와 주의 5개 대학에서 32명의 학생을 선발하여 오코보지 호수에서 캠프를 진행한다. 컴퓨터를 이용한 창업 시뮬레이션, 성공 창업가의 세미나 및 네트워킹, 아이오와 지역의 창업자를 통한 멘토링 등을 진행하여 학생들에게 현실적인 창업 지원을 한다.

아이오와대학의 학부들은 자신의 전공과는 별도로 학교에서 진행하는 3가지 창업교육 강좌를 수강할 수 있다. 학부생들이 선택할 수 있는 창업교육과정은 다음과 같다(이우진 외, 2013).

① 창업경영과정(Certificate in Entrepreneurial Management)
이 과정은 사업의 기초라고 할 수 있는 창업의 이론과 실제를 가르치며, 학생들의 전공과 상관없이 향후 창업이 가능할 수 있도록 교육시키는 데 그 목적이 있다.

② 기술창업과정(Technological Entrepreneurship Certificate)
공과대학과 협동과정으로 운영하며 미국 내 공과대학에서는 처음으로 시도되었다. 기술과 관련된 창업의 과정과 전략을 학습하며 혁신에 대한 이해와 분석 능력을 제고시킨다.

③ 공연예술과정(Certificate in Performing Arts Entrepreneurship)
공연예술학과와 협동과정으로 운영하며 향후 예술분야 창업을 목적으로 하는 학생들이나 공연예술 관련 창업의 기회를 찾는 학생들에게 창의성과 창업기술에 대한 개발을 증대시키는 데 목적이 있다.

2 핀란드의 창업교육

핀란드의 창업교육은 1950–60년대부터 시작되었다. 초기에는 주로 경제교육의 일환으로 창업교육이 이루어졌다(Ministry of Education, 2009). 핀란드의 창업교육은 1990년대 본격적으로 시작했다. 핀란드는 1990년대 초 서유럽과 일본에서 시작된 경제대공황으로 인하여 극심한 경기침체를 겪게 된다. 경제난으로 인해 일자리를 찾지 못하는 사람들이 쏟아져 나오자 교육기관에서는 젊은이들이 창업을 하여 고용을 직접 창출하고 경제활동인구가 될 수 있도록 창업교육을 제공하는 것이 시대적으로 요구되었다.

1992년 핀란드 국가교육청은 기업가 정신의 개념을 정립하고 시대적 상황을 참조하여 창업교육내용을 개발할 위원회를 구성한다(Finland- Education and Entrepreneurship. 2016). 이 위원회에서는 초등학교, 중등학교, 직업교육 단계에서의 창업교육과정을 조직적으로 개발하였다. 동시에 교사들의 연수 프로그램도 개발하였다.

1995년부터 2005년까지를 '기업가 정신 시대(Decade of Entrepreneutship)'라고 호칭하여 교육부, 경제부, 노동부 등 3개 부처가 연합하여 창업교육을 시도하였다. 이 노력을 통해 10만 개 이상의 새로운 직업을 창출하고자 하였다. 현재의 창업교육과정은 2003년부터 초등학교, 중등학교, 고등학교까지 단계적으로 개발되었다(Ministry of Education, 2009).

1) 핀란드 초·중등 창업교육

(1) 초·중등 창업교육 현황

핀란드에서는 모든 초·중등학교의 필수 과목에 기업가 정신과 관련된 교육내용이 포함되어 있다. 2009년 교육부는 '창업교육 가이드라인(Guideline for entrepreneurship education)'을 발표하였다. 가이드라인에서는 기업가 정신에 대한 관심을 제고하고 기업가 정신을 개발하는

데 적합한 교수방법을 발전시키기 위해 2015년까지 달성하고자 하는 목표를 제시하고 있다. 가이드라인에서는 창업교육을 평생교육의 일환으로 파악하고 있다. 즉, 초등학교에서부터 성인이 될 때까지 이루어져야 하는 교육이라는 의미이다. 기초교육에서는 긍정적인 자세와 기초 지식과 기술을 배우는 것을 목표로 제시하고 있다. 중등교육과 대학교육에서는 지식과 기술이 더 확대되고 기업가 역량을 키우는 것을 목표로 하고 있다. 종국적으로 기업가 정신 문화가 정착되는 것을 최대 목표로 하고 있다.

이 가이드라인에서는 '기업가 정신'의 개념을 생각을 행동으로 옮기는 개인의 능력으로 규정하고 있다(Ministry of Education, 2009). 기업가 정신은 창의성과 혁신성, 위험감수성, 목표를 달성하기 위한 계획 설정과 행동을 포함하는 것으로 이해되고 있다. 이 가이드라인에서는 '창업교육'을 기업가 정신을 향상하는 모든 종류의 교육행위라고 규정하고 있다. 그리고 이러한 창업교육을 위해 기업들도 참여하고 지원해야 한다는 점을 강조하고 있다.

이 가이드라인에서는 창업교육의 목표를 다음과 같이 세 가지로 선정하였다. ① 참여적, 적극적 시민의식 향상, 교육과 훈련, 여가와 일하는 세계에서의 창의성과 혁신성 향상, ② 국가적인 차원과 지역차원에서 긍정적인 기업가 정신 문화 및 태도 형성, ③ 비즈니스 스타트업 증진, 기업가의 정신과 자세를 다음 세대에게 계승하는 것이다(Ministry of Education, 2009).

유아교육 단계의 창업교육을 증진하기 위해 행동 기반 학습 환경 조성, 유아교육과정 개발, 교육자료 개발, 교사의 전문성 개발 등을 우선적 목표로 설정하였다.

초등교육 단계의 창업교육을 위해 학습환경 조성, 기업가 정신교육 활성화를 위한 교육과정 개발, 교사들의 전문성 개발 연수, 교사와 지역기업과의 연계 활성화, 진로상담에서 기업가 정신 강조, 기업가들과 학교의 협력 촉진 등을 목표로 설정하였다.

직업교육 단계의 창업교육을 위해 교육과정 개발, 교사 전문성 개발, 기업가 정신과 비즈니스를 촉진하기 위한 컨설팅 가이드 개발,

기업가 정신을 위한 현직자 교육 프로그램 개발 등을 목표로 설정하였다.

대학단계 창업교육을 위해 기업가 정신 증진, 기업가 정신 동기부여, 비즈니스로의 연계 지원, 비즈니스 노하우 개발, 연구결과의 활용 지원, 사이언스 파크/테크놀로지 파크/비즈니스 인큐베이터와의 협력 지원, 산학협력 강조, 교수들의 기업가 정신교육 역량 강화 등을 목표로 설정하였다.

핀란드 초등학교와 중학교의 창업교육과정은 2004~2006년에 개발되었다. 초등학교교육과정에서는 주제중심(개인의 성장, 참여하는 시민과 기업가 정신)으로 창업교육 프로그램이 구성되었다(Finland-Education and Entrepreneurship, 2016) 고등학교교육과정은 2005년에 개발되었는데, <사회> 교과에서 창업교육이 다루어졌다.

핀란드의 창업교육은 내재적 교육(Internal Education)과 외재적 교육(External Education)으로 구분된다. 내재적 교육은 주로 학교에서 이루어지는 창업교육으로 지식과 기술, 태도를 함양하는 교육을 말한다. 외재적인 교육이란 창업을 행동으로 옮기는 것을 지원하는 교육활동을 말한다. 새로운 벤처기업을 시작하는 방법, 비즈니스 방법, 비즈니스 환경 속에서 필요한 지식과 기술 등을 가르치는 교육을 말한다. 외재적 창업교육은 주로 창업가들의 요구에 부응하는 방향으로 이루어진다(Alto University, 2015).

이와 같이 핀란드에서는 초·중등교육 단계에서부터 기업가 정신 교육 등 창업교육이 시작되어 일찍부터 대비를 시작한다는 특징이 있다(류선정, 2017). 초등학교 저학년부터 자연스럽게 접하게 되는 놀이 형태의 창업, 사회생활의 역할놀이, 건전한 직업관 형성교육, 자신의 사회생활 관리 등은 청소년, 성인으로 성장하며 구체적으로 창업을 준비하는 데 중요한 역할을 하고 있다. 또한 이전에는 사회, 경제 과목에서 한 주제로 다루던 창업교육을 이제 별도의 한 과목으로 진행하며 중요성을 더하고 있다.

핀란드 창업교육을 통해 다양한 성공 사례들이 배출되었다. 우수사례의 주요 특징을 살펴보면, 비즈니스 섹터와의 긴밀한 협력, 외부 이해관계자와의 네트워크, 국제협력 활성화, 경험적 학습의 강조 등이 공통적인 특징으로 확인되었다(Finland-Education and Entrepreneurship. 2016).

핀란드 초·중등학교에서 창업교육의 문제점과 한계도 드러났다. 교사의 동기와 참여 부족, 재정지원과 인력지원의 미흡, 창업교육과 평가의 괴리, 정책결정자와 실천가들의 불충분한 상호관계, 우수 사례에 대한 공유 미흡, 교육과정 및 교육도구 개발 제공 등이 문제점과 과제로 제시되었다.

(2) 핀란드 초·중등 창업교육 사례

① Yes Network

Yes Network는 2001년 처음 핀란드에서 시작된 창업교육 네트워크이며, 초·중·고 학생들을 대상으로 핀란드 전역에 걸쳐 운영되고 있다. Yes Network에서는 교육기관들이 보다 실용적이고 효율적인 창업교육을 실시할 수 있도록 창업교육의 모델과 예시들을 제공하고 있으며, 실제 기업들과의 밀접한 교류를 추진하고 있다. Yes Network에서는 핀란드 내 모든 청소년들이 각자에게 적합한 창업교육을 접할 수 있도록 하는 데 목적을 두고 있다. Yes Network에서 운영하는 창업교육 프로그램으로는 창업가들과의 만남, 창업회사에서의 인턴십, 타 지역 청소년들과의 창업 협력, 기업가 정신의 날 운영, 창업 관련 도서 발간 등이 있다(류선정, 2017).

② Junior Achievement Job Shaw

이 프로그램은 "Leader for a day!"란 구호를 내걸며 하루 동안 학생들에게 기업의 리더가 되는 기회를 제공하는 것이다(School Education Gateway, 2019). 이러한 경험을 통해 학생들은 일하는 삶을 경험하고 리더십과 의사결정역량을 배양할 수 있다. 회사 역시 학생들을 통해 젊은 세대의 가치관과 생활방식에 대해 배우게 된다. 이 프로그램에는 주로 중등학교와 직업학교 학생들이 참여한다. 이 프로그램은 학교 밖 회사에서 행해지기도 하고, 학교 내에서 이루어지고 한다. 2013년에는 유럽 39개 국가에서 3.2백만 명의 학생이 참여하였다. 이 프로그램은 3가지 단계로 이루어진다. ① 1단계: 준비단계로서 JA 프로그램에 대하여 공부하고 직업을 갖기 위한 일곱 단계의 학습을 하게 된다. ② 2단계: 이 단계에서는 학생들이 비즈니스를 알아보고 현장 방문을 수행한다. ③ 3단계: 학생들이 현장 방문 전후 보고 느끼게 된 것을 정리하고, 기업에 감사 편지를 보낸다.

2) 핀란드 대학 창업교육

(1) 대학 창업교육 현황

핀란드의 고등교육기관은 응용과학대학과 연구대학으로 나뉜다. 초기에는 창업교육이 응용과학대학에서 주로 강조되었다면, 이제는 연구대학에서도 적극적으로 창업교육을 실시하고 있다. 고등교육기관에서의 창업교육은 학과에 제한을 두지 않는다. 융합교육을 선도하고 있는 핀란드 고등교육기관들은 대다수의 전공 분야에서 기업가 정신 개념을 적용하여 수업을 제공하고 있다. 대학들은 학생들이 타 전공분야의 학생들과도 쉽게 협력하여 실질적으로 창업에 필요한 자질, 역량, 전문 능력 등을 함께 개발해 나갈 수 있도록 환경을 조성하고 있다(류선정, 2017).

고등교육에서 제공되는 정규 수업 이외에 창업 동아리, 벤처클럽 등 학생들이 자발적으로 만들어나가는 창업교육 프로그램 역시 체계적으로 운영되고 있다. 2000년대 초반까지만 하더라도 핀란드에서는 대학을 졸업하고 대기업에 안정적으로 입사하는 것을 선호하였다. 그들에게 창업은 생소한 이야기였으며, 적극적으로 권장되는 선택지는 아니었다. 위험을 기꺼이 무릅쓰고자 하지 않는 성향과 나서기를 꺼려하고 다소 내성적인 국민성 역시 창업이 쉽게 일어나지 못하게 하는 요인이었다. 하지만 대학생들을 중심으로 창업의 가치를 공유하고 자발적으로 창업교육을 실시하는 창업 촉진 프로젝트들이 생겨났으며, 대학과 정부 차원에서의 지원이 이루어지면서 상황이 바뀌기 시작하였다. 현재 대학생이 주도하는 창업교육 프로그램, 창업지원 프로그램, 창업 페스티벌은 핀란드를 벗어나 세계적으로 주목받을 정도로 성장했다(류선정, 2017).

(2) 대학 창업교육 사례

① 알토대학 스타트업 사우나(Start-up Sauna)

알토대학의 스타트업 사우나는 핀란드의 대표적인 창업 촉진 프로그램이다. 스타트업 사우나는 2010년 처음 시작된 프로그램으로서, 2009년 알토대학 학생들이 주축이 되어 결성된 창업 동아리 '알토이에스'에서 주관하고 있다. 처음에는 창업을 준비하는 알토대학 학생만을 대상으로 운영되었으나, 지금은 창업 아이디어가 있는 자는 누구나 참여 신청이 가능하다(류선정, 2017).

스타트업 사우나는 약 5주간의 프로그램으로 봄, 가을 연간 2회 운영되고 있다. 참가비는 무료이며 숙소가 제공된다. 창업 자본 역시 요구되지 않는다. 참가자들은 4주 동안 전문가들의 도움을 받아 자신의 창업 아이디어를 구체화시켜 나가고, 시장 전략을 익히며, 시장에 적합한 제품 개발 단계까지 만들어야 한다. 최종적으로 참가자들은 자신의 창업 아이디어를 발표할 기회를 가지며, 이때 투자자와 직접 연결되어 바로 시장 진출로 나아가기도 한다. 현재까지 스타트업 사우나에서는 208개의 창업기업을 발굴 및 육성하였고, 4,500개 이상의 어플리케이션을 출시하였으며, 1억 1,000만 달러 이상의 펀딩 금액을 조성하는 성과를 보여주고 있다.

② 슬러쉬(Slush)

슬러쉬는 핀란드 최대의 창업 페스티벌로서, 스타트업 사우나와 마찬가지로 알토대학 학생들이 주관하여 시작되었다. 현재는 학생들을 비롯하여 20대의 젊은 운영진들이 행사를 기획, 운영, 관리하고 있다. 슬러쉬는 창업 분야 중 특히 기술 기반이 주를 이루고 있으며, 다양한 분야의 창업 선배들의 강연을 통해 예비 창업자들에게 큰 영감을 주고 있다. 슬러쉬의 주요 목적은 창업가들이 사업 아이디어에 대해 참가자 및 투자자에게 발표하는 기회(Pitching)를 가질 수 있도록 하는 것이다. 이를 통해 단순한 피드백에서부터 높은 금액의 투자를 받을 수 있는 기회를 얻을 수 있다는 다양한 이점이 있다. 슬러쉬 행사에서 진행되는 발표 경합(Pitching Competition)은 최고의 아이디어를 선보이는 창업기업에게 50만 유로(약 6억 3,000만 원)의 창업자금을 지원하는 것으로, 2016년 경합의 경우 최종 4개의 회사를 선발하였으며, 한국 창업회사가 2개나 포함되었다(류선정, 2017).

2008년 처음 시작하여 2014년부터 현재의 페스티벌 형식을 갖추게 된 슬러쉬 행사는 10년이 채 되지 않는 단시간에 유럽 내 최고의 창업 페스티벌로 성장하였다. 2016년 11월에 열린 슬러쉬 행사에서는 130개 국가로부터 17,500여 명의 사람들이 참여하였으며, 여기에는 2,336명의 창업가, 1,146명의 벤처자본가 및 투자자, 630여 명의 언론인이 참가하였다.

핀란드 고등교육 단계에서의 창업교육은 하향식(Top-Down)보다는 상향식(Bottom-Up) 방식으로 이루어진다는 특징을 갖고 있다(류선정, 2017). 대학이나 정부가 주도적으로 운영하는 창업교육 프로그램도 존재하지만 대다수 학생들이 자발적으로 시작하고 운영하는 프로그램들이 보다 좋은 성과를 내고 있다. 학생들이 주체적으로 계획하고 운영하면 대학과 정부는 장소 및 펀드를 적극적으로 지원하는 양상을 띠고 있다. 다른 분야에 비하여 창업은 자발성을 이끌어내고 지속하는 것이 무엇보다도 중요하다. 그런 면에서 슬러쉬와 같이 학생들, 창업 주체가 기획하는 창업교육 프로그램들은 일회성에 그치거나 수동적으로 흐르지 않고 지속적으로 성장할 가능성이 크다.

3 이스라엘의 창업교육

이스라엘은 전 세계적으로 '창업국가(Startup Nation)'로 잘 알려져 있다. 인구 800만의 작은 국가이지만 인구 대비 세계에서 가장 많은 스타트업 기업들을 갖고 있다. 세계경제포럼에서 발간하는 세계경쟁력지수(The Global Competitiveness Report)에서 이스라엘은 혁신 부분에서 2~3위를 차지하고 있다.

이러한 이스라엘 국가경쟁력의 기반은 연구개발을 중시하는 문화적 풍토에서 시작한다. 이스라엘 연구개발 집중은 글로벌 경쟁력 순위를 나타는 지표에서도 쉽게 확인할 수 있다. GDP 대비 R&D 지출이 세계 1위, 양질의 과학자와 기술자의 가용성도 세계 1위, 공공민간 분야 벤처 현황 세계 1위, 과학 분야 연구 현황 세계 2위 등과 같은 연구개발과 관련한 대부분의 지표에서 상위권을 유지할 만큼 이스라엘의 연구개발에 대한 투자는 세계 최고 수준이라 할 수 있다(이관행 외, 2014).

이스라엘의 연구개발에 대한 집중적 투자는 이스라엘이 처해있는 척박한 환경과 밀접한 관계를 가진다. 부족한 자원과 적국으로 둘러싸여 있는 절체절명의 환경은 높은 부가가치를 창출하는 핵심 기술의 개발을 이끌었고, 이는 자연스레 창업으로 연결되어 수많은 성공사례들을 만들어 냈다. 농작물의 재배가 어려운 사막이라는 환경을 극복하고자 열악한 환경에서도 잘 자라는 방울토마토를 개발하였고, 해수담수화 기술을 세계 최고 수준으로 끌어올렸다. 또한 적국에 둘러싸여 있는 지리적 환경은 보안, 통신, 드론 기술의 발달을 이끌었다(이관행 외, 2014).

1) 이스라엘의 초·중등 창업교육

(1) 초·중등 창업교육 현황

그림 7-1 어린이를 위한 창업교육 프로그램

이스라엘의 초등학교, 중학교, 고등학교에서는 창업교육이 실시되고 있다. 이스라엘 정부는 창업교육을 적극 지원하고 있다. 특히 어린이를 위한 기업가 정신(Entrepreneurship for Kids) 프로그램을 개발하여 2009년부터 교육이 실시되고 있다. 이 프로그램에는 많은 초등학교 학생들이 참여하고 있다(Galit Zamler, 2019).

중고등학교 학생들을 위해서는 청소년 기업가 정신 프로그램(Youth Entrepreneurship Program)을 개발하여 교육을 진행하고 있다.

그림 7-2 청소년을 위한 창업교육 프로그램

이스라엘의 기업가 정신 프로그램은 현재 미국, 중국, 홍콩, 인도, 베트남, 보츠와나에 수출되었고 전 세계적인 관심을 끌고 있다.

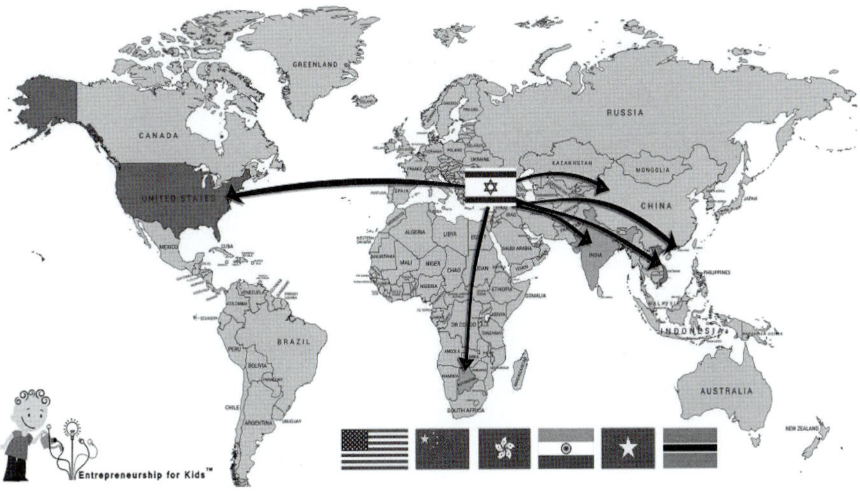

그림 7-3 이스라엘의 창업교육 프로그램을 수출한 국가

(2) 초·중등 창업교육 프로그램

초·중등학생을 위한 이스라엘의 창업교육 프로그램은 총 26개의 모듈로 구성되어 있다. 이 프로그램을 바탕으로 학교에서는 2년 동안 창업교육을 실시하고 있다(Galit Zamler, 2019).

Module 1: **기업가 정신을 소유한 사람은 누구인가?**

- 기업가 정신을 소유한 사람은 누구인가?
- 왜 기업가 정신을 배우는가?
- 다양한 벤처 유형
- 왜 사람들은 창업가가 되려고 하는가?
- 창업가 사례
- 우리는 기업가 정신을 소유한 사람이 될 수 있는가?

Module 2: **기업가 정신 역량**

- 창업가에게는 어떤 역량이 필요한가?
- 위의 역량을 개발하는 것이 가능한가? 가능하다면 어떻게 개발할 것인가?
- 창업 촉진 환경
- 창업 저해 환경의 영향

Module 3: **타인의 경험에서 배우기**

- 왜 다른 사람의 경험에서 배워야 하는가?
- 창업가들이 범하는 공통적 오류
- 타인으로부터 배우기–실패 프로젝트 사례
- 타인으로부터 베우기–성공한 창업가들의 인터뷰 영상 시청
- 프로젝트의 목적
- 비전이란 무엇인가?
- 왜 비전이 필요한가?
- 성공적 창업의 10가지 원칙

Module 4: **비즈니스 플랜의 이해(I)**

- 프로젝트를 어떻게 시작하는가?
- 비즈니스 플랜이 무엇인가?
- 누가 비즈니스 플랜이 필요하고, 왜 필요한가?
- S.M.A.R.T 모델
- 요약: 문제/니즈, 해결책, 목표 고객, 예산, 팀, 경쟁자, 마케팅계획, 비즈니스 모델,
- 제품(산출물) 정의
- 생산품/서비스 시장: 소비자, 공급자, 경쟁자
- 요구된 자원: 시간, 돈, 지식, 인력

Module 5: **비즈니스 플랜의 이해(II)**

- 목적과 목표
- 프로젝트를 어디서 어떻게 시행하는가?
- 제품/서비스 가격 매기기
- SWOT 모델–강점, 약점, 기회, 위협
- 판매 예측
- 이익과 손실 예측
- 프로젝트를 시행하기 위해 요구되는 법적 지식
- 결론

Module 6: **정보 수집**

- 왜 창업가는 정보가 필요한가?
- 창업가는 어떤 종류의 정보가 필요한가?
- 창업가가 원하는 정보는 어디서 찾을 수 있는가?
- 수집된 정보로 우리는 무엇을 할 수 있는가?

Module 7: **혁신, 리스크 그리고 브레인스토밍**

- 혁신이란 무엇인가?

- 혁신 파라독스
- 혁신적인 사람은 어떻게 생각하는가?
- 왜 혁신이 중요한가?
- 혁신적인 아이디어를 개발하는 경험
- 혁신과 리스크 그리고 그 관계
- 브레인스토밍이란 무엇인가?
- 왜 브레인스토밍을 하는가?

Module 8: **창의성**

- 창의성이란 무엇인가?
- 창의성이 필요한 이유
- 창의성과 기업가 정신의 관계에 대한 브레인스토밍
- 창의성의 저해 요인
- 창의적 사고 연습
- 창업과정에서의 창의성 기술
- 광고에서의 창의성

Module 9: **회사 설립하기**

- 회사는 무엇인가?
- 주식회사는 무엇을 의미하는가?
- 회사는 어디에 등록하는가?
- 회사를 어떻게 등록하는가?
- 누가 회사를 설립할 수 있는가?
- 회사 이름 만들기
- 회사 세우는 것의 장점과 단점

Module 10: **지적재산권**

- 상업적 비밀이란 무엇이고, 왜 필요한가?
- 저작권이란 무엇이고 왜 필요한가?
- 등록 상표란 무엇인가?

- 특허란 무엇이고 어떻게 신청하는가?

Module 11: **마케팅계획**

- 마케팅이란 무엇인가?
- 마케팅계획이란 무엇인가?
- 마케팅계획이 왜 필요한가?
- 마케팅계획을 세우는 방법
- 마케팅계획의 구성 요소
- 제품 포지셔닝
- 소비자가 느끼는 가치
- 다양한 마케팅 방법

Module 12: **협상**

- 협상이란 무엇인가?
- 협상에 대해 배우는 것이 왜 중요한가?
- 협상의 조건
- 협상을 진행하는 규칙
- 협상의 네 가지 단계
- 협상의 힌트와 트릭
- 협상 연습

Module 13: **가격 매기기와 제품 사용 기간**

- 가격 매기기 방법
- 제품과 브랜드
- 제품 사용 기간과 서비스
- BCG(보스턴 컨설팅 그룹) 모델
- 물물교환
- 소비자의 구입 과정

Module 14: **팀워크**

- 팀워크의 특징
- 팀워크의 종류
- 그룹에서 개인의 중요성
- 개인에 미치는 그룹의 영향

Module 15: **비즈니스 세계의 10가지 개념, 10가지 성공 단계**

- 개념: 소비자 가격 지수, 인플레이션, 경기 후퇴, 이익 등
- 성공의 10단계

Module 16: **재정**

- 재정(예산)이란 무엇인가?
- 재정의 소스
- 재정 모니터링

Module 17: **유머와 낙관주의**

- 유머란 무엇인가?
- 유머와 웃음의 관계
- 유머 사용의 장점
- 적절한 유머 사용 규칙
- 광고에서의 유머-찬성과 반대
- 낙관주의 vs 비관주의

Module 18: **기업가 정신 – 누구나 할 수 있다**

- 나의 능력
- 앞선 사고
- 높은 자아개념
- 힘든 일을 두려워하지 않기
- 기회의 활용

- 의사소통의 중요성
- 독립적이고 비판적인 사고
- 경험으로부터의 학습
- 타인과 다른 것을 존중하기
- 포기하지 않고, 계속 시도하기

Module 19: **어려움을 기회로 전환하기**

- 창업가가 마주치는 어려움의 종류
- 어려움을 극복하기 위한 학생들의 아이디어 제안
- 창업가는 어려움을 어떻게 기회로 활용하는가?

Module 20: **프레젠테이션 및 대중 연설**

- 왜 창업가는 대중 앞에서 연설하는 방법을 알아야 하는가?
- 청중 앞에서 연설하게 되는 다양한 상황들
- 청중은 어떻게 받아들이는가?
- 무대 공포증을 극복하는 법
- 대중 연설을 준비하고 연습하기
- 연설이나 프레젠테이션에서 예상치 못하게 마주치는 문제를 다루는 방법

Module 21: **인터넷 마케팅**

- 마케팅이란 무엇인가?
- 온라인 마케팅에서 4Ps(Product, Price, Promotion, Place)의 중요성
- 온라인 마케팅 옵션
- 인터넷 마케팅의 장점
- 인터넷 마케팅에서 사람들이 저지르는 10가지 실수
- 웹사이트 만들기–주의를 기울여야 하는 것

Module 22: 이벤트 제품

- 프로듀서가 누구인가?
- 프로듀서의 책임성
- 프로듀서에게 기대하는 것
- 프로듀서가 얻는 것
- 수요자의 요구 정의
- 이벤트를 위한 정보 수집
- 이벤트 계획: 스케줄, 과제, 역할, 디자인, 보안
- 비용과 이익 계산

Module 23: PR vs 광고

- 광고란 무엇인가?
- 광고에 대한 찬반의견
- PR에 대한 찬반의견
- 광고의 다양한 수단들

Module 24: 비즈니스 지능

- 지능이란 무엇인가?
- 비즈니스 지능이란 무엇인가?
- 비즈니스 지능을 획득하기 위한 다양한 방법들
- 비즈니스 지능을 활용하는 기업 사례

Module 25: 목적을 달성하기 위한 수단으로서의 설득

- 설득이란 무엇인가?
- 설득과 논증의 차이점
- 내 의견에 따르도록 어떻게 설득할 것인가?
- 설득과정 성공을 위한 힌트

Module 26: **사회적 창업**

- 사회적 창업이란 무엇인가?
- 벤처가 비즈니스인지, 사회적인 것인지 어떻게 규정하는가?
- 사회적 이니셔티브 사례들
- 왜 사회적 창업인가?
- 사회적 기업을 위한 비즈니스 플랜
- 사회적 기업을 위한 마케팅 플랜

추가 수업

- 창업가 초청 강연
- Global Entrepreneurship Week 참가
- 참가자들은 수료 후 증서 제공

(3) 초·중등 창업교육 사례: Global Entrepreneurship Week in Israel

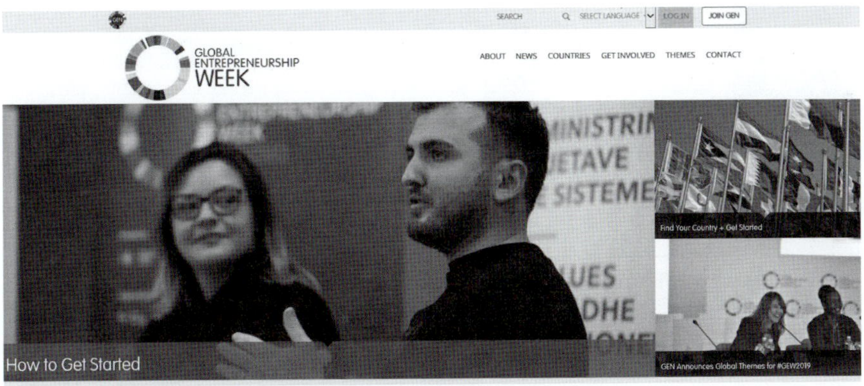

GEM(Global Entrepreneurship Week)은 미국과 영국이 주도하여 만든 국제협회로 미국의 카우프만 재단이 후원하고 있다. 전 세계 170여 개국이 회원국으로 있고, 이스라엘도 회원국이다. 매년 특정 기간에 모든 국가에서 행사가 개최되는데, 이 주간에 이스라엘은 별도로 교육 프로그램을 구성하여 운영하고 있고, 이 행사 주간에 수많은 창업가들이 학교(초등부터 중학교까지)를 방문하여 경험을 공유한다. 또한 이 기간에 전 세계에서 수천 개의 미팅과 워크숍, 다양한 활동이 준

비되어 있다. GEM에는 매년 이스라엘의 10여 개의 학교들이 돌아가면서 참여하고 있다.

주요 프로그램을 살펴보면, ① 창업가들의 학교 방문(방문하여 경험을 나누고 질의응답), ② 자원봉사자들의 학교 방문(교육기부 차원), ③ 학생들이 정보를 찾고 서로 교환하는 시간, ④ 상급학년 학생들이 하급학년 학생들을 가르쳐주고, 공동으로 아이디어 발굴 등이 있다.

창업교육이 실시되는 모든 학교에서 이 주간 행사를 실시한다. 참여 학교는 오프닝 또는 엔딩 행사에서 기업가 정신과 관련된 축제, 놀이, 공연을 실시한다.

표 7-4 기업가 정신 주간 행사표

GLOBAL ENTREPRENEURSHIP WEEK ISRAEL

שבוע היזמות העולמי בשדות - תשע"ט/2018

	יום ראשון 11.11	יום שני 12.11	יום שלישי 13.11	יום רביעי 14.11	יום חמישי 15.11	יום שישי 16.11
1 8:00-8:50	8:30-9:00 טקס פתיחה לשבוע היזמות שכבות א'-ג' בעריכת כיתה ו'2	ו'1 פזית בן שמואל - יצירתיות כדרך חיים א'1 איריס פרי - דבר אלי בשירים	א'2 ניר הירשלר - סטארטאפ א'3 שי כהן - העץ של שסק	יום הזכרון לדוד בן-גוריון ז"ל איש של חזון פעילות בשכבות א'-ו' 9:15 כיתה ו'2: תדרוך לקראת יום ODT ע"י איתי הדר	ג'1 איריס פרי – דבר אלי בשירים	ה'1 שי שן-אור- מע' החיסון ד'3+ד'2 לירון שניידר - ליבידו שכבות א'-ב'-ג'1 פעילות O.D.T
2 8:50-9:35	9:00-9:30 טקס פתיחה לשבוע היזמות שכבות ד'-ו' בעריכת כיתה ו'2	ו'2 פזית בן שמואל - יצירתיות כדרך חיים	ב'1 ליאת זיוון - Plate my meal ו'1 דרור תמיר -חרגול פודטק	ב'3 מיה חביב - יוזמות חברתיות-קהילתיות ג'3 סיגלתא – יזמות בתחום המזון	ו'2 שחר אופיר – יזמות בבריאות	ד'1 שי שן-אור-מע' החיסון ה1+ה'2 דני ברקו - מציאות מדומה ומציאות רבודה שכבות א'-ב'+ ג'1 פעילות O.D.T
3 10:10-11:00	ו'1+ו'2 אנה אברמובסקי - יזמות בקוסמטיקה שבוע היזמות העולמי	ד'3 אלעד צאן - עצמאות בגיל צעיר ה'2 סיור לימודי: ביקור בחברת SpacePharma	א'1 + א'2 תמי ממי ב'2 ליאת זיוון Plate my meal ו'2 דרור תמיר-חרגול פודטק ג'3 גלית זמלר- יזמות לילדים ה'2 מיכל שדה ואחמד ג'וחא - יזמות קהילתית	ג'2 סיגלתא – יזמות בתחום המזון	ד'1 שחר אופיר – יזמות בבריאות	שכבות ד'- ה' + ג'2, ג'3 פעילות O.D.T קשר בתנועה
4 11:00-11:45	ד'2 דניה ווינר - צילום מזון	ה'2 סיור לימודי: ביקור בחברת SpacePharma	א'3 תמי ממי ג'2+ג'1 גלית זמלר- יזמות לילדים			שכבות ד'- ה'+ ג'2, ג'3 פעילות O.D.T קשר בתנועה

출처: Galit Zamler(2019). Entrepreneurship Education in the School from an Early Age.

2) 이스라엘의 대학 창업교육

(1) 대학 창업교육 현황

이스라엘의 대학 창업교육은 현장중심으로 산업계와 네트워크를 바탕으로 진행되고 있어, 대학생들에게 기업가 정신을 고취시키고 창업 성공률을 높여준다. 각 대학교마다 다양하게 특화된 프로그램을 운영하고 있어 창업교육교과과정이 세분화되고 다양하다. 글로벌 시장 진출을 목표로 창업교육과정이 영어로 진행되며, 창업 생태계 안의 다양한 최고경영자들을 강사로 초빙하여 현장감 있는 교육이 이루어진다(김경회 외, 2013).

이스라엘의 모든 대학들은 '대학 내 기술연구소(OTT: Office of Technology Transfer)'를 통해 지식재산권 관리, 라이센싱, 벤처창업, 글로벌 마케팅 등의 업무를 추진하고 있다. 이스라엘 대학은 대부분 기부금이 적어 연구비 충당을 위해 수익을 올리는 사업을 강구하였으며, 이의 일환으로 OTT가 설립되었다. 이스라엘 히브리대학과 미국 스탠포드대학의 연구비 예산을 비교해 보면, 이스라엘은 특허 등 대학 내 사업을 통해 확보한 연구비 비율이 높음을 알 수 있다. 또한 OTT를 통한 수익을 연구비에 투자함으로써 전 세계 대학 R&D 투입 상위를 차지하고 있는 것으로 나타났다(유재필 외, 2013).

(2) 대학 창업교육 사례

① 테크니온(Technion)

이스라엘의 MIT로 불리는 테크니온은 4,000여 개의 창업기업을 배출할 정도로 대학 창업에 적극적인 지원을 하고 있다. 지식재산권 관리, 벤처창업, 글로벌 마케팅 등의 업무를 맡고 있는 대학 내 기술연구소(OTT: Office of Technology Transfer)격인 T3(Technion Technology Transfer)을 운영하여 대학 내 창업을 적극 지원하고 있으며, 개발된 기술들을 사업화하거나 기술이전 등을 할 수 있도록 도와주고 있다. 대학이 기술을 개발하면 T3이 시장성을 조사하고 상품성을 높이는 역할을 담당한다. 또한 벤처 전문 법률회계사와 벤처캐피탈과의 연계를 통해 철저히 전문화된 분업을 주도하고 있다. 이를 통해 T3은 연간 2,500만 달러의 수익을 창출하고 있다(이관행 외, 2014).

② 와이즈만(Weizmann) 연구소

와이즈만 연구소는 의학과 생명과학 분야에서 세계 최고 수준의 연구 성과물을 만들어 내고 있는 연구기관이다. 와이즈만 연구소는 기술지주 회사를 운영하고 있는데, 대표적인 성공 사례로 예다(Yeda)를 들 수 있다. 1959년도에 설립된 예다는 바이오 분야에서 강세를 보이며 많은 성공적인 창업 모델을 창출하고 있다. 그중 대표적인 모델은 다발성 경화증 치료제인 코팍손(Copaxone)과 대장암치료제인 얼비툭스(Erbitux)이다. 코팍손은 단일 상품으로 30억 달러 이상의 매출을 올렸으며, 얼비툭스는 미국식약청(FDA) 인증을 받은 상품으로 세계적인 인기를 끌고 있다. 현재 예다는 연간 100억 달러 이상의 수익을 올리고 있으며, 수익의 60%는 연구소에, 나머지 40%는 기술을 개발한 교수에게 분배함으로써 새로운 기술 개발을 적극 유도하고 있다(이관행 외, 2014).

③ 히브리대학(Hebrew University)

7명의 노벨상 수상자를 배출할 정도로 높은 연구 실적을 내고 있는 히브리대학은 특허 등과 같은 대학 내 사업을 통해 수익을 창출하고 이를 연구에 재투자하는 구조를 가지고 있다. 히브리대학 내의 기술지주회사인 이쑴(Yissum)은 7,000개 이상의 특허를 보유하고 있으며, 72개의 자회사를 운영하고 있다. 이쑴의 자회사인 엑셀론(Exelon)은 알츠하이머를 치료하는 신약을 개발하였으며, 2010년 한 해 동안 10억 달러의 수익을 거두었다. 이쑴에서 거둔 수익은 다시 히브리대학이 새로운 연구를 진행할 수 있도록 재투자되는데 수익의 40%는 기술을 개발한 교수에게, 20%는 해당 교수의 연구실 및 학생들에게, 나머지 40%는 이쑴이 가져가는 구조를 가진다. 이렇게 확보한 연구비는 연간 총 6억 달러에 이르며 이는 미국 스탠포드대학과 견주어도 뒤지지 않는 액수이다(이관행 외, 2014).

3) 이스라엘의 창업교육 문화

이스라엘은 청소년 기업가 정신 함양을 위해 자신과 타인에 대한 이해, 사회적 기업가 정신, 사업계획서 수립 등 다양한 종류의 교육을 실시하고 있다. 교사는 학생이 열린 자세로 토론하고 학습할 수 있도록 학생 주도의 참여를 촉진하고, 각자의 아이디어를 발표하고 토론하는 과정을 통해서 경험적으로 체득할 수 있도록 촉진자 역할을 한다. 학생이 자신의 아이디어를 구체화하는 과정에서 기회 포착 능력을 기르고, 가치를 구현해 나가는 창업교육이 자연스럽게 이루어진다.

가정에서도 교육을 중시하여 대화, 자율, 책임 문화 속에서 자녀가 스스로 남다른 재능을 찾아 독립할 수 있도록 가르치는 자녀교육이 이루어지고 있다. 유대인들은 자녀들을 남과 다른 사람(Only One)으로 키우는 것을 기본 사상으로 가지고 있다. 누구나 이 땅에 태어날 때는 야훼 하나님에 의해 특별한 의미를 지니고 태어나고 모든 태어난 사람들이 각자 모양이 다르듯이 각자가 남과 구별된 특성과 재능이 있다고 가르친다(김경회 외, 2013).

또한 '하브루타', '후츠파', '로쉬 가돌' 정신으로 도발적인 질문과 토론이 일반화된 문화를 지니고 있다. '하부르타'는 정통파 유대교 종교학교인 예쉬바에서 탈무드를 공부할 때 짝을 지어 학생들이 공부하는 학습방법으로, 학생은 끊임없는 토론과 분석을 통해 진리를 찾아간다. '후츠파'는 주제넘은, 뻔뻔한, 놀라운 용기, 오만이란 뜻이지만, 실제로는 끊임없이 탐구하는 호기심, 대담한 용기 등을 일컫는 유대인의 도전 정신을 의미한다. '로쉬 가돌'은 명분이 있고 진정으로 바라는 건전한 목표가 있을 때는 뻔뻔함(후츠파)이 관용되어야 한다는 의미이다. 이런 문화 속에서 이스라엘의 학생들은 학교 선생님의 말이라도 틀릴 수 있다는 생각에서, 진리를 찾기 위해 끊임없이 선생님에게 질문을 던지고 선생님은 이를 받아들이는 것이다. 질문과 토론 문화는 학생들이 다양한 관점을 이해하고 확산적 사고를 하는 데 기여하는 것이다(김경회 외, 2013).

바르 미츠바(Bar Mizbar)라는 독특한 성인식제도도 주목할 만하다.

유대의 성인식 때 주변인들은 한화로 약 5천만 원의 돈을 모아 성인이 되는 아이의 통장에 입금시켜 주는데, 성인식 당사자는 20세가 될 때까지 돈을 관리하게 된다. 이 과정을 통해 자연스럽게 자본의 관리에 대한 인식이 눈을 뜨게 된다(유재필 외, 2013).

이처럼 앞에서 설명한 체계적이고 도전적인 창업 시스템과 이스라엘 국민의 문화에 유전 인자처럼 녹아 들어있는 자유로운 논의, 화폐 경제에 대한 자연스러운 친숙함, 종교적인 유대감이 조화를 이루어, 실패를 각오하고라도 창의적 아이디어를 성공시킬 수 있는 현재의 이스라엘을 만들었다고 할 수 있다(유재필 외, 2013).

Chapter 08

창업과 진로탐색

1 외부 환경변화와 창업의 중요성

1990년대 중반까지만 해도 7%였던 국내 잠재성장률이 계속 하락해 현재 2~3%대로 내려가면서 기업들의 성장과 신규채용이 제자리걸음을 하고 있다. 국내를 대표하는 경제석학 30명이 거시적·미시적 분석을 통해 경제 트렌드를 전망한 2018 한국경제 대전망에 따르면 이러한 국내 잠재성장률은 10년 후 1%대로 내려갈 수 있다고 경고하였다. 한편, 실업률은 2006년 3.2%에서 2016년 3.6%로 10년 동안 0.4% 증가하는데 머물렀으며, 같은 기간 청년실업률은 7.1%에서 9.6%까지 증가하여 1999년 이후 최고치를 기록했다. 국제노동기구의 권고에 따라 청년층 중 아르바이트를 하면서 다른 직장을 구하는 취업준비자와 공무원 등 입사시험 준비생인 잠재경제활동인구까지 더해 계산하는 청년체감실업률 고용보조지표 3은 21.7%이며, 현대경제연구원은 청년 고용보조지표의 현황과 개선방안 보고서를 통해 비자발적 비정규직과 그냥 쉬고 있는 청년까지 포함하면 청년체감실업률은 34.2%에 달한다고 지적하였다. 문제는 앞으로도 상당기간 한국경제의 저성장 기조가 지속될 가능성이 높다는 것이다. OECD는 경제전망보고서를 통해 2019년 세계 경제성장률이 3.6%로 다시 둔화할 것으로 내다봤고, 한국은행은 2016~2020년 국내 잠재성장률을 연평균 2.8%~2.9%로 추정하였다. 한국경제의 저성장 기조가 지속되면서 질 좋은 일자리 창출과 경제활력을 위한 창업 활성화의 중요성이 어느 때보다 강조되고 있다.

한편 4차산업혁명은 현실과 가상의 경계가 무너지는 융·복합 시대를 주도할 것이며, 사회, 정치, 교육, 경제 등 전 영역에 큰 변화를 초래할 것으로 예측된다. '초연결'과 '초지능'이라는 특징으로 압축될 수 있는 4차산업혁명이 다양한 영역에서 핵심 이슈가 되는 이유는 산업혁명을 이끄는 첨단과학기술에 대한 관심보다는 생성 및 소멸하는 일자리와 깊은 연관이 있기 때문이다. 다보스포럼에서 공개된 일자리의 미래 보고서는 4차산업혁명으로 인하여 2020년까지

500만 개의 일자리가 사라질 것이라고 경고하였다. 세계적인 시장전문 조사기관인 Gartner는 인공지능 기술의 발전 속도를 감안하면 10년 안에 전체 직업의 3분의 1이 사라질 것으로 예측했다. Frey, Osborne은 자신들의 연구에서 컴퓨터화의 위험으로 현존하는 미국의 직종 중 47%가 사라질 것이라고 경고하면서 단순 노무직과 서비스직, 육체활동 중심의 직업군이 미래 취약군임을 강조하고, 의료, 법률, 금융 전문가 역시 대체될 가능성이 높다고 지적하였다. 우리나라의 한국고용정보원이 발표한 자료에 의하면 전체 직업종사자의 업무 수행 능력 중 12.5%가 인공지능과 로봇으로 대체가 가능한 것으로 집계되었다. 이 비율은 2020년에는 41.3%, 2025년에는 70.6%까지 상승하여 1600만 개의 일자리를 인공지능과 로봇에게 내줄 수도 있다고 예측하였다. 인공지능과 로봇이 인간의 노동을 빠르게 대체하고 부의 불평등이 심화될 것으로 예상되면서 '로봇가설(Robot Hypothesis)'이라는 용어도 등장하였다.

이처럼 전 세계적으로 사회·경제적 환경이 급변하고, 저성장 시대의 지속과 경제위기 현상의 반복으로 기존 기업의 고용창출이 점점 더 어려워진 현실이 지속되면서 창업의 중요성이 갈수록 커지고 있다. 미국, 유럽 등 선진국들은 일찍이 창업 활성화를 통해 신산업 창출 및 실업문제를 해소하려고 노력하고 있다. 창업활성화는 4차산업혁명의 핵심축이다. 한국정부도 4차산업혁명시대의 핵심성장전략으로 창업을 지목하고 창의적인 아이디어가 창업으로 이어지는 선순환 창업 생태계 구축에 주력하고 있다.

2 창업과 창업자

비즈니스 아이디어, 자본, 창업자를 창업의 3요소라고 한다. 즉, 창업이란 특정 개인이 기회를 포착하여 비즈니스 아이디어로 만들고 창업자가 되기로 결심한 후 위험을 감수하고 확보한 자본을 투자

하여 기업을 설립한 후 비즈니스 아이디어를 상업화하여 시장에 출시하는 과정을 말한다. 창업의 3요소 중 비즈니스 아이디어와 자본은 수동적인 요소이고, 창업자가 설립한 기업을 이끌어 가는 능동적인 요소로서 창업자의 역량이 기업의 생존 및 성장에 큰 영향을 미친다. 미국의 경제학자 슘페터(Schumpeter)는 창업자를 혁신과 함께 창조적인 파괴를 이끌어 가는 혁신가라고 정의하였다.

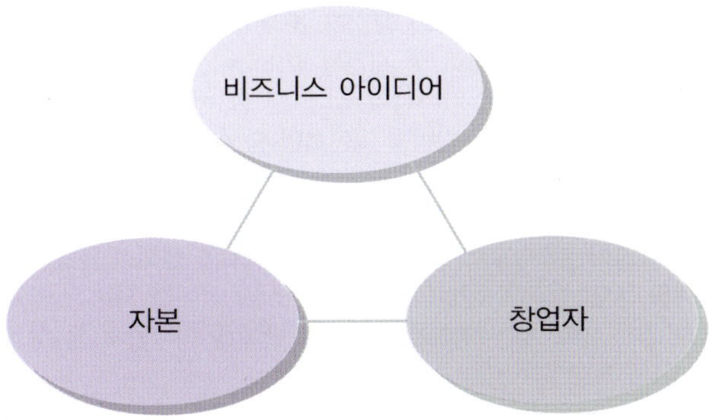

그림 8-1 창업의 3요소

창업은 개인적으로 창업자로서의 비전과 경제적 풍요의 달성이라는 측면에서도 중요하지만, 사회적으로도 혁신을 주도하고, 질 좋은 일자리를 창출하며, 국가경제를 발전시켜 국민의 삶의 질을 향상시키는 중요한 열쇠라는 점에서 커다란 의미를 지닌다.

사례 - 탐스슈즈

누구에게나 '발'은 중요한 교통수단이다. 교통이 불편하고, 생필품이 부족한 제3세계에서는 수많은 이들이 '발품'에 의지해 살아간다. 등하교를 하고, 물을 긷고, 식료품과 약을 구하기 위해 아이들과 여성들도 몇 시간씩 걸어다니기도 한다. 거친 비포장 도로가 대부분이라 '발'을 보호해 줄 신발은 필수다.

믿기지 않겠지만, 전 세계 인구 가운데 40%는 신발 없이 살아간다. 이들은 맨발로 다니다 입은 상처를 제때 치료하지 못해 '상피병'에 시달리는 경우가 많다. 코끼리 발처럼 크고 딱딱해지며 점차 기형적으로 변해가는 발에는 엄청난 고통이 따르고, 정상적인 생활은 불가능해진다. 이 끔찍한 질병은 단지 신발 '한 켤레'가 없어서 생기는 불행이다.

탐스슈즈(www.tomsshoes.co.kr)의 창립자 블레이크 마이코스키는 아르헨티나를 여행하던 중 수많은 아이들이 맨발로 몇 시간씩 걸어다니는 것을 봤다. 그 후로 오랫동안 아이들의 거친 맨발이 머릿속을 떠나지 않았다. 단 한 번 온정의 손길을 내밀게 아니라 이들을 지속적으로 도울 수 있는 방법을 고민하던 중 신발 한 켤레를 팔 때마다 다른 한 켤레를 저개발국 아이들에게 기부하는 '일대일 기부'를 생각해 냈다. 탐스슈즈는 이런 고민의 결과로 생겨났다. 2006년 판매량이 200켤레에 불과했던 탐스슈즈는 창립자의 고민과 아이디어가 널리 알려지면서 2010년 3월까지 60만 켤레가 팔렸다. 당연히 저개발국 아이들에게도 60만 켤레의 신발이 전달됐다. 신발 하나를 사는 것만으로도, 세계 어딘가에서 거친 땅을 밟고 사는 아이들의 부르튼 맨발을 어루만져 줄 수 있는 것이다(자료원: 황춘화 기자 / 한겨레신문사 / 2010.07.06.).

3 창업의지

창업을 활성화하기 위해서는 특정 개인의 창업의지에 대한 이해가 필수적이다. 창업은 시간 경과에 따라 계획적이고 의도적인 경험과 행동을 통해 진행되는 일련의 복잡한 과정으로, 대체로 의지의 통제를 받기 때문이다. 창업의지는 창업을 시작하는 최초의 단계이며 실제 창업행동을 예측하는 최고의 변수이다. 창업의지는 잠재적 창업자를 대상으로 당장 창업을 실행하지 않더라도 미래에 창업자가 되려는 개인의 능력에 대한 스스로의 판단 기준이 된다는 점에서 매우 중요한 요인이다. 창업자로서 개인 및 법인 설립이라는 창업행동에서 창업의지는 핵심적인 역할을 하기 때문에 창업의지에 대한 이해는 창업자, 실제 창업행동 등 창업과 관련된 현상 전반을 설명하는데 필수적이라고 할 수 있다. 경력 선택의 관점에서도 창업자가 되려는 개인의 결정, 즉 창업행동은 그 이전의 결정에 종속되어 있다고 가정한다.

이러한 개인의 창업의지와 행동을 이해하는데 이론적 근거를 제공해주는 대표적인 모델이 창업이벤트모델(Shapero's Entrepreneurial Event Model: SEE)이다.

창업이벤트모델은 창업이라는 사건(Event)의 발생은 여러 가지 직접적인 힘이 복합적으로 작용한다고 주장한다. 창업이벤트모델을 제시한 샤페로(Shapero)는 창업에 영향을 미치는 주변 환경을 구성하는 요인을 다음과 같이 3가지로 제시하였다.

- 부정적 대체(Negative Displacement): 해고와 같이 특정 개인이 정상궤도에서 탈락되어 실망스러운 상황이 전개될 때 창업을 고려한다는 것이다.
- 공백(Transitional Blank): 군 제대, 졸업 직후 등의 과도기적 공백상태를 타개하는 방안으로 창업을 고려한다는 것이다.
- 긍정적 요인(Positive Pull): 교수의 권유, 창업 멘토의 추천, 동업제의 등의 긍정적 유인에 의해 창업을 시도한다는 것이다.

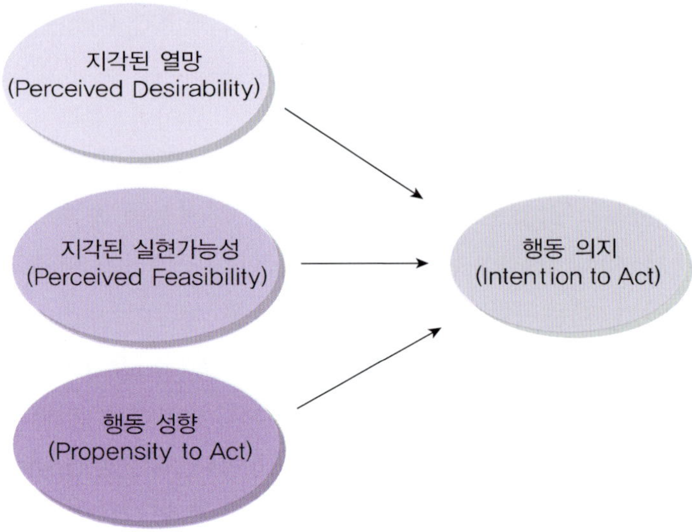

그림 8-2 창업이벤트모델

샤페로(Shapero)는 창업을 발생시키는 환경적 요인과 관련된 개인적 변수로 지각된 열망(Perceived Desirability), 지각된 실현가능성(Perceived Feasibility), 행동 성향(Propensity to Act)을 제시하였다. 결과적으로 창업이벤트모델은 창업이라는 사건은 개인의 외적 요인인 3가지의 환경 요인과 내적 요인인 3가지의 인식이 집합적으로 작용할 때 발생한다고 주장한다.

- 지각된 열망(Perceived Desirability): 개인이 창업가가 되는 것에 대한 매력을 느끼는 정도
- 지각된 실현가능성(Perceived Feasibility): 창업자의 다양한 과업을 성공적으로 수행할 수 있고 지속성장 가능한 기업을 만들 수 있는 자신감으로 정의한다.
- 행동 성향(Propensity to Act): 창업을 실행할 것인지를 판단하는 것이다.

창업이벤트모델은 한 개인이 어떻게 창업자가 되는지를 설명한다. 우선 창업자가 되고자 하는 열망이 있어야 하고(Perceived Desirability) 동시에 혁신, 마케팅, 매니지먼트, 위험감수, 재무관리라는 창업자의

다양한 과업을 성공적으로 수행할 수 있는 적합한 역량을 보유하고 있다는 강한 신념이(Perceived Feasibility) 있어야 특정 개인은 창업자가 되겠다고 결심하고 회사를 설립한다는 것이다(Propensity to Act). 창업 이벤트모델과 함께 개인의 창업행동을 이해하는데 이론적 근거를 제공해주는 대표적인 이론 중 하나인 계획된 행동이론(Theory of Planned Behavior: TPB)에 따르면 특정 개인이 창업자가 되겠다고 결심하고 창업 시장에 뛰어든 것은 호의적인 기업가적 환경, 기존 창업자와 스타트업 기업에 대한 가치를 높게 평가하는 사회·문화적 요인과 함께 본인 스스로가 창업 및 창업가에 대해서 긍정적으로 생각하고, 어떠한 어려움이 있더라도 사업 기회를 포착하며 이를 성공적으로 사업화 하는 등의 창업자로서의 다양한 과업을 성공적으로 수행하며, 지속성장 가능한 기업을 만들 수 있다라고 판단했기 때문이다.

두 이론 모두에서 중요한 것은 창업자의 능력에 대한 지각이다. 즉, 사회에서 창업의 중요성을 강조하고, 특정 개인이 창업자가 되고자 하는 열망이 강하더라도 창업자로서의 다양한 과업을 성공적으로 수행하며, 자신이 만든 기업을 지속성장 가능한 기업으로 만들 수 있는 역량을 갖추지 못했다고 판단한다면 창업자가 되기를 주저한다는 것이다.

4 진로탐색과 창업자 역량

현재 창업자는 학생들의 졸업 후 진로선택에 있어서 다양한 직업군 중 하나로 인식되고 있다. 자신의 미래를 이끌어 갈 수 있는 적합한 진로를 찾고 이에 맞는 진로계획을 세우거나 진로를 선택하는 일은 개인의 행복한 삶과 자아실현을 위해 무엇보다 중요하다. 진로발달에 관한 대표적인 변수들로 진로성숙도, 진로결정수준, 진로준비행동 등이 있다. 그중에서 현재 선행연구자들은 진로준비행동에 특히 주목하였는데, 이는 실질적으로 자신의 진로목표에 대한 계획과 실천을 포함하고 있기 때문이다. 즉, 과거에 많은 진로 관련 선행 연구들은 진로 성숙도나 진로 정체감, 진로 결정수준 등의 인지적 요인과 태도 측면에서 많은 관심을 보였으나, 실제 개인의 진로과업에 대한 진로지도나 상담의 장면에서는 개인의 진로와 관련된 준비행동 및 실천행위에 대한 개입이 요구되기 때문이다. 이는 특정 개인이 진로에 대한 인지 및 태도수준이 높아도 실질적인 정보 수집 및 탐색행동이 동반되지 않으면 합리적이고 효율적인 진로선택을 하기 어렵다는 것이다. 따라서 특정 개인의 진로고민이나 문제에 대한 접근에는 실질적으로 진로에 대한 목표를 수립하고, 적합한 역량을 갖추기 위해 노력하는 등의 진로준비행동에 대한 적절한 개입이 필요하다.

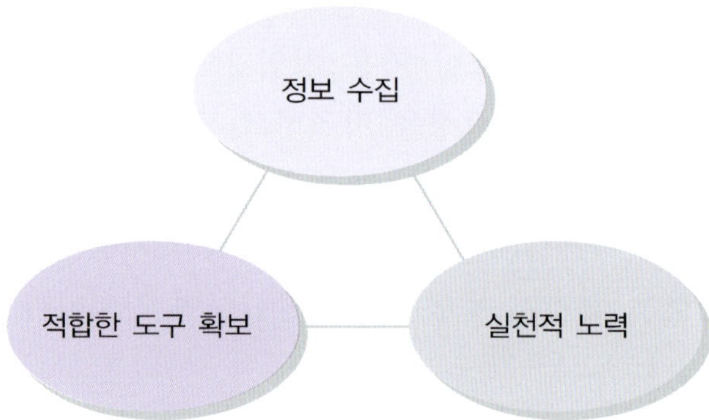

그림 8-3 진로준비행동

진로준비행동은 진로분야의 필수적인 한 가지 탐구영역으로서, 구성요인으로 정보 수집, 적합한 도구 확보, 실천적 노력을 포함하고 있다. 먼저, 정보 수집은 입직에 대한 방법, 필수요건, 현황, 전망 등 특정 개인이 관심을 가지고 있는 직업 세계의 정보와 성격, 흥미, 적성, 역량 등 특정 개인에 대한 정보를 포함한다. 적합한 도구 확보는 특정 개인이 목표한 직업에 들어가기 위한 준비과정에서 요구되는 물적자원 등 다양한 자원을 확보하는 것을 의미한다. 마지막으로 실천적 노력은 필요한 자원을 확보하기 위하여 투자하는 시간과 노력의 실제 활동을 의미한다. 경력 선택의 관점에서 창업자가 되려는 경력 선택의 관점에서 창업자가 되려는 개인의 결정 또한 정보를 수집하고, 적합한 도구가 무엇인지를 파악한 후 필요한 자원을 확보하려고 하는 실천적 노력이 필요하다.

정보 수집 단계에서의 핵심은 자기개념과 가치관이다. 즉, 진로탐색의 핵심은 정확한 자기개념과 가치관을 명료화하는 것으로부터 출발한다. 자기개념과 가치관을 명료화하면 자연스럽게 필요한 도구가 무엇인지를 파악하고 실천적 노력이 진행되기 때문이다. 자기개념은 자기에 대한 믿음, 평가, 기억을 포함하는 역동적이고 포괄적인 지식구조이다. 이러한 자기개념의 요소는 '나는 누구인가?', '나는 어떤 사람인가?', '나는 나에 대해서 어떻게 느끼고 있는가?'와 같이 자신의 역할, 가치 등 세부적인 특성과 자기에 대한 평가가 포함되며, 자존감, 자기효능감 등의 개념에 초점을 맞추고 있다. 인지부조화 이론에 따르면 자기 개념에 일치하지 않는 행동으로 인하여 부조화와 갈등을 경험한다고 한다. 더욱이 사람들이 자신이 보는 관점과 조화를 이루지 못할 때 당황하거나 이를 기피하게 된다. 다음으로 가치관이란 개인으로 하여금 어떤 방식이나 행동으로 움직이게 하는 원리나 믿음을 말한다. 직업 가치관이 중요한 것은 내가 왜 특정 직업을 선택하는지를 설명할 수 있고, 그 선택을 통해서 성취하려고 하는 것이 무엇인지 알 수 있기 때문이다. 따라서 경력 선택의 관점에서 창업자가 되려는 개인의 결정 또한 자기개념과 가치관을 명료화하는 것으로부터 출발해야 한다. 즉, 나는 창업자로서 적합한지에 대한 개인의 고유한 특성과 역량을 평가해야 한다.

창업자는 기회를 포착한 후 비즈니스 모델을 개발하고, 이에 따라 적합한 인적자원 및 물적자원을 획득하여 창업한다. 이후 그들은 다양한 경영활동을 추진한다. 이러한 창업자들이 수행해야 하는 다양한 과업들은 대부분 모호하고, 불확실하며, 스트레스 강도가 높고, 때로는 신나지만 절망적인 것 등으로 특징지어진다. 이러한 환경에서 설립한 기업을 지속 가능한 기업으로 성장시킨다는 것은 기업가적 과업을 성공적으로 수행하기 위해 필요한 개인적 특성을 보유하고 적합한 역량을 개발해야 한다는 것을 의미한다. 즉, 성공적인 창업자가 되기 위해서는 이를 뒷받침하는 창업역량이 필요하다는 뜻이다. 모리스(Morris)는 창업자 없이는 창업이 이루어질 수 없으며, 창업행동에 영향을 미치는 요인들 중 창업자가 중요한 몫을 차지한다고 역설하였다. 특히 창업자의 역량을 비롯한 다양한 개인적 특성들이 창업 여부와 성공을 결정짓는 주요 요인으로 강조되어 왔다.

1) 창업자의 개인적 특성

기업가 정신에 관한 초기 연구에서는 성공적인 창업자의 고유한 특성을 찾는 데 주력했다. 그동안의 선행연구들을 토대로 중요한 특성을 정리하면 다음과 같다.

- 성취욕구: 특정 과업을 신속하고 가능한 잘 이행하려는 바람 또는 경향을 말한다. 맥크렐랜드(McClelland)는 성취욕구가 강한 사람들은 모험, 도전을 중시해 도전적인 목표를 설정하고 자신의 일에 즐겁게 몰입한다고 지적했다. 그는 성취욕구가 강한 사람들로 구성된 조직이 다른 조직에 비해 빠른 성장을 보이게 되며, 성취욕구가 강한 사람들이 미래에 훌륭한 경영자로 성장할 가능성이 높다고 주장했다.
- 내적통제위치: 자신의 행동을 통해서 자신의 운명을 개척할 수 있다는 믿음을 의미한다. 성공적인 창업자들은 내적통제위치를 가진 경우가 많다. 밀러(Miller), 브룩하우스(Brockhaus) 등 다수의 연구자들은 내적통제위치를 가진 사람들로 구성된 최고경영자층일수록 기업이 혁신적임을 밝혔고, 내적통제위치를 가진 사람들이 창업에 성공할 확률이 높다는 실증연구 결과를 제시한 바 있다.
- 자기효능감: 개인이 가치있는 목표를 향하여 해낼 수 있다고 믿는 것을 의미한다. 즉, 개인이 어려운 상황에 부딪혔을 때 또는 자신이 원하는 반대 상황에 직면했을 때 이러한 상황들을 극복할 수 있고 주어진 과업을 성공적으로 수행할 수 있다는 강한

신념이자 일종의 자신감이다. 창업 과정에서 자기효능감은 절대적으로 중요한 의미를 갖는다. 즉, 자기효능감은 창업의지를 가진 사람의 행동과 밀접한 관련이 있기 때문에 창업자의 창업의지 및 실제 행동을 예측하는 데 도움을 줄 수 있다.

- 위험감수성향: 위험을 감수하고 불확실한 상황을 과감히 대처하는 정도 또는 모험적이고 도전적인 성향을 의미한다. 이러한 위험감수성향은 기업가적 과정에 내재하고 있는 특성이고, 창업자의 중요한 심리적 특성 중 하나이다. 섹스톤(Sexton), 가쎄(Gasse) 등 다수의 연구자들은 창업자는 일반인들보다 모험을 즐기고, 불확실성을 흥미 있는 자극으로 받아들인다고 주장하였다. 특히 베글리(Begley)와 보이드(Boyd)는 소규모 기업을 대상으로 창업자와 매니저 사이의 위험감수성향 수준을 조사한 결과 창업자의 위험감수성향 수준이 매니저보다 높음을 발견하였다.
- 혁신성: 새로운 기회와 새로운 해결책을 찾고자 하는 노력을 의미한다. 경제학자 슘페터(Schumpeter)는 기업가 정신이 발현되기 위해서 가장 중요한 요소로 혁신성을 꼽았다. 창업을 하는데 있어서 혁신성은 가장 중요한 역할을 한다. 혁신성은 창업자로 하여금 새로운 기회나 아이디어를 추구하는 가장 중요한 수단이기 때문이다.
- 진취성: 경쟁자에 대하여 우월한 성과를 산출하려는 의지와 경쟁우위를 확보하기 위하여 직접적이고 강하게 도전하는 성향을 말하며, 신규진입의 범위나 속도 역시 적극적인 성향을 나타낸다. 즉, 진취성이 높은 창업자는 다른 창업자 및 기존 경쟁기업들보다 공격적으로 경쟁하고 나아가 자신이 먼저 새로운 제품을 출시하고자 한다. 다수의 선행연구에서 진취성은 시장 점유율 및 기업성과를 강화시키는 것으로 조사되었다.
- 마케팅 효능감: 시장을 세분화한 후 핵심 고객을 선정하고 차별화 전략을 수립한 후 제품 및 서비스를 성공적으로 출시할 수 있다는 강한 신념을 의미한다. 시장조사기관인 CB 인사이트사가 미국의 135개 창업기업의 실패원인을 분석한 결과 자금부족

다음으로 마케팅 능력 부족을 실패원인으로 분석했다. 성공적인 창업자가 되고자 한다면 학습 및 경험 등을 통해 마케팅 효능감을 높여야 한다.

- 회복탄력성: 인간이 내·외적 위험에 직면했을 때 어려움을 극복해 환경에 성공적으로 적응하고, 그 환경을 스스로에게 유리하게 이용하는 총체적 능력을 의미한다. 즉, 주어진 환경에 따른 스트레스나 난관에도 불구하고 성공적으로 적응해 나가는 능력과 과정을 모두 포함하는 개념이다. 창업을 하게 되면 수많은 문제적인 상황과 역경에 직면하게 된다. 따라서 창업자가 되기 위해서는 긍정적인 자아 개념을 가지고 자신의 생활과 대인관계에 잘 적응해 나가고 자아실현을 위해 끊임없이 노력하는 회복탄력성을 성장시키는 것은 매우 중요하다.

2) 창업자 역량

창업 성공 확률은 매우 낮다. 그동안의 연구결과를 종합해보면 일반적으로 3년 이내에 50%, 10년 이내에 90%가 실패한다. 따라서 성공적인 창업자가 되기 위해서는 이를 뒷받침하는 창업역량이 필요하다. 즉, 창업자가 설립한 창업기업은 시설 및 자금, 조직 측면에서 기존 대기업 및 중소기업에 비해 열악하다. 따라서 창업자의 개인 역량에 크게 의존하기 때문에 창업 초기 단계에서 창업자의 역량은 매우 중요하다. 앞서 살펴본 개인의 창업의지와 행동을 이해하는데 이론적 근거를 제공해주는 대표적인 이론인 창업이벤트모델과 계획된 행동이론 두 이론 모두 창업자가 되고자 하는 의지에 있어서 창업자의 능력, 즉 역량에 대한 지각의 중요성을 강조하였다.

이론적 개념보다는 실무에서 많이 사용되고 있는 역량(Competency)이라는 용어는 화이트(White)가 처음 학문적으로 사용하였고, 개인의 특질로서 타고난 것이기보다는 외부환경과 상호작용하는 능력으로 교육, 피드백 등을 통해서 개발되고 학습될 수 있는 것으로 이해하였다. 이러한 역량의 현대적 개념은 심리학 분야에서 맥크렐랜드

(McClleland)에 의해 처음 정립되었다. 맥크렐랜드는 역량을 직무성과와 관련된 광범위한 개인의 내적특성으로 정의하였고, 역량이 지능보다 개인이 수행하는 직무의 성과를 더 잘 예언하고, 사회·경제적인 요인의 영향을 받지 않는다고 지적하였다. 이후 두보이스(Dubois)는 높은 업무성과를 달성하게 하는 지식, 태도, 능력 및 기타 개인특성으로 정의하였고, 스팬서와 스팬서(Spencer & Spencer)는 특정한 상황이나 직무에서 높은 성과의 원인이 되는 내적특성으로 정의하였다. 스팬서와 스팬서는 역량이 지식(Knowledge)이나 기술(Skill)을 의미하는 것이 아니라 동기(Motives), 특성(Traits) 등의 내면적인 요인도 존재한다는 것을 밝혀내어 역량에 대해 다면적으로 논의하는 계기를 마련하였다.

역량을 학습될 수 있고 발달과정으로 설명할 수 있기 때문에 훈련이나 연습으로 개선될 수 있다. 버드(Bird)는 역량에서 창업자의 정신적 특징은 오직 일부만 나타날 뿐 역량을 주로 성과물 및 행동으로 나타나고 관찰 가능하기 때문에 얼마든지 변화가 가능하고 학습 가능하다고 주장하였다. 따라서 창업역량은 모든 역량을 갖추고 있지 않은 예비 창업자들이 얼마든지 후천적인 노력과 학습으로 개발할 수 있는 것이다. 즉, 성공적인 창업을 위해 요구되는 적합한 창업역량은 창업자의 노력에 의해 향상될 수 있는 것이다.

창업자는 오래 전부터 창업의 성과를 측정하는 주요 요인 중 하나였다. 하지만 창업자를 설명하는 수단으로 창업역량을 활용하는 것은 상대적으로 최근 연구에 속한다. 예비 창업자 및 창업자의 창업역량에 대한 연구는 기업가 정신 관련 초기 연구에 해당하는 개인적 특성과는 뚜렷한 차이가 있다. 즉, 창업역량은 성취욕구, 위험감수성, 통제위치, 모호성에 대한 인내 등 개인적 특성에 의해 영향을 받을 수 있지만, 관찰 및 측정 가능한 지식, 스킬, 행동을 아우른다는 점에서, 또한 개발이 가능하다는 점에서 개인적 특성을 초월한다. 따라서 창업역량에 관한 연구는 성공적인 창업을 위해 실질적으로 적용과 응용이 가능한 대안과 방법을 제안한다. 그동안의 선행연구를 토대로 중요한 창업역량을 정리하면 다음과 같다.

- 기회인식 및 평가역량: 다양한 마케팅 조사방법을 통해 시장의 기회를 인식하고 매력도를 정확하게 평가할 수 있는 역량을 말한다. 기회를 인식하고 평가하는 과정은 창업의 핵심이 되는 개념이며, 동시에 기존 기업의 경영과 창업을 구분짓는 확실한 개념이다. 프로세스 관점에서 창업은 기회를 인식하고 평가하는 것에서부터 시작하므로 성공적인 창업을 위해 다른 창업역량보다 상대적으로 기회인식 및 평가역량을 가장 먼저 강조해야 함은 자명한 일이다. 모리스(Morris) 등 다수의 선행 연구자들은 다양한 창업역량 중 기회인식 및 평가역량을 가장 먼저 중요시해야 할 역량으로 파악하였다.
- 가치창조역량: 투자한 비용을 초과하는 이윤을 창출할 수 있을 만큼의 소비자 편익을 만들어내는 비즈니스 모델을 개발할 수 있는 능력이다.
- 미션과 비전 전달역량: 창업자가 설립한 기업의 존재 이유인 미션을 구상하고, 미션 달성을 위한 구체적인 비전을 정리하여 조직구성원들에게 전달하고 명확하게 표현할 수 있는 능력을 말한다.
- 네트워크 구축 및 활용 역량: 창업자가 자신의 기업을 성장시키는데 도움이 되는 다른 사람들과의 관계를 형성하고 유지할 수 있는 상호작용 능력이다.
- 자원관리역량: 적합한 자원과 확보할 필요가 없는 자원을 평가하고 통제할 수 있는 능력
- 게릴라역량: 다른 창업자 또는 경쟁기업이 발견하지 못한 독특하면서도 저비용인 전략을 수립하고 실행함으로써 최소의 비용으로 그 이상의 결과를 창출할 수 있는 능력을 말한다.

5 창업자로서의 삶

급격한 사회변화와 기술개발로 글로벌 경쟁은 심화되고 있고, 노동 유연성은 확대되고 있으며, 현재의 많은 사람들이 불안정한 노동시장에서 평생직업 또는 평생고용가능성을 요구받고 있는 것이 현실이다. 이에 많은 사람들이 창업역량으로서 고용가능성을 의식할 수밖에 없고, 이는 경력관리 관점에서 창업에 대한 관심으로 자연스럽게 연결된다. 즉, 점점 더 많은 사람들이 창업자를(Entrepreneur) 진로선택에 있어서 다양한 직업군 중 하나로 인식하고 있는 것이다.

창업 및 창업자는 세계 모든 나라에서 경제발전의 매우 중요한 요소로 인식되고 있으며, 특히 고용창출과 경제성장에 이바지하고 있다. 따라서 국내를 포함하여 많은 선진국들은 잠재적 창업자들의 창업활동을 활성화하기 위해 정부 차원에서 다양한 지원정책 수립과 많은 자원을 투입하여 창업활성화를 위해 노력하고 있다. 이에 창업 및 창업자에 대해서 매력을 느끼는 사람들이 증가하고 있다. 문제는 창업 실패 확률이 매우 높다는 것이다. 일반적으로 3년 이내에 50%, 10년 이내에 90%가 실패한다.

창업자들이 수행해야 하는 다양한 과업들은 대부분 불확실하고, 모호하며, 스트레스 강도가 높고, 절망적인 것 등으로 특징지어진다. 특히 창업을 하기 위한 비즈니스 아이디어와 자본은 수동적인 요소이고 창업자가 창업기업을 이끌어 가는 능동적인 요소로서 창업자의 역량이 기업의 생존 및 성장에 큰 영향을 미친다. 따라서 창업자의 역량을 비롯한 다양한 개인적 특성들이 창업 여부와 성공을 결정짓는 주요 요인으로 강조되어 왔다. 경력선택의 관점에서 창업자가 되려는 개인의 결정은 창업자로서 적합한지에 대한 개인적 특성과 적합한 창업역량을 평가해야 한다.

Chapter 09

창업 실제론

1 창업의 기본 요소

기업을 둘러싸고 있는 정치, 사회, 경제, 기술 환경이 과거 경영환경에서 탈피하여 급속하게 변화하고 있고, 글로벌 무한 경쟁시대로 인해 대내·외 환경 변화가 다양하게 일어나고 있다. 뿐만 아니라 기업은 생존하기 위해 저비용 구조로 경영환경의 패러다임을 변화시키고 있다. 이러한 경영환경의 변화 속에서 직업에 대한 인식과 삶에 대한 가치관이 변화하고 있어 창업에 대한 관심이 집중화되고 있다.

창업 개념은 학자에 따라 다양하게 정의하고 있다. 그러나 일반적으로 창업은 새로운 사업을 시작하거나 사업을 인수하여 새로이 사업을 시작하는 것을 의미한다. 또는 인적·물적자원의 효율적인 활용으로 기업이 추구하고자 하는 목적을 달성하기 위하여 재화와 용역을 생산, 판매 및 유통활동을 수행하는 것이라고도 한다. 미국 카프만 재단(Kauffman Foundation)은 국가경제 성장의 미래는 창업기업의 수에 의해 좌우될 것이라고 했다. 그리고 많은 학자들은 미국의 경제성장 성과창출의 핵심 요인을 혁신적인 성장 중심의 창업환경 조성에 있었다고 평가한다.

> 미국 카프만 재단(Kauffman Foundation) : 기업가 정신 확산을 위한 세계 비영리법인으로 1966년 설립

창업은 기본적으로 불확실성과 위험이 따르는 모험적 속성을 가지고 있고, 예측하기 힘들기 때문에 미래시장을 전망하여 창업 결정을 해야 한다. 따라서 창업을 하려면 창업자의 모험적인 기업가 정신이 필요하다. 따라서 창업에 성공하기 위해서 기본적으로 검토해야 할 핵심 요소는 사람, 자본, 창업 아이템, 사업타당성, 사업전략 등을 고려해야 한다는 것이다.

첫째, 창업과정을 주도하는 사람이다. 창업자 자신의 특성과 능력, 사업을 하고자 하는 동기 등이 명확해야 한다. 창업 성공을 위해 창업자의 경험, 능력과 자질은 절대적 요소이다. 또한 창업자는 전문성 지식, 위험 감지 능력, 의사소통, 조직관리 능력 등을 갖추어야 한다.

둘째, 창업하기 위해서는 창업자금을 어떻게 조달할 것인가 검토하는 것이다. 창업자금이란 창업 제품과 서비스를 생산·판매하기 위하여 필요한 재원을 말한다. 또한 창업 자금 조달 능력 등을 고려하여 창업을 구상하는 것이 필요하다. 따라서 창업 자금 조달 방안을 철저하게 분석하고, 조달 방법과 계획을 수립해야 한다. 즉, 자기자본, 정부지원 자금, 투자유치, 외부 차입 등 다양한 형태로 창업 자금을 조달하는 것을 검토해야 한다.

셋째, 창업에 성공하기 위해서는 창업 아이템 개발이 매우 중요하다. 어떤 제품과 서비스를 생산하여 소비자에게 전달할 것인지 구체적인 사업 내용이 있어야 한다. 또한 창업 아이템은 충분한 시장수요를 가지고 있어야 한다. 시장수요란 고객들이 그 제품을 구입할 때 지불하는 돈의 가치보다 더 큰 효용가치를 말한다. 따라서 창업 아이템은 차별성, 수익성, 안정성, 제품력 등을 갖추어야 하다. 창업 아이템 구상은 역량과 재능을 기본으로 창업 아이템을 개발하는 것이 중요하다.

창업 경험과 능력 (사람)	창업 자금 조달 (자본)	창업 업종 선택 (창업 아이템)	사업 타당성 (사업 전망)

그림 9-1 창업의 기본 요소

넷째, 사업타당성 전망이다. 사업타당성은 창업성공 여부를 결정하는 요소이다. 사업타당성을 검증하기 위해서는 시장 타당성(Market Feasibility), 기술타당성(Technology Feasibility), 재무타당성(Financial Feasibility) 등을 분석해야 한다. 시장 타당성은 제품 또는 서비스의 시장반응을 평가하는 개념으로 가격 및 품질 경쟁력, 시장 수요전망, 매출 및 손익, 경쟁자 분석 등이 있다. 기술타당성은 신규 사업에 대한 기술적 특성, 기술개발 능력, R&D 투자 등 기술 환경에 대한 분석을 통해 제품개발 가능성을 검토하는 것이다. 재무 타당성은 사업을 추진함에 있어 현금 확보 가능성, 매출 및 손익, 투자 자금 회수율 등 재무 정보 분석 등을 검토하는 것을 말한다.

R & D : Research and development의 약자로 경제 협력 개발 기구에 따르면 인간, 문화, 사회의 지식 개발

따라서 창업을 하기 위해서는 창업을 하고자 하는 사람의 사업 능력과 자질이 있는가? 창업자금 조달은 가능한가? 창업 아이템이 구체화되고 최적의 창업 아이템을 선정하였는가? 창업 자금 조달 계획은 구체화되고 자금 조달 가능성이 있는가? 그리고 대외적 환경 변화(정치, 사회, 문화, 경제, 기술 등), 영업 환경(시장, 유통, 고객, 상권), 시장 발전성과 수익성 등을 고려하여 창업계획을 세워야 한다.

2 창업 아이템 개발 및 분석

1) 창업 아이템 개발

창업에서 가장 먼저 고려해야 할 요소는 어떤 창업을 할 것인지 창업 아이템을 개발하는 것이다. 창업 아이템 개발은 어떤 제품을 생산·판매할 것인가를 말하며, 소비자에게 전달할 제품 및 서비스 속성을 말한다.

창업 아이템 개발을 위해 정보탐색이 필요하며, 창업 아이템 개발은 활용성, 재무성, 경쟁성, 시장성, 수익성, 제품성 등을 고려하여 객관적 데이터에 근거하여 개발해야 한다.

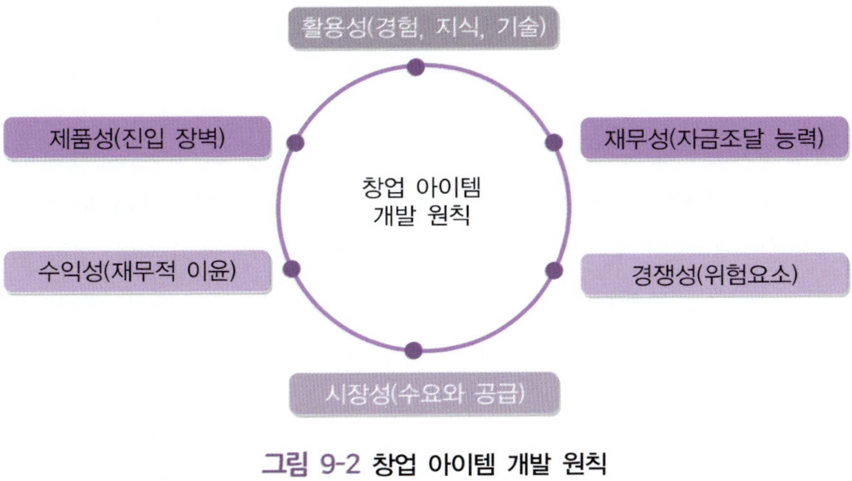

그림 9-2 창업 아이템 개발 원칙

첫째, 활용성에 대한 검토이다. 창업자의 경험, 지식, 기술력 등을 활용할 수 있는가를 의미한다. 즉, 창업 아이템이 자신의 적성에 잘 맞는가를 검토하는 것이다. 또한 창업수행 능력과 지식이 있는가? 등을 고려하고, 시장 확보 아이템을 고려하여 창업 아이템을 개발해야 한다.

둘째, 재무성은 투자비용이 적고 수익 효율성을 고려하는 것이다. 환경변화에 민감하지 않고 지속적으로 수익성을 창출하는 것을 말한다.

셋째, 경쟁성 검토이다. 경쟁성은 위험요소를 최소화하고 시장을 확보해야 한다는 것이다. 즉, 경쟁에서 이길 수 있는 창업 아이템으로 선정하는 것이 필요하다.

넷째, 시장성이다. 창업 아이템이 진입장벽 등 위험성이 있는지 미리 고려하여 창업 아이템을 개발하는 것이 필요하다. 시장성은 시장 입지가 해당 업종에 적합한가, 라이프사이클(Life Cycle)은 어떤가, 지속성장 가능 업종인가, 미래 성장성이 있는가 등을 고려해야 한다.

라이프 사이클 : 신제품이 나오면 성장곡선(S자형)에 따라 확산, 보급되었다가 소멸되는 것을 말하며, 도입기, 성장기, 성숙기, 쇠퇴기 등 4단계로 구분된다.

다섯째, 수익성이다. 투자비용에 비해 수익 전망은 양호한가, 손익분기점은 언제인가 등을 고려해야 한다.

여섯째, 제품성은 창업 아이템이 진입장벽이 높고 낮음을 검토해야 한다는 것이다. 제품조달 및 유통 용이성은 문제없는가 등을 고려하는 것이다.

2) 창업 아이템 분석

창업 아이템 분석은 창업활동의 타당성 여부를 조사, 분석하는 것을 말한다. 창업계획의 수립과 개선 및 수정의 기회를 갖기 위해 창업 아이템에 대한 분석을 실시하는 것이다. 창업 아이템에 대한 분석은 앞에서 언급했던 시장타당성, 기술타당성을 포함하여 경제타당성, SWOT 분석, 위험요소 분석, 창업수행 및 환경 분석 등을 고려해야 한다.

SWOT 분석 : 강점(Strength), 약점(Weakness), 기회(Opportunity), 위협(Threat)의 머리글자를 따서 만든 단어로 경영 전략을 수립하기 위한 분석 도구

첫째, 시장타당성(Market Validity) 분석은 경쟁제품보다 경쟁력을 확

보할 수 있는가 등에 대한 분석활동을 말한다. 즉, 제품 또는 서비스가 시장에 얼마나 팔릴 수 있는지 시장 수요예측 등을 분석하는 것이다. 또한 수요예측 분석은 경쟁제품 및 유사제품에 대한 시장수요와 고객을 분석하는 것을 말한다. 제품 수명 주기(Life Cycle) 등을 분석하는 것이며, 일정기간 동안 판매할 제품수량, 생산계획, 예상매출액 등을 분석하는 것이다.

둘째, 기술타당성(Technique Validity) 분석은 기술적으로 제품개발 가능성 여부를 검토하는 것이다. 그리고 제품 개발, 생산성, 원재료 수급 등 기술적 요소를 분석하는 것이다. 즉, 제품 품질 및 용도, 기술수준, 기술 활용성, 기술 파급성, 제품개발 가능성 등을 고려해야 한다는 것이다. 셋째, 경제타당성(Economy Validity) 분석은 시장 경제성을 평가하는 것이다. 즉, 창업 소요자금 추정, 손익계산서, 현금 흐름표 분석 등을 말한다.

넷째, SWOT 분석은 내적 환경요인(강점, 약점)과 외적 환경요인(기회, 위협)을 분석하는 것이다. SWOT 분석을 통해 창업기회를 확보하고 강점 강화와 약점 최소화를 하고, 기회 요인을 최대한 활용하고 위협 요소를 최소화하여 창업 아이템을 개발하는 것이 필요하다.

즉, SO 전략은 강점과 기회를 다 같이 극대화하는 것을 말한다. ST 전략은 위협을 극복하거나 회피하기 위해 강점을 최대한 활용하는 전략이다. 또한 WO 전략은 약점을 극복하는 것으로 약점을 최소화하고 기회를 극대화하는 것을 말한다. WT 전략은 위협을 회피하고 약점을 최소화하는 전략을 고려해야 한다는 것이다.

다섯째, 위험요소(Risk Factor)를 최소화하고 창업이 문제없이 이행될 수 있는지의 여부를 분석하는 것이다. 뿐만 아니라 시장 확보와 경쟁사와 경쟁할 수 있는가 등 위험 요소를 사전에 검토해야 하는 것이다. 끝으로 창업 수행 및 환경 분석은 지속적인 성장발전이 가능한지를 종합적으로 분석하는 것이다. 창업 적합성과 창업 목적 등 창업수행 능력을 분석하고 평가하는 것이다.

3 창업계획서 작성

1) 창업계획서 개념

벤처 캐피탈 : venture capital은 잠재력이 있는 기업에 자금을 대고 경영과 기술 지도 등을 종합적으로 지원하여 높은 자본이득을 추구하는 금융자본

창업계획서는 원래 미국에서 창업사들이 개인 투자자들이나 벤처 캐피탈로부터 자금을 조달받기 위해 작성하기 시작하였는데, 자금조달, 투자유치 등을 추진하기 위해 어떻게 실천할 것인지 계획을 수립하는 문서를 말한다. 창업계획서는 일반인도 쉽게 이해할 수 있도록 창업 내용을 작성해야 하며, 객관적 자료에 근거하여 합리적이며 설득력 있게 작성하는 것이 중요하다. 또한 창업계획서는 유망한 창업 아이템을 실행 가능한 구체적인 계획으로 발전시키는 것이다.

창업계획서를 작성하는 목적은 내·외부적 목적으로 나누어 생각할 수 있다. 내부적 목적은 창업에 대한 의견 교환, 내용 공유를 목적으로 경영진, 조직구성원 등과 공유하기 위한 것이며, 외부적 목적은 투자자, 보증기관, 정부기관 등에 비전을 제시하고, 투자유치를 목적으로 작성하는 것이다.

그리고 창업계획서는 활동계획을 나열하는 것이 아니라 창업목표와 달성 방안을 구체화하는 것을 의미한다. 또한 창업계획서는 지나치게 기술적 문제에만 초점을 맞추어서는 안 된다. 시장, 고객, 서비스, 마케팅계획 등 구체적인 내용이 포함되어야 하며, 실질적으로 사업을 진행한다는 상황에 근거하여 실현 가능한 내용을 포함하여 작성해야 한다.

한편 창업계획서는 창업 목적을 분명하게 알려주는 이정표 역할을 하며, 창업과정에서 뜻하지 않게 발생되는 어려움이나 시행착오를 줄이고 효과적인 대책을 수립할 수 있게 해준다. 뿐만 아니라 투자자 또는 기관을 설득하는 기초 자료가 되며, 투자 유치 및 자금 조달을 받을 때 필요하다.

2) 창업계획서 작성 원칙

창업계획서는 창업 목적을 이해당사자에게 설득시키기 위해 작성하는 문서이므로, 창업계획에 대한 전반적인 내용을 구체적이고 설득력 있게 작성해야 한다. 한편 객관적 데이터와 전문기관의 자료를 바탕으로 객관성을 고려하여 작성해야 한다. 재무적 이익과 성장성을 설명하고 회사가 목표시장에서 가지고 있는 사업의 핵심을 구체적으로 언급해야 한다. 그리고 자금조달계획은 정확하고 실현가능성이 있어야 한다. 즉, 자금조달 자본을 구체적으로 검토하고 사용계획은 반영해야 한다는 것이다.

따라서 창업계획서 작성 원칙은 명확성(Clarity), 객관성(Objectivity), 단순성(Simplicity), 일관성(Consistency)에 근거하여 작성해야 한다.

첫째, 명확성은 창업계획서를 작성할 때 독창성을 고려하여 작성해야 한다는 것이다. 창업 아이템이 경쟁사보다 독창성이 있어야 한다는 것이다. 명확성을 확보하게 되면 결국 차별화를 확보하게 되는 것이다. 따라서 창업내용을 이해당사자가 명확하고 쉽게 이해하고 설명될 수 있도록 구체적이고 명확하게 작성하는 것이 중요하다. 둘째, 창업계획서를 작성하는 목적은 이해당사자를 설득하기 위해 작성하는 것이므로, 객관성이 결여되어서는 안 된다. 창업계획서를 작성할 때 주관적 주장에 근거하는 것이 아니라, 조사와 분석을 통해서 객관적 데이터에 기초하여 작성해야 한다. 셋째, 단순성은 기술적 전문가가 아닌 일반인도 쉽게 이해할 수 있도록 작성해야 한다는 것이다. 넷째, 창업계획서를 작성하면서 일관성을 유지하는 것은 매우 중요한 요소이다. 즉, 창업계획서가 신뢰성을 상실하지 않도록 전체적인 내용이 일관성을 유지하면서 창업의 목적과 목표에 근거하면서 작성해야 하며, 시장 및 고객의 상황에 맞는 실현 가능한 방안을 기술해야 한다.

그리고 창업계획서를 작성할 때 명확한 고객 가치 추구(Benefit Clear Customer Value), 적절한 규모의 시장 확보 가능성(Market of Adequate Size), 실행 가능성과 수익성(Feasibility and Profitability), 혁신적인 제품과 서비스 역량(Sufficient Degree of Innovation) 등을 반영하여 작성해야 한다.

> 역량(Competency) : 1970년대 하버드 대학 McClelland 교수가 전통적인 학업, 적성 검사 혹은 성취도 검사의 한계를 지적하면서 사용한 개인의 내적 특성

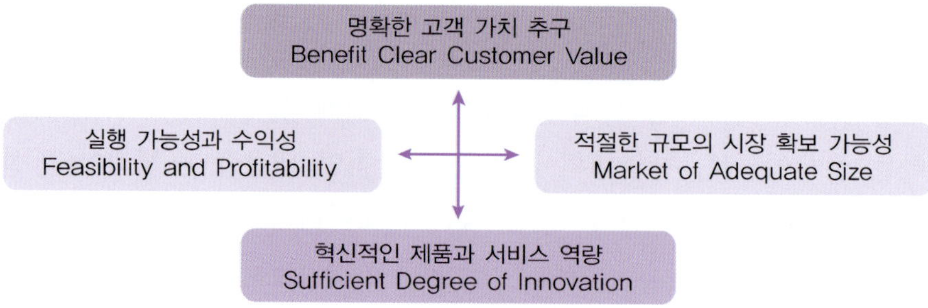

그림 9-3 창업계획서 핵심 요소

첫째, 창업으로 성공하기 위해서는 명확한 고객 가치를 제공해야 한다는 것이다. 고객 가치라는 것은 고객에게 감성적 만족을 주어야 한다는 것이다. 예를 들면, 본 제품은 분당 500번 작업을 할 수 있고, 30%의 원가절감을 할 수 있다고 강조할 것이 아니라, 소비자의 시간과 비용을 절약해 준다는 식으로 고객가치를 제공한다는 내용을 전달해야 한다는 것이다. 즉, 고객에게 독특한 가치(Unique Value)를 제시해야 한다. 당신의 제품과 서비스를 누가 사는가, 왜 고객은 당신의 제품을 사는가, 고객의 니즈(Needs)를 만족시키는가, 고객에게 감성적 가치(Emotional Value)를 제시하고 있는가에 대한 핵심 질문을 해야 한다.

둘째, 시장 규모와 사업타당성이 있어야 한다는 것이다. 즉, 시장 규모와 사업타당성은 결국 창업 성공 여부를 결정하는 실행적 요소이다. 시장 규모는 목표고객, 시장점유율, 매출액 등을 확보할 수 있는지 분석해야 한다는 것이며, 확실한 근거를 가지고 작성해야 된다. 증명할 수 없는 막연한 예측이 아니라 검증 가능한 객관적 데이터에 근거해야 한다는 것이다. 시장 규모 분석은 제품과 서비스가 적절한 시장 규모를 확보하고 있는지에 대한 분석이다. 시장 규모는 어느 정도인가, 시장은 성장하고 있는가, 목표로 하는 시장 및 점유율은 어느 정도인가, 제품과 서비스에 대한 경쟁자는 누구인가, 경쟁자에 비해 기회요인은 무엇인가 등에 대해 분석하는 것이다.

또한 사업타당성 분석은 시장성 분석, 기술성 분석, 재산성 분석을 의미한다. 시장성 분석은 시장 환경, 경쟁상태, 시장진입 가능성, 중장기 수급전망 등을 분석하는 것을 말한다. 기술성 분석은 제품 생산가능성, 품질 및 성능 등에 대한 검토이며, 기존 제품에 대한 비교우위 등을 분석하는 것이다. 그리고 채산성 분석은 적정 수익률 확보 여부를 판단하기 위한 투자수익 및 손익분기점 등을 분석하는 것이다. 즉, 자본조달, 소요자금 규모, 현금흐름(Cash Flow) 등 재무적 환경을 분석하는 것을 말한다.

셋째, 제품과 서비스 혁신이 필요하다는 것이다. 시장의 제품과 서비스가 어떻게 차별화되는지를 명확히 정의해야 한다. 만약 기존 제품과 서비스가 고객에게 주는 가치보다 더 나은 가치를 고객에게 줄 수 없다면 의미가 없다. 고객의 입장에서 새로운 제품과 서비스가 주는 장점 및 단점을 주의 깊게 분석해야 한다는 것이다. 또한 제품과 서비스가 고객에게 전달되기 위해서는 해결해야 할 요소가 제시되어야 한다. 제품 및 서비스 면에서 혁신적인 것이라 할 수 있는가, 신제품 개발, 기존 사업 혁신 등 비즈니스 시스템에서 혁신한 것이 있는가, 어떤 분야에서 혁신을 하고 있는지 분명한가 등을 통해 제품에 대한 역할(용도, 기능 등), 차별성, 고객가치 등에 대한 혁신 방안을 고려해야 한다. 넷째, 실행 가능성 및 수익성이다. 창업계획서는 실행 가능성(법적 제도와 법규 등)을 고려하고 전체적인 수익성을 고려해야 한다. 창업은 수익성이 전제되어야 하기 때문에 아무리 시장성이 좋고 사업 아이템이 좋다고 하여도 이윤을 창출할 수 없다면 창업으로서의 가치가 없다. 따라서 창업 아이디어를 사업화하는데 어떤 제약이 있는가, 왜 다른 사람들은 실행하지 않고 있나, 사업의 매출 총이익은 어느 정도인가, 매출 대비 수익률은 어느 정도인가, 손익 분기점은 언제인가 등을 고려하여 창업실행 가능성을 총체적으로 검토해야 한다.

3) 창업계획서 핵심 요소

창업계획서를 작성하는데 포함해야 할 내용을 한정하기가 쉽지 않다. 그러나 일반적으로 창업계획서에 포함되어야 할 핵심 요소는 전체 사업요약(Executive Summary), 사업계획 및 회사개요(Business Plan & Company Overview), 제품·서비스·기술(Product, Service, Technology) 분석, 시장 규모와 성장성(Market Size and Growth), 조직 및 인력운영(Organization and HR), 재무관리 계획(Financial Management Planning), 세부실행 일정(Detailed Implementation Schedule) 등을 반영하여 작성해야 한다.

첫째, 전체 사업요약은 창업계획서 전체를 요약한 문서로 경영적, 재무적, 사업적 측면을 고려하여 작성한다. 경영적 측면에서는 회사개요(회사 비전과 전략, 회사 경영철학과 이념), 경영방침, 회사정관 및 규정, 제휴현황 등을 고려한다. 재무적 측면은 자금조달 및 운영계획, 투자 수익률, 현금 흐름, 지분구조 등을 반영한다. 한편 사업적 측면은 시장 점유율, 매출 및 수익률, 조직운영, 마케팅계획, 유통 및 서비스, 홍보 및 PR 등을 반영하여 작성한다. 결과적으로 전체 사업계획을 이해할 수 있도록 작성하여 의사결정권자(Decision Maker)에게 핵심적 사업내용을 전달되도록 하여 의사결정을 쉽게 할 수 있도록 하는 것이 핵심이다.

둘째, 사업계획 및 회사개요는 회사가 제시하고자 사업목표와 목적, 사업유형, 중장기 사업계획, 제품개발 및 판매계획, 자금운영계획, 마케팅계획, 시장지배력 등을 제시하는 것이다. 또한 고객, 경쟁자, 협력업체, 지역사회 등 외부 환경을 반영하여 회사의 비전을 설정하고 제시하는 것이다. 사업 아이템과 시장현황, 시장 확대 가능성 등 사업발전 가능성을 자세히 작성하도록 해야 한다. 또한 회사의 특성을 제시하고 비전을 제시해야 한다. 뿐만 아니라 표적시장과 고객, 제품과 서비스 관련 경쟁사를 분석하여 반영해야 한다. 회사개요에 포함될 내용은 기업이념과 철학, 경영목표 등이 기본적으로 언급되어야 한다. 또한 경영자와 조직원의 신념과 가치관을 제시해야 하며, 회사의 특성, 회사연혁 등이 포함되도록 한다. 한편 인력 및 조직 등을 반영해야 하며 회사정관, 소유자와 경영진 관계, 사업전략과 비전 등을 기술해야 한다.

셋째, 제품·서비스·기술 분석은 제품의 핵심역량, 제품의 특성 및 편익, 제품 경쟁력 비교(제품, 품질, 가격, 이미지 등), 제품 차별화 포인트 등을 분석하는 것이다. 또한 현재 보유하고 있는 제품기술이 경쟁사 대비 경쟁력과 미래성 전망 등을 분석하여 제시해야 한다. 한편 표적시장과 고객, 제품속성, 연구와 개발, 제품 원가와 가격, 지식재산권 등이 포함되도록 한다.

서비스 역량은 서비스 디자인을 어떻게 실행할 것인지를 분석하는 것이다. 서비스는 제품과 가격의 범주를 뛰어넘는 고객관리의 문제이다. 서비스에 결함이 발생하면 기업은 존속할 수 없기 때문에 서비스는 목표고객의 니즈를 반드시 부합해야 한다. 따라서 서비스 속성에 대한 소비자 선호도를 파악해서 서비스 구축에 반영해야 한다. 그러므로 서비스 역량 분석은 고객중심으로 진행되어야 하며, 서비스 조직, 서비스 전략, 서비스 가치, 고객 만족 방안, 경쟁사 서비스 운영 실태 등을 고려해서 창업계획서를 수립해야 한다. 기술역량 분석은 연구개발 규모, R&D 인력, 제품개발 능력, 보유 기술과 특허 등 전반적인 기술 분야에 대해 분석하는 것이다. 한편 제조업일 경우 생산라인 및 설비현황, 연구시설 및 장비, 원자재 수급계획, 연구개발 투자계획, 품질관리, 생산성 향상계획 등을 분석하여 반영한다.

넷째, 시장 규모와 성장성은 사업을 수행함에 있어 가장 중요한 요소이다. 시장 규모 및 시장 점유율과 미래시장 점유율은 어느 정도인지 명확하게 전망하고 분석해야 한다. 또한 시장 성장성 전망과 잠재시장에 대해서도 기술해야 한다. 시장의 성장예측과 분석, 시장 고객에 대한 전망 등을 분석해야 한다. 이렇게 시장 분석과 규모 추정은 시장 형성과 규모에 미치는 요소를 설정하고, 향후 어떻게 전개할 것인지 가설을 설정한 후 가설에 기초하여 시장 규모를 예측하는 것이다.

시장 규모 예측은 경쟁사와 신규 시장 예측 등을 고려해 조사하고, 잠재적 위험에 대한 분석도 필요하다. 또한 시장 점유 확대를 위한 유통경로를 어떻게 운영할 것인지 구체적인 계획도 수립해야 한다. 그리고 제품에 대한 사전적 예측을 통해 성공적 시장 런칭(Market

Launching)을 진행해야 한다. 유통 사업을 창업할 경우 입지 상권을 분석해야 한다. 입지 상권분석이란 소비자의 분포지역을 말하는 것으로 고객으로 유치할 수 있는가를 기준으로 소비를 이루는 범위를 말한다. 여기서 말하는 고객은 주기적으로 자주 점포를 방문해 수익을 올려주는 충성고객을 말한다.

상권의 연령대 및 소득수준에 맞는 창업 아이템을 선정해야 하므로 상권 분석은 기본이다. 한편 시장 경쟁(Market Competition)은 누구인가, 경쟁사 영업과 마케팅 전략은 무엇인가, 경쟁사 핵심 고객은 누구인가, 경쟁사가 제시하는 제품과 서비스 가치는 무엇인가, 경쟁사 핵심역량과 경쟁원천은 무엇인가 등에 대한 분석이 필요하다.

다섯째, 조직 및 인력운영 부분은 조직과 인력을 어떻게 관리하고 운영하여 창업 경쟁력을 확보할 것인가를 의미한다. 따라서 조직과 인력의 역할과 기능이 무엇인지 구체화할 필요가 있다. 투자자는 창업 아이디어에 투자하지 않고 인력에 투자한다는 말이 있다. 즉, 창업 인력 구성을 어떻게 하고 있는지의 중요성을 인식하고 있다는 것이다. 따라서 창업은 조직구성원들이 어떤 활동을 하며 어떤 관계를 맺고 있는지에 관한 것이다. 조직은 사업 진입 단계에서는 TFT(Task Force Team) 형태를 유지하다가 창업이 본격화될 경우에는 독립된 Business Unit으로 설계되어야 한다. 조직운영과 계획은 구체적으로 제시되었는가, 미래 비전과 미션은 상세하게 기술되었는가, 조직구성이 적절하게 구성되어 있는가 등에 관한 핵심 질문이다. 한편 의사결정권자와 조직구성원에 대한 평가를 위한 KPI를 설정해야 하며, 목표를 달성했을 경우 보상(Reward) 방안을 제시해야 한다. 또한 조직원 구성은 객관적인 근거와 함께 기술되었는가 조직원에 대한 업무평가를 위한 MBO와 KPI는 명확하게 선정되었는가 KPI가 회사 미션과 목표, 기능과 조화를 잘 이루고 있는가 등을 구체화하는 것이다.

> KPI : KPI(key Performance Indicator)는 기업이나 조직의 목표달성과 전략을 위한 핵심측정지표

여섯째, 재무관리계획 수립은 현금 흐름표, 손익계산서, 대차대조표로 나타내는 것이 일반적이다. 재무계획은 월별 혹은 분기별, 반기, 연간 등 세부적으로 계획되어야 한다. 고정비 예측을 바탕으로 회사

> 손익계산서 : 영어로 state of comprehensive income라 표기하며 회계기간에 속하는 모든 수익과 모든 비용을 적정하게 표시하여 손익을 나타내는 회계문서

가 얼마나 많은 수익이 발생할 수 있는가를 나타내는 것이 손익계산서이다. 한편 현금 흐름표는 사업 추진에 투입된 투자금액과 창출될 현금을 기간별로 체계적으로 나타낸 것이며, 대차대조표는 사업 추진에 따른 사업의 재산 상태의 변화를 표시한 것이다.

또한 자금조달 규모를 예측하는 기본 자료로 활용되기 때문에 정확성이 요구되며, 객관적인 근거에 의해 작성해야 한다. 한편 자본 및 재무계획, 자본금 회수방안, 투자 수익성(ROI: Return On Investment) 등을 제시하며, 손익분기점을 명확하게 제시하는 것이 중요하다. 손익분기점(Break-even point)이란 매출액이 당해 기간의 총비용과 일치하는 점을 말한다.

끝으로 세부실행 계획은 어떻게 사업을 진행할 것인지에 대한 세부실행 일정을 계획하는 것을 말한다. 전체 일정이 너무 낙관적으로 작성되어 있지는 않은가, 선후관계가 잘 계획되었는가, 중요 업무가 누락되지 않았는가, 전체 일정을 이해할 수 있도록 작성되었는가에 대한 핵심 질문을 통해 작성한다. 즉, 전반적인 사업추진 일정으로 주요 활동별 이정표를 제시하는 것이다.

4) 창업계획서 작성 유의시항

창업계획서는 성공과 실패를 결정하는 문서이며, 창업을 성장 및 발전시키려는 구체화된 의지를 체계적으로 정리한 보고서이다. 따라서 창업계획서는 창업 아이템, 경쟁 제품 차별성, 시장성 및 수익성 등을 고려하여 구체적이고 명료하게 작성해야 한다. 또한 창업계획을 이해 당사자에게 설득하는 보고서이기 때문에 추상적 개념이 아닌 논리성과 객관적 데이터에 근거하여 신뢰성 있게 작성하는 것이 중요하다.

한편 시장의 존재와 성장 가능성을 부각시켜야 하므로 수익성에 대해 명확하게 설명해야 한다. 즉, 어떻게 수행해서 수익을 창출할 것인지에 대한 방법을 명확하게 제시해야 한다는 것이다. 특히 IT와 기술창업의 경우는 사업하는 방식이 이해하기가 힘들기 때문에 사업 모델을 명확하게 제시할 필요가 있다.

그리고 필요한 소요 자금을 정확하게 산정하고, 구체적인 자금 조달 방안 및 계획을 수립해야 한다. 또한 조달 가능한 자기자본을 기술해야 하고, 사업을 추진하는 과정에 발생할 수 있는 문제점과 극복 방안을 제시해야 한다. 그리고 창업계획서로 투자를 유치하고자 할 경우 창업 아이템 및 창업자 능력과 역량, 인력운영계획, 창업 독창성 등이 부각되도록 작성해야 한다. 한편 이해당사자가 해당 분야의 전문가가 아닌 경우가 많기 때문에 이해하기 쉬운 용어를 사용하여 세부적으로 작성할 필요가 있다.

4 창업 마케팅

창업계획서 수립에 있어 마케팅 전략을 수립하는 것은 창업에서 성공하기 위한 절대적 요소이다. 따라서 창업계획서를 작성할 때 마케팅계획이 반드시 포함되어야 한다. 즉, 창업을 어떻게 운영할 것이지 구체적인 실행계획을 수립하는 것을 의미한다. 마케팅 목표와 계획은 무엇인가, 제품과 서비스를 어떻게 고객에게 전달할 것인가, 시장수요를 어떻게 창출할 것인가, 물류와 유통과 어떻게 할 것인가, 홍보는 어떤 방법으로 진행할 것인가, 시장을 어떻게 구체화, 세분화, 차별화할 것인가 등 창업 마케팅계획을 수립해야 한다. 따라서 창업 마케팅 전략을 수립하기 위해 마케팅 조사설계, 3C 분석, STPD 전략, 마케팅 믹스 등을 반영하여 마케팅계획을 수립해야 하며 구체적으로 알아보면 다음과 같다.

마케팅 믹스(Marketing Mixs) : 이익을 극대화하기 위한 목표를 효과적으로 달성하기 위해 전략적 실행계획을 수립하는 과정

1) 마케팅 조사

마케팅 조사는 시장 수요와 트랜드, 고객 니즈와 욕구, 경쟁사 경영환경, 제품과 기술 동향 등을 조사·분석하는 것을 말한다. 마케팅 조사 방법은 관찰법(Observation Method), 표적 집단 면접법(Focus Group

Interview), 심층 면접법(Depth Interview), 서베이 조사(Survey Research), 실험 조사(Experimental Research) 등이 있다. 이러한 마케팅 조사를 통해서 창업계획서를 작성하는 것이 필요하다.

3C 분석은 고객, 경쟁사, 자사에 대하여 분석하는 것을 말한다. 고객 분석은 소비자의 니즈와 욕구가 무엇인지 분석하는 것이다. 자사 분석은 기업의 경영환경 및 경쟁력에 대한 시장 상황과 능력요소를 분석하는 것이며, 경쟁사 분석은 경쟁사의 경영환경과 경쟁력 및 차별성에 대한 상황 등을 분석하는 것을 말한다. 또한 시장 규모와 시장 성장률, 잠재 경쟁자, 자사와의 적합성 분석 등을 통해 세분 시장별 매력도를 평가하고, 자사와 가장 적합한 시장, 즉 표적시장을 선정하는 것이다.

2) STPD 전략 수립

STPD 전략이란 구체적 창업 마케팅을 추진하는 실행 전략을 의미한다. STPD란 고객과 시장을 세분화(Segmentation)하고, 적합한 시장과 고객을 선정(Targeting)하여 소비자가 기억하고 행동할 수 있도록 포지셔닝(Positioning)하며, 경쟁사와 차별화(Differentiation)될 수 있도록 하는 것을 의미한다.

시장 세분화는 인구통계, 지역적 상황, 라이프 스타일, 유통채널, 제품 특성, 공급자 형태 등을 고려하여 시장을 구체화하는 것이다. 그리고 표적시장은 현재와 미래의 시장 규모, 성장률, 잠재적 경쟁구도, 수익률 등을 검토하고 경쟁우위를 고려하여 표적시장을 선정해야 한다. 한편 포지셔닝은 제품속성, 사용자, 경쟁사 위치 등을 고려하여 어떤 것을 중심으로 포지셔닝할 것인지를 검토하는 것이다. 따라서 제품 중심으로 포지셔닝할 것인가 소비자 편익 중심으로 포지셔닝할 것인가 경쟁사 중심으로 포지셔닝할 것인가를 명확하게 해야 한다. 끝으로 차별화 전략은 제품, 품질, 서비스, 유통, 이미지를 어떻게 차별화하여 경쟁력을 확보할 것인지 구체화하는 것이다.

3) 마케팅 믹스

마케팅 믹스(Marketing Mix)는 제품, 가격, 유통, 촉진 등의 마케팅 요소를 최적화하는 것으로, 일반적으로 4가지 요소가 기본이며, 성공적 창업을 위해서 명확한 전략을 제시하는 것이 중요하다. 그렇지만 최근에는 소비자 니즈와 욕구가 다양해지고 있어 종업원, 프로세스, 물리적 증거 등을 추가하여 4Ps에서 7Ps로 마케팅 믹스가 확대되고 있다.

그림 9-4 마케팅 믹스 7Ps

제품은 디자인, 상표명, 제품 라인업(Line-up), 기능과 성능, 품질 등을 어떻게 구체화할 것인가를 분석하는 것이다. 가격은 소비자가 제품과 서비스에 대해 지불하고자 하는 의사가 있는 가격수준을 말하며, 가격결정은 시장과 수요 상황, 경쟁사 가격 정책, 잠재 경쟁자, 미래창업 환경 등을 고려하여 결정한다. 가격은 목표에 따라서도 달라질 수도 있는데, 낮은 가격으로 시장 점유를 확대하는 침투가격정책(Penetration Strategy)과 특정 고객을 대상으로 판매하는 프리미엄 가격 정책(Premium Strategy)으로 분류할 수 있다.

그리고 유통은 제품과 서비스를 어떤 방법으로 소비자에게 전달할 것인가를 결정하는 것으로, 매출에 직접적인 영향을 미치므로 시장 수요와 공급 등 다양한 요소를 고려하여 결정해야 한다. 고객 수요, 제품과 서비스 형태, 고객 유형, 제품 구매 장소, 판매 가격, 구매빈도, 법과 제도 등을 고려해야 한다. 판매촉진은 고객이 제품과 서비스를 구매하도록 설득하는 과정을 말하며, 고객에게 제품과 서비스가 가치를 어떻게 제공할 것인가를 설득력 있게 전달할 것인지가 중요하다. 즉, 고객을 대상으로 광고, 촉진, 홍보 등을 어떻게 전개할 것인지 구체화하는 것을 말한다. 프로세스는 구매자의 의사결정에 영향을 미치는 사람을 대상으로 철저하게 이해시키고 가치를 전달하는 과정을 말한다. 종업원은 고객에게 서비스를 전달하는 접점에 존재하기 때문에 종업원의 태도와 메시지 전달력이 중요하다. 끝으로 물리적 증거는 종업원 복장, 명함, 제품 소개서 등 고객 접촉 환경을 분석하여 어떻게 고객을 감동시키고 구매로 연결시킬 것인가를 구체화하는 과정을 말한다. 결론적으로 기업은 어떤 제품과 서비스를 창출하여 고객에게 가치를 전달할 것인지 철저한 마케팅 믹스 전략을 수립해야 한다.

5 창업 유형과 절차

1) 창업의 유형

창업을 시작하기 전에 창업자는 우선 창업이 무엇인지 창업에 대한 명확한 개념을 이해하는 것이 중요하며, 창업은 유형에 따라 다양하게 분류할 수 있다. 즉, 창업은 창업 목적, 창업 특징, 창업의 법적 구조, 창업 형태에 따라 분류할 수 있으며, 어떤 유형의 창업을 할 것인지 창업 전에 검토하고 적합성 여부를 결정해야 한다.

첫째, 창업 목적에 따라서 기회형 창업과 생계형 창업으로 구분할 수 있다. 기회형 창업은 창업자가 새로운 사업 기회를 실현하기 위해 자발적으로 창업하는 것을 의미하며, 새로운 기술이나 새로운 아이디어를 기반으로 창업하기 때문에 위험성은 높으나 성공하면 큰 수익을 기대할 수 있다. 반면 생계형 창업은 생계유지를 위해 창업하는 것을 말하며, 최소의 비용을 투자해 안정적 수익을 창출하는 것을 목적으로 하고 있기 때문에 노동 집약적이다. 생계형 창업은

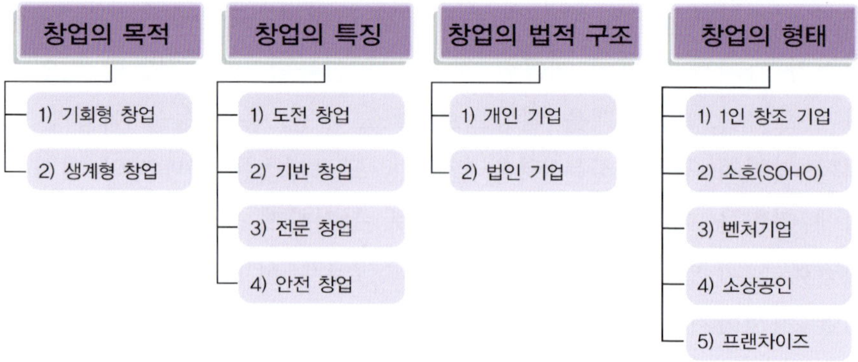

그림 9-5 창업의 유형에 따른 분류

소자본 창업으로 자영업, 외식업, 소매업 등에서 창업하는 것으로, 대부분 자기자본으로 자금을 충당하며 사업 타당성 분석 등을 스스로 하는 경우가 일반적이다.

표 9-1 창업목적에 따른 분류

구분	기회형 창업	생계형 창업
목적	자신의 아이디어를 실현	생계 유지
창업기반 및 특징	기술·지식 집약적	노동 집약적
동기	자발적	비자발적
형태	벤처 창업, 소호(SOHO), 1인 창조기업	소상공인, 프랜차이즈

둘째, 창업 특징에 따른 분류는 도전창업, 기반창업, 전문창업, 안정창업으로 분류할 수 있다. 도전창업은 주로 20대 연령층에서 주로 이루어지며 열정과 도전정신을 바탕으로 창업하는 것이다. 기반창업은 주로 30대 연령층에서 시작하는 창업으로 경험, 지식, 인맥 등을 기반으로 하는 창업을 말한다. 한편 전문 창업은 주로 40~50대에 창업하는 것으로 특정 분야에서 오랜 근무경력과 전문 지식을 바탕으로 창업하는 것이며, 안전 창업은 주로 50대 이상의 연령층에서 생계 수단 및 노후 대책을 위해 안전성을 바탕으로 하는 창업을 말한다.

셋째, 창업은 법적 구조에 따라 개인 창업과 법인 창업(사업자)으로 구분할 수 있다. 개인 창업은 소요자본 전부 또는 일부를 개인이 출자하고, 그 자본 운영에 관한 책임을 개인 출자자가 감수하는 형태로, 소규모 자본을 투입하여 운영할 때 알맞은 형태로 이윤의 전부가 개인에게 귀속된다. 그러나 창업 성공여부가 개인 역량에 의존할 수밖에 없어 경영의 한계를 극복해야 한다. 물론 법인 창업(사업자)은 주주중심으로 운영되는 주식회사 형태로 소유와 경영이 분리할 수 있으며, 전문경영인을 영입하여 경영의 한계를 극복할 수 있다. 이윤 배분은 출자자의 지분에 따라 분배하며 경영자는 운영에 대해 책임을 지며, 일정 규모 이상으로 성장 가능한 유망사업의 경우에 적합한 형태이다.

넷째, 창업형태에 따라 벤처기업, 소호(SOHO), 1인 창조기업, 소상공인, 프랜차이즈로 구분할 수 있다. 벤처기업은 첨단 기술, 새로운 아이디어를 기초하여 사업화하는 창조적이고 기술 집약적인 창업을 말한다. 벤처창업은 높은 위험과 높은 수익성을 가진 창업으로 고도의 기술 집약적이고, 일반적으로 벤처 캐피탈에서 투자한 기업으로 연구 및 기술개발이 중심인 블루오션(Blue Ocean) 창업을 말한다. 벤처기업의 사업 영역은 WEB 서비스, SNS, 모바일 서비스, 소프트웨어 등 IT(Information Technology) 분야와 신약개발, 백신개발, 유전자 치료 등 BT(Bio Technology) 분야가 있다. 또한 첨단 소재, 반도체 소재 개발 등 NT(Nano Technology) 분야가 벤처창업 형태이다. 벤처창업은 기술력을 인정받으면 자금 조달이 상대적으로 유리하고, 기술개발 및 사업화 과정에 큰 자금이 필요하므로 실패할 경우 경제적 타격이 크며, 기술개발을 위해 핵심인력 확보가 쉽지 않다는 단점이 있다.

소호(SOHO) : Small office/home office로 1~10명 정도가 일하는 작은 회사를 말하며, 첨단통신기기나 사무기기로 최적의 업무 환경을 갖춘 작은 사무실 또는 비즈니스 센터

표 9-2 창업형태에 따른 분류

형태	벤처기업	소호 (SOHO)	1인 창조기업	소상공인	프랜차이즈
창업 목적	기회형 창업	기회형 창업	기회형 창업	생계형 창업	생계형 창업
창업 기업의 형태	개인, 법인	개인, 법인	개인, 법인	개인	개인

형태	벤처기업	소호 (SOHO)	1인 창조기업	소상공인	프랜차이즈
규모	1인 이상	2인 이상	1인	1인 이상(가족형태)	1인 이상(가족형태)
업종사례	첨단기술 IT, BT, NT 분야	Web사업 프로그래머 온라인 사업	지식, 경험, 기술 소프트웨어, 유통전통소재	유통, 외식, 소매, 서비스 분야	가맹점 창업

소호(SOHO)창업은 컴퓨터와 정보기술의 발달로 가능해진 소규모 개인사업을 의미한다. 컴퓨터 몇 대와 주변 장비만으로 하는 Web 사업, 원격으로 시스템을 관리해 주는 시스템 프로그래머, 소규모 자본으로 사업하는 온라인 쇼핑몰 등이 대표적이다. 정보나 지식 그리고 독특하고 창의적인 아이디어를 기반으로 시작하는 사업형태를 말한다. 창업 자금이 적게 들고, 기업유지 비용이 상대적으로 낮아 적은 투자로 시작할 수 있다. 그러나 진입 장벽이 낮아 누구나 쉽게 창업할 수 있고, 인지도가 낮고 아이템이나 사업 분야가 중복되어 실패할 확률이 높다. 1인 창조기업은 자신의 지식, 경험, 기술 등을 활용한 기술 집약적 창업이다. 주로 지식 서비스 분야에서 독특한 아이디어로 매출과 이익을 창출하는 유형의 사업이다. 일반적으로 사업 영역은 소프트웨어 개발과 같은 IT 서비스 분야와 만화, 드라마, 영화 제작과 같은 문화 콘텐츠 서비스 분야 그리고 전통 공예품, 전통음식 제조 등 전통소재의 제조업이 해당된다. 그러나 혼자서 모든 업무를 처리하므로 일의 강도가 높고 대외 신뢰도가 상대적으로 낮다.

한편 소상공인 창업은 외식업, 소매업, 유통업 등 규모가 작은 점포 형태의 창업을 의미하며, 생계를 영위하기 위한 사업이다. 사업 영역은 분식점, 식당, 커피숍 등 외식업과 문구점, 화장품, 세탁소 등 소매업 분야와 피부 관리샵, 미용실, 네일아트샵 등 서비스 분야가 있다. 업종 폭이 넓고 전문기술이나 지식을 필요로 하지 않으며, 상대적으로 소규모 자금으로 창업이 가능한 반면, 누구나 쉽게 시작할 수 있기 때문에 경쟁이 치열하고 진입장벽이 낮고, 개인 시간이 상대적으로 부족하다.

프랜차이즈 창업은 기존의 브랜드를 가지고 있는 본사와 가맹점 계약을 체결하고 상호, 상표, 서비스 등을 제공받아 창업을 하는 형태를 말한다. 사업 경험이 부족한 초보 창업자가 본사로부터 경영지도 및 영업 노하우 등을 도움을 받을 수 있고, 유명한 브랜드나 상호 등을 내걸고 사업을 시작하므로 소비자들로부터 신뢰와 인지도가 높다. 반면에 본사의 무분별한 가맹점 유치로 인하여 가맹점이 피해를 입을 가능성이 높고, 로열티가 다소 비싸며 본사의 간섭으로 인해 독자적 경영을 하는데 장애요소가 많다.

2) 창업 프로세스

창업은 새롭게 기업을 설립하여 사업을 개시하는 것으로서 새로운 업(業)을 시작하는 것을 의미하며, 새로운 업을 시작하려면 사업 절차가 필요하다. 일반적으로 창업 절차는 창업환경 분석 및 아이템 탐색, 사업 형태 및 제품 콘셉트(concept), 업종 및 아이템 확정, 사업 타당성, 투자 규모 및 자금조달, 사업 계획서 작성, 제품 개발 및 마케팅 전략 수립, 제품 출시 등의 프로세스를 거치게 된다.

컨셉(concept) : 어떤 작품이나 제품, 공연, 행사 따위에서 드러내려고 하는 사고방식이나 구상

창업 프로세스를 구체적으로 살펴보면 첫째, 창업가는 창업환경 분석 및 아이템 탐색을 분석해야 한다. 무엇 때문에 창업을 시작했고, 어떻게 재무적 이윤을 창출하고, 사업을 발전시키고, 어떻게

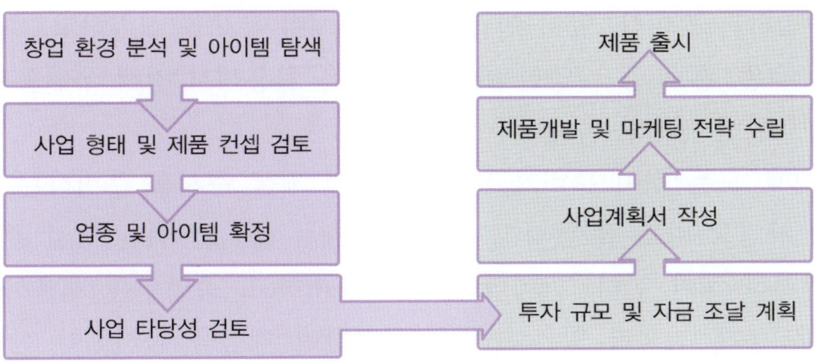

그림 9-6 창업 프로세스

사회에 기여할 것인지, 창업 아이템을 검토하는 것이 창업의 출발이다. 따라서 창업가는 창업환경과 시장 상황에 대한 이해가 필요하다. 둘째, 시장 환경에 대해 기회와 위협요소가 무엇이고, 외부 환경에 대한 강점과 약점을 분석하여 명확한 사업 결정을 내려야 한다. 셋째, 업종 선정에 있어서는 창업 환경과 시대적 환경 및 자신에게 맞는 업종을 찾아내는 것이다. 성공적인 아이템 선정을 위해 수익성, 안정성, 성장성 등을 갖추고 있는지 검토해야 한다. 넷째, 업종을 선정했다면 사업 타당성 분석을 해야 한다. 사업 타당성 분석은 사업 성패가 걸릴 만큼 상권 분석을 반드시 해야 한다. 상권 분석의 핵심은 유동인구를 파악하고 고객층을 분석하는 것이다.

다섯째, 투자 규모와 창업자금 준비이다. 창업은 자기 자금으로 하는 것이 일반적인 원칙이다. 외부로부터의 과도한 자금 조달은 창업 초기 자금 부담이 발생하는 경우 대응능력이 저하된다. 또한 긴급한 자금수요 발생에 대비하여 은행 등 금융기관 자금, 정부지원 자금 등 자금수지 계획을 세워둬야 한다.

여섯째, 사업 계획서 수립은 사업 타당성과 시장성 분석을 통해 최종적으로 업종선정이 끝난 후에는 구체적 사업 계획서를 작성해야 한다. 계획사업 개념과 구체적인 실행계획을 담고 있는 사업 계획서는 사업의 추진방향과 성공 여부를 결정하는 매우 중요한 문서이므로, 사업 업종과 제품, 시장현황 조사 및 분석 결과, 자금 및 수지계획 등이 포함되어야 한다.

일곱째, 시장에서 성공을 거두기 위해서는 효과적인 마케팅 전략을 수립하는 것이다. 앞서 언급했듯이 마케팅 목표를 설정하고 제품, 가격, 유통, 홍보 등 다양한 마케팅 수단을 활용해서 경쟁 우위를 확보하기 위한 전략을 수립하는 것이다.

끝으로 모든 것이 준비가 완료되었으면 제품 출시를 준비하는 것이다. 창업 준비를 잘 했다고 하더라도 제품 출시를 위한 영업 준비를 철저히 해야 한다. 판매할 상품을 준비하고, 종업원을 채용하고 훈련을 통해 경쟁력 있는 조직을 구성하여 제품을 출시해야 한다. 그리고 창업의 성장 경로는 일반적으로 창업기, 성장기, 성숙기 단계를 거치게 되며, 단계별로 특성이 존재한다.

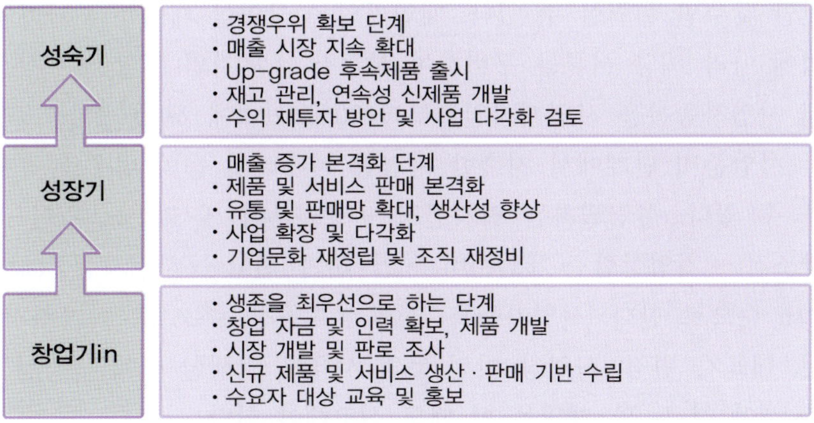

그림 9-7 창업의 단계별 성장 경로

창업기(initial step)는 창업에 필요한 자금, 인력 등을 확보하고 제품과 서비스를 개발하고, 수요자를 대상으로 제품홍보(Market Testing)를 하는 단계를 말한다. 한편 성장기(growth and development period)에는 제품 및 서비스의 판매가 본격화되고 유통 및 생산성을 확대하여 사업 확장 및 다각화를 추진한다. 또한 기업문화 재정립 및 조직 재정비를 실시하여 제품과 서비스를 통한 매출 증가가 본격화하는 단계이다. 그리고 성숙기(maturation period)는 매출이 지속 확대되고, 업그레이드된 후속 제품 개발 및 출시를 준비하고 재고관리와 재투자를 통한 경쟁우위를 확보하는 단계를 말한다.

3) 창업 설립 절차

창업 설립은 개인기업, 주식회사, 프랜차이즈, 인수창업 등으로 구분하여 생각해 볼 수 있다. 첫째, 개인기업 창업을 설립하기 위해서는 먼저 인·허가가 필요한지 알아야 한다. 사업에 필요한 인·허가를 얻는 과정은 2가지로 나누어 볼 수 있는데, 한 가지는 사업자등록을 한 후에 인·허가를 얻는 경우가 있고, 하나는 인·허가를 먼저

> 프랜차이즈(Franchise) : 특정 상품이나 서비스를 일정한 자격을 갖춘 사람에게 일정 지역에서의 제품을 판매할 수 있는 영업권을 주어 시장 개척을 꾀하는 영업 방식

얻고 그 다음에 사업자등록을 하는 경우이다. 개인기업 창업은 특별한 제한이 없이 누구든지 상법 제 4조와 제 5조의 상인으로서의 요건만 갖추면 설립할 수 있다. 개인기업을 창업할 때에는 부가가치세법에 따라 해당 서류를 구비하여 사업장 소재지의 관할 세무서장에게 사업자등록을 사업개시일로부터 20일 이내에 해야 한다. 그래야만 사업준비 단계에서 지출한 사업장 인테리어 등의 비용을 공제받을 수 있다. 설립절차는 입지선정→상권분석 및 리스크 확인→계약조건→기업설립→개업준비→인·허가 신고→사업자등록(해당 세무서) 순으로 한다. 사업자등록 후에 상호변경, 주소 또는 거주지 이전, 대표자 변경, 사업장 이전 등의 사유가 발생할 때에는 정정신청을 해야 하고, 휴·폐업을 할 때도 신고해야 한다.

둘째, 주식회사 설립은 정관절차에 따라 진행하며, 정관은 법인의 목적, 조직, 업무 집행 따위에 관한 근본 규칙을 말한다. 즉, 회사의 조직과 활동에 관한 기본 규칙 자체로서 회사의 모든 규정 중 최상위의 기본규칙이라 할 수 있다. 법인을 설립하려면 정관을 작성하고 법률이 정한 필요기재사항을 기재해야 한다.

정관의 필수적 기재사항은 회사의 목적·상호, 발행할 주식의 총수, 자본금, 회사 소재지, 발기인 등이다(상법 289조 1항).

주식회사는 공증을 받지 않으면 정관의 효력이 발생하지 않으므로 분쟁을 방지하기 위하여 공증인의 인증을 받아야 하며, 상법상으로도 공증인의 인증을 받지 않은 정관은 효력이 없다.

상기의 절차가 끝나면 일정한 기간 내에 설립등기를 함으로써 회사가 설립되며, 발기인은 창립총회를 소집하여 경과보고 및 이사·감사 등을 선임한다. 그리고 법인설립신고는 설립등기를 한 날로부터 2개월 이내에 본점 소재지 관할세무서에 서류를 첨부하여 신청한다. 셋째, 프랜차이즈 설립은 전화 및 방문을 통해 프랜차이즈 대리점 체계, 운영 현황, 시스템 이해, 시장조사(상권조사), 입점 조건 등의 내용을 파악한 후 이상이 없으면 임대차 계약 등 가맹점 계약을 한다. 가맹점 계약이 끝나면 인테리어 및 장비설치, 직원교육, 오픈이벤트행사 등 영업 준비를 한다. 그 이후 매장의 지속적인 관리와 마케팅활동을 통해 창업활동을 본격화하는 것이다.

끝으로 인수창업은 인수할 점포의 입지, 소요자금 규모, 특징 등을 고려하여 창업타당성을 검토하는 것이 기본이며 절차는 다음과 같다. 첫째, 사업타당성 검토는 매출과 손익, 발전 가능성, 시장상황, 입지선정과 상권분석을 분석하는 것이다. 경기에 민감한가, 특별한 기술이 필요한가, 시장 진입 장벽은 높은가, 특별한경험이 필요하지 않은가 등을 검토하는 것이다.

둘째, 점포를 물색하는 것이다. 사업타당성 검토 결과 긍정적인 평가가 나왔다면 비슷한 조건의 점포를 물색해야 한다. 점포 물색 방법에는 중개사무소, 신문, 잡지, 인터넷, 직접 탐방하는 방법 등이 있다. 셋째, 조사와 평가를 하는 단계이다. 점포 물색을 마친 후에는 점포에 대한 정보를 수집하고 분석해야 한다. 점포의 고객, 매출규모, 수익의 정도 등은 물론 인테리어, 화장실, 전기, 상하수도, 냉난방, 일조상태 등을 조사해야 한다. 또 점포의 평수, 운영기간, 주된 이용고객의 연령분포, 운영상의 장·단점 등도 함께 확인해야 한다. 넷째, 점포에 대한 신용조사이다. 신용조사는 점포주나 관련 업자와의 상담내용이 과연 사실인지를 판단하고, 권리인수를 결정하기 위한 최종 단계이다. 신용조사 내용 중에는 각종 서류열람(토지·건물등기부등본, 도시계획확인원, 건축물관리대장)과 건물주와의 임대차 서류계약뿐만 아니라 매출근거도 확인해야 한다.

끝으로 모든 검토가 끝나면 계약 체결한다. 계약은 먼저 점포주와 권리양도 계약을 체결한다. 잔금 납부가 끝나면 사업자등록증, 허가증, 전화 등을 인수하고, 전 점포주의 협조를 얻어 관할구청, 세무서 등에 명의이전을 해야 한다.

Chapter 10

창업과 관계역량

1 창업에 있어 관계역량의 중요성

성공적인 창업이 이루어지기 위해서는 창업가의 체계적이고 지속적인 역량이 요구된다(방중혁·박상문·신중경, 2014). 창업가는 창업 시 다양한 자원 부족의 문제해결을 위해 후천적으로 관련 지식을 습득하고, 업자 간의 네트워크 수립 및 기술 개발을 시도하게 되는데 이러한 활동들은 결국 창업가의 역량에 기반하여 이루어지기 때문이다(김성택, 2014). 이러한 역량은 창업가가 선천적으로 타고나는 역량과 후천적으로 본인의 학습활동에 의해 얻어지는 역량 두 가지로 나누어 볼 수 있는데, 이 중 후천적인 역량은 체계적인 창업교육 시스템과 프로그램을 통하여 창업 동기와 창업가 정신 등을 제고시키는 과정을 통하여 성장할 수 있게 된다(Timmons, Muzyka, Stevenson & Bygrave, 1987). 따라서 성공적인 창업성과를 얻기 위해서는 창업가의 역량이 매우 중요한 문제인데, 이는 체계적인 창업교육 시스템을 통해 창업가 정신, 창업 동기 등 창업과 관련된 심리적 측면을 긍정적인 방향으로 향상해 줄 때 가능하다.

창업과 관련된 심리적 측면 중 많은 국가들이 경제적 영향력을 미칠 수 있는 핵심 요인으로 창업가 정신 교육 프로그램 개발에 많은 관심을 두어왔다(Gorman, Hanlon & King, 1997). 창업가 정신은 강력한 추진 성장 동력으로서 동기와 기대성과 사이에서 가교 역할을 하게 한다(윤남수, 2012; 이병권·전인오, 2014). 이에 따라 주요 선진국들 대다수가 창업가 정신교육을 가장 중요한 국가적 아젠다로 추진하고 있다(Martinez, Levie, Kelley, Saemundsson & Schott, 2010). 창업가 정신은 비창업자일지라도 사회에서의 삶의 철학과 가치를 찾도록 이끌어주며 자기주도적인 삶을 살아갈 수 있도록 마인드를 함양시켜 주기 때문이다(안태욱, 2017). 이러한 창업가 정신은 정서조절 능력에 의하여 변화될 수 있다(McCoy & Masters, 1985). 정서는 구조적 측면에서 창업가 정신에 간접적으로 영향을 미침으로써 창업가 정신의 기대 효과, 즉 창업 동기와 창업 기대성과 사이의 관계에도 긍정적 또는 부정적 영향을 미치게 된다. 창업가 정신은 주어진 환경과 자원에 관계없이 기회 자체에 구심점을 두고, 총체적 접근 및 균형 잡힌 리더십을 바탕으로 하여 사고, 추론 및 기회를 추구하는 행위를 의미한다 (Stevenson, 1983).

이석규(2010)는 창업을 위해서는 인적자원(human resources), 제품 및 아이디어, 자본 등이 필요하다면서, 창업 절차를 창업을 하기 위한 단계나 과정이라고 간주하고 있다. 이런 관점에서 볼 때 창업이란 구체적으로 창업의 세 가지 요소가 창업 절차에 의해 모여지는 행위라고 할 수 있다. 홍영진(2017) 역시 성공적인 창업의 근원적 요건으로 창업자를 포함한 인적자원과 창업을 위한 아이디어 및 제품 그리고 창업 자본 세 가지를 지적하면서 이러한 요소 중 어느 하나라도 약점이 존재할 경우 성공적인 창업은 어려울 것이라고 하였다. 다시 말해 이러한 세 가지 요소들이 합리적인 조합을 이룰 경우에만 창업 비용의 절감과 창업 기간의 단축을 가져올 수 있고, 이에 따라 창업의 성공 확률도 높아질 수 있다는 것이다. 홍영진(2017)은 이 세 가지 요소 중에서 가장 핵심적인 요소는 인적자원이라고 주장하고 있다.[1)]

인적자원에 있어 중요한 요소 중 하나로 '연결성(네트워크)'을 꼽을 수 있다. 미국 실리콘 밸리에는 창업 촉진 회사들이 있어서 창업을 상시적으로 지원하는 체계가 갖추어져 있다. 2005년 실리콘 밸리에서 창설된 'Y콤비네이터(Y-combinator)'는 3개월 주기로 창업 아이디어 발표와 평가, 멘토링 등 창업자 육성 전문 프로그램을 통해 창업기업을 배출하고 엔젤투자나 벤처투자를 유치해 투자자금을 회수한다. 더욱이 미국에서는 2011년 오마바 대통령에 의해 '스타트업 아메리카 계획(Startup America Initiative)'이 추진되면서 정부 차원의 정책도 병행하게 되었다. 이 정책에 따르면 정부는 여러 이해 당사자들이 각

> 실리콘 밸리: 미국 캘리포니아 주(州) 샌프란시스코만(灣)을 둘러싼 샌프란시스코 반도 초입에 위치하는 샌타클래라 일대의 첨단기술 연구단지이다.
> 엔젤투자: 개인들이 돈을 모아 창업하는 벤처기업에 필요한 자금을 대고 주식으로 그 대가를 받는 투자 형태를 말한다.
> 벤처투자: 고도의 첨단기술이나 장래성은 있지만 경영기반이 미약하고 리스크가 높아 일반금융기관으로부터 자금차입이 어려운 벤처기업에 투자하는 형태를 말한다.

1) 바니(Barney, 1991)는 기업 자원을 물적, 인적 및 조직적 자본자원 3가지 유형으로 구분하였다. 여기서 물적 자원이란 기업에서 사용하는 물리적인 자본, 이를테면 공장과 설비, 위치, 그리고 이에 따른 원료 및 시장의 접근성을 말하며, 인적자원이란 기업 내직원들과 임원 및 경영자의 경험과 판단력, 지식, 통찰력 등을 의미한다. 한편, 조직자본자원이란 기업 내부 조직 간 관계와 기업 자체와 외부 환경 사이의 공식적 관계 및 기업 내외부의 공식적, 비공식적 통제, 조절, 시스템을 포괄한다(이지훈, 2017 재인용).

각 고민하는 문제나 해결책을 서로 공유할 수 있는 허브 촉진자(Facilitator)로서의 역할을 강조하고 있다. 이때 정부는 서로의 방향성을 공유할 수 있는 지점을 제공하면서 실질적인 세부사항은 자율적으로 만들어 가게 한다. 여기에서 창업가들이 직면하는 근본 문제인 '연결성(네트워크)'의 어려움을 해소하는 데 초점을 두고 있다. 연결성이란 자금 조달의 문제뿐만 아니라 다른 창업가들, 커뮤니티, 잠재고객 및 유능한 인재 연결 등을 포함하는 것이다. 또한 이에 더해 지역 네트워크 역시 중요하다. 지역 네트워크는 지역에 기반을 둔 기업을 실질적으로 지원하며, 창업기업이 이룬 성과를 지역사회에 공유하는 역할까지 담당함으로써 창업기업에 대한 정보 접근성을 구직자, 투자자 및 잠재적 창업가에게 확대하는 역할을 한다는 것을 의미한다. 여기에는 물론 대기업도 참여하며, 창업기업을 단지 지원의 대상이 아니라 잠재적 파트너로 인식하도록 하여 상생의 창업 생태계를 만드는 것이다. 스타트업 아메리카는 이처럼 창업 생태계 전반에 관한 연결성을 강화해 개별 창업기업이 직면하게 되는 여러 문제를 극복할 수 있는 기반을 만들어 주는 데 초점을 맞추고 있다(강유리, 2013).

다음으로 인적자원에서 중요한 요소는 기업가 정신(Entrepreneurship)과 관련이 있다. 기업가 정신은 창업가 정신이라고도 하는데, 외부 환경 변화에 민감하게 대응하면서 항상 기회를 추구하고, 그 기회를 잡기 위해 혁신적인 사고와 행동을 하고, 그로 인해 시장에 새로운 가치를 창조하고자 하는 생각과 의지를 말한다(송정현, 2010). 기업가 정신은 처음에 소규모 사업체를 설계, 출시 및 운영하는 과정을 거쳐 제품, 프로세스 또는 서비스를 제공하거나 판매하는 새로운 사업체를 설계하는 과정이다. 그리고 이러한 사업을 창조하는 사람들을 통상 기업가라고 한다. 기업가 정신은 이익을 창출하기 위해 기업의 이익과 함께 사업을 발전시키고, 조직을 발전시키고, 관리하고, 관리할 수 있는 능력으로 묘사된다. 기업은 창업 초기에 고위험 사업에 집중하기 때문에 '자금 부족', '경제적인 결정', '경제적 위기' 또는 '이들 모두의 조합'으로 인해 기업의 상당 부분이 문을 닫아야 한다.

이때 기업가 정신은 어떤 개인(또는 팀)이 기회를 식별하고, 그것을 실행하고 그리고 그들을 이용하여 새로운 상품 또는 서비스를 개발하고, 새로운 기업이나 서비스를 창출하는 것으로 정의된다. 창업기업의 경우 사업 초기에는 창업자의 역량에 따라 기업의 생사가 좌우되는 사례가 대부분이다. 따라서 창업경영자의 리더십은 기업의 존폐를 결정짓는 중요한 요인으로 작용하고 있다. 나아가 창업경영자의 리더십은 구성원들의 조직에 대한 몰입이나 직무만족, 기업성과 그리고 인적자원의 개발에 이르기까지 다양한 분야에서 영향력을 미치게 된다.

2 창업과 대인관계 및 휴먼네트워크

1) 대인관계와 휴먼네트워크의 의미

인간은 생물학적으로 나약한 존재로 생존을 위해서는 협동이 불가피하며, 사회적으로는 분업화와 전문화된 환경 속에서 타인의 도움 없이는 살아가기 힘들기 때문에 서로 관계를 맺고 살아간다. 일차적 인간관계에는 혈연, 지연, 학연 등에 의해 형성되는 인간관계를 말하며, 부모, 형제, 자매, 친척, 동문, 동향 사람들과의 관계가 이에 속한다. 일차적 인간관계는 다음과 같은 특성을 지닌다. 첫째, 일차적 인간관계는 개개인의 선택이나 의사와는 상관없이 운명적으로 부여되는 것이다. 둘째, 일차적 인간관계는 가입과 탈퇴가 자유롭지 못한 것으로서 대부분의 사람들은 한 번 일차적 관계로 들어가면 평생 이 관계에서 벗어나지 못한다. 셋째, 일차적 관계는 흔히 공식적이고 집단적인 관계이다. 일가족, 친인척, 종친회, 동문회 등과 같이 다수로 구성된 소속 일원으로서의 관계를 맺게 된다(권석만, 2003).

이해 반해 이차적 인간관계는 개인적인 매력, 직업적 이해관계, 가치(또는 이념, 사상, 신념, 종교, 취미)의 공유에 의해 형성되는 인간관계이다. 직장동료나 동지, 애인, 사적인 친구, 친목단체의 구성원 등이 이에 해당된다. 이차적 인간관계의 대상은 본인의 의사에 따라 자유롭게 선택될 수 있으며, 그 가입과 탈퇴가 비교적 자유로우며 일차적 인간관계에 비해 일시적일 수 있다(권석만, 2003). 일차적 인간관계가 운명적으로 부여된 것이라면 이차적 인간관계는 후천적 노력의 결실이라고 할 수 있다.[2)]

사람들과의 관계를 제대로 맺고 유지하는 이차적 인간관계 중 하나로 휴먼네트워크(Human Network)가 21세기 화두로 뜨고 있다. 휴먼네트워크는 통상적인 이차적 인간관계에서 한걸음 더 나아가 합리적으로 맺은 인간관계를 통해 상생하는 대인관계 또는 인맥관리 기술을 말한다, 휴먼네트워크란 현대의 비즈니스가 광범위한 정보 수집과 정확한 가치 판단, 신속하고 강력한 수행 능력을 필수적으로 요구하는 것으로 판명되면서 새롭게 떠오른 개념이다. 기업 내부 보유 인재만으로는 해결하기 어려운 문제가 많은데, 필요한 전문가 집단을 얼마나 신속하고 정확히 동원할 수 있느냐가 성패를 가름하는 것이다. 사회학자 카스텔스(Manuel Castells, 2000)는 저서 '네트워크사회의 등장(The rise of the Network Society)'에서 "정보화시대의 중요한 기능과 사회적 과정이 점점 네트워크를 중심으로 조직되고 있으며, 네트워크가 우리 사회의 새로운 사회적 형태를 구성하고 있다"고 말한다. 그는 다양한 분야에서 범국가적 네트워크(Transnational Production Network)의 유용성을 강조하고 있는데, "이러한 범국가적 네트워크는 특히 과학기술 분야에서 유용하다"고 말하고 있다. 이와 같이 휴먼네트워크는 현대사회의 각 분야에 있어서 필수불가결한 도구로 자리 잡고 있다. 사회가 복잡해질수록, 소화해야 할 정보의 양이 많아질수록 적절한 휴먼네트워크를 통하지 않고는 원하는 결과를 적시에 도출할 수 없게 된 것이다.

정보화시대: 1980년대에 적용되어 정보의 움직임이 물리학적 움직임보다 빨라진 기간에 적용되는 용어이다.

2) 인간관계는 오프라인을 기본으로 최근에는 온라인으로까지 확산되고 있다. 온라인에서의 인간관계는 일차적 인간관계를 가진 집단을 온라인으로 이동하여 커뮤니티를 구성하는 경우도 있지만, 대부분 이차적 인간관계로 형성되며 오프라인에서와 마찬가지로 온라인에서의 이차적 인간관계 역시 개인의 관심사를 기준으로 선택된다. 그러므로 온라인에서 인맥 네트워크를 형성을 촉진시키기 위해서는 개인의 정보나 개인이 소유하고 있는 콘텐츠를 효과적으로 노출시키는 것이 중요하다고 할 수 있다(이시형, 2010).

2) 대인관계와 휴먼네트워크의 중요성

(1) 대인관계 능력의 중요성

성공적 창업을 위한 핵심적 요소인 인적자원에 있어 대인관계 능력이란 직장생활에서 조직구성원들과 원만한 관계를 유지하고 상호간에 도움을 주며, 구성원 간의 갈등을 원만히 해결하고, 고객의 요구를 충족시켜 줄 수 있는 능력을 말한다. 인간관계에서의 신뢰성을 바탕으로 상대방을 이해하고, 조직 내에서 자신의 역할을 충실히 수행할 수 있는지가 핵심이다.

미국의 심리학자 가드너(Gardner, 2019)는 인간의 지적 능력이 서로 독립적이며 상이한 여러 유형의 능력으로 구성된다는 '다중지능' 개념을 소개하면서, 이를 구체적으로 언어, 논리수학, 공간, 신체운동, 음악, 자연탐구, 자기이해, 대인관계라는 8개 유형의 지적 능력으로 구분하였다. 언어 능력은 사고하고 복잡한 의미를 표현하는 언어를 사용하는 능력이며, 논리수학 능력은 계산과 정량화를 가능하도록 하고 명제와 가설을 생각하며, 복잡한 수학적 기능을 수행하는 능력이다. 공간 능력은 내외적 이미지의 지각, 재창조, 변형 또는 수정이 가능하도록 하며, 자신이나 사물을 공간적으로 조정하고, 그래픽 정보로 생산하거나 해석이 가능하도록 하는 능력이다. 신체운동 능력은 대상을 잘 다루고 신체적 기술을 잘 조절하는 능력이며, 음악 능력은 음의 리듬, 음높이, 음색에 대한 민감성을 보이는 사람들이 가지고 있는 것이다. 자연탐구 능력은 자연의 패턴을 관찰하고 대상을 정의, 분류하며, 자연과 인공적인 체계를 이해하는 능력이다. 자기이해 능력은 자신에 대한 정확한 지각과 자신의 인생을 계획하고 조절하는 지식을 사용할 수 있는 능력이다. 그리고 대인관계 능력은 타인을 이해하고 타인과 효과적으로 상호작용하는 능력이다.

이 8가지 유형의 지적 능력 중 성공적 창업을 위한 인적자원 관리와 가장 밀접한 관련이 있는 것은 대인관계 능력이다. 타인을 이해하는 능력인 대인관계 능력은 개인과 개인 간 능력으로서 자신이 누구인지 알고 자신의 강점과 약점을 파악하여 자신의 마음을 이해하는 능력인 자기이해 능력, 즉 개인 내(Intrapersonal) 능력과 대비되는 개념으로 사용된다. 또한 대인관계에서 나타나는 여러 가지 특징과 의도를 판단하고, 이러한 것들에 효율적으로 대처하는 능력을 뜻한다. 다른 사람의 표정, 목소리, 몸짓 등에 나타나는 감정이나 동기 등을 인식하고 구분할 수 있는 능력이라는 점에서 사회적(Social) 능력이나 정서적(Emotional) 능력과 유사한 개념으로 다루어지기도 한다. 이러한 대인관계 능력은 대체로 가족구성원이나 지인들의 영향을 받아 초년 시절부터 개발된다.

대인관계 능력은 다른 사람들과 효율적이고 바람직한 인간관계를 형성하고 유지하며, 대인관계를 분석하고 이해하는 능력으로서 '사회적 기술(Social Skill)'이라고도 한다. 즉, 다른 사람의 감정을 보다 바람직한 방향으로 변화하도록 도와 그 사람과의 관계를 효과적으로 잘 유지해 나가는 능력을 말한다. 의견대립이 있을 때 갈등을 조정하고 협상하며, 보다 더 능동적이고 적극적으로 의사소통을 하는 능력이기도 하다. 그리고 좀 더 사교적이고 인기가 있는 사람이 되기 위해 노력하며, 너그러운 마음으로 사람을 대하고 민주적으로 일을 처리하려는 능력이다.

또한 대인관계 능력은 다른 사람의 마음, 감정, 느낌을 잘 이해함으로써 다른 사람과 효과적으로 그리고 조화롭게 일할 수 있는 능력을 말한다. 다른 사람의 감정을 보다 바람직한 방향으로 바꿀 수 있도록 하는 능력도 포함한다. 타인의 마음의 현재 상태가 어떠한지 추론할 수 있고, 인간이 가지고 있는 상이한 감정의 다양한 특성을 잘 알고서 그에 맞게 올바른 대처양식을 개발할 수 있고, 여러 사람이 각각 공유하고 있는 차이점을 이해할 수 있으며, 그에 근거하여 유창하고 세련된 의사소통 방식을 가지고 있다. 이 영역이 뛰어난 사람은 조직과 집단 내에 협동을 항상 유지하며, 특정 목표를 달성하기 위하여 집단을 형성하고, 리더십을 구사하며, 갈등이 유발되었을 때도 조정과 협상의 기술을 통하여 사태를 잘 마무리한다.

대인관계 능력이 집단생활이 계속되는 동안 동료, 부하, 상사 등 구성원 상호 간에 형성되는 어떤 특징적인 심리적 관계나 상호작용을 원만하게 유지하는 능력이라는 점에서 협력, 경쟁, 지배, 복종 등의 유형으로 구분하기도 한다. 이러한 대인관계 능력은 구성원의 적응이나 동기부여(動機賦與) 등에 영향을 미치는 동시에 집단 전체의 특성에도 영향을 미친다. 대인관계는 조직구성원 상호 간에 형성되는 특징적인 심리, 사회적 상호관계이며, 다양한 형태의 태도, 매너, 행동 등으로 표출된다.

대인관계 능력이 높은 사람은 친구가 많고 다른 사람을 잘 도와주며, 상황에 맞게 행동하기 때문에 인간관계가 원만한 편이다. 이 같은 사람들은 의사소통을 할 때 말로 대화를 나누는 언어적 요소, 표정이나 몸짓과 같은 비언어적 요소를 모두 잘 활용한다. 또한 남다른 의사소통 기술을 바탕으로 집단활동에도 잘 참여하며, 집단 내에서 중요한 역할을 맡기도 한다. 집단 내에 문제가 발생할 경우 중재와 조정역할을 잘 수행할 뿐만 아니라 집단지도자 역할도 훌륭하게 해낼 수 있다. 이는 조직의 리더로서 구성원들을 성공적으로 이끌어 가기 위해서는 대인관계 능력이 무엇보다 중요함을 의미한다.

(2) 휴먼네트워크 관리의 중요성

현대를 네트워크 시대라고 한다. 우리들은 일상생활의 모든 부분에서 네트워크와 연결의 위력을 실감하며 살아간다. 오늘날 우리는 네트워크 혁명의 한가운데 살고 있다. 인터넷으로 본격화된 디지털 네트워크의 물결은 이미 우리 생활 구석구석에 영향을 미치고 있으며, 네트워크의 법칙이 우리 사회를 지배하고 있다. 그래서인지 우리들은 네트워크에 대한 관심이 지대하다. '컴맹'에 이어 '넷맹'이라는 용어가 등장하고 있으며, 네트워크 경제, 네트워크 효과, 네트워크 마케팅 등과 같이 네트워크를 접두어로 한 용어가 보편화되고 있다.

넷맹: 컴퓨터를 작동하지 못하는 사람을 컴맹이라고 하는 것처럼 PC통신이나 인터넷 등 정보통신 서비스에 대해 잘 모르고 이를 제대로 사용하지 못하는 사람을 지칭한다.

그러나 이러한 네트워크의 물결 속에서도 정작 가장 중요한 네트워크에 대한 우리들의 관심은 절대적으로 부족한 것 같다. 그것은 바로 사람들의 네트워크, 즉 휴먼네트워크이다. 네트워크의 본질은 개인, 집단, 조직들 간에 맺고 있는 사회적 관계인 사회네트워크이다. 사람들 간의 관계를 이해하지 못하면 첨단기술 네트워크도 소용이 없다. 우리가 정보통신 네트워크를 이해하기 위해 많은 시간을 투자하여 책을 읽고 지식을 습득하듯이, 사람들이 네트워크를 잘 알기 위해서도 체계적인 지식이 필요하다. "무엇을 아느냐가 아니라 누구를 아느냐가 문제다(It's not just What you know, but who you know)"라는 말이 있다. 지식사회 도래에 따라 개인이나 기업이 소유하고 있는 지식과 노하우가 점점 더 중요해지고 있다. 그러나 적절한 인간관계가 조화되지 못한다면 이것들이 사장되거나 잠재적인 능력의 일부만을 발휘하게 될 것이다. 반대로 최상의 관계를 형성하고 유지할 수 있다면 세계 최상의 지식과 노하우도 효과적으로 활용할 수 있다. 이런 점에서 인간관계와 휴먼네트워크는 불가분의 관계이다. 휴먼네트워크는 돈이나 지식과 같은 다른 자본과 마찬가지로 생산적이다. 이를 통해 개인이나 집단, 사회가 과업을 달성하고 목표를 이루며, 더 나은 사회를 만들어 나갈 수 있다. 어떤 의미에서 우리들은 우리들을 둘러싸고 있는 휴먼네트워크를 떠나서는 살 수 없다(장명호·오홍석, 2006).

오프라인 상에서의 휴먼네트워크는 통상적으로 말하는 인맥과 깊은 관련이 있다. 인맥이란 사전적으로 "정계, 재계, 학계 또는 지연이나 학연 등과 같은 계통이나 계열로 엮어진 사람들의 유대관계"를 의미한다. 사회생활 속에서 사람들의 85%가 인간관계로 인해 스트레스를 받고 고민하는데, 성공한 사람의 85%가 자신이 인맥으로 성공했다고 말하고, 실패한 사람의 85% 역시 자신이 지식이나 노력 부족보다는 인맥이 없어 실패했다고 생각한다고 한다. 인맥이 때론 비정상적인 로비 수단이나 부정부패의 연결고리가 되는 등 부정적 측면이 없지 않은 것은 아니지만, 인맥관리 자체는 그만큼 우리 삶, 특히 사회생활에 있어서 무엇보다 중요한 요소라고 할 수 있다.

> 오프라인: 온라인(On-Line)과 상대되는 말로 네트워크나 인터넷, PC통신 등에 컴퓨터를 연결된 상태를 온라인, 연결되지 않은 상태를 오프라인이라고 한다.

미국 예일대학의 사회학 교수 밀그램(Stanley Milgram, 1933~1984)은 1960년대에 일종의 연쇄 편지 형식의 소포를 네브래스카 주(州)의 오마하에 살고 있는 160명에게 무작위로 보내는 실험을 실시했는데, 그 소포에는 보스턴에서 일하는 한 증권 중개인의 이름이 들어 있었으며, 밀그램은 이 소포를 받은 사람들에게 그 소포를 중개인과 가까운 사람에게 전달할 수 있다고 생각하는 사람에게 보내달라고 부탁했다고 한다. 그 소포를 받은 사람은 자기 생각에 중개인과 더 가까운 위치에 있을 것 같은 사람들에게 계속 소포를 보내면서 이 소포는 미국 전역 여기저기를 돌아다니게 되었다. 마침내 소포가 그 중개인에게 도착했으며, 절반 정도는 여섯 단계를 거친 것으로 나타나 이른바 '여섯 단계의 분리(six degrees of separation)'라는 용어가 만들어지게 되었다(Steven Disouza, 2009).

미국의 경제학자 라이히(Robert Reich, 2001)는 밀그램의 실험 결과를 토대로 기업의 영업판매직에게 무엇보다 중요한 인맥관리에 접목시켜 "인맥이라고 다 같은 것은 아니며, 사람마다 가지고 있는 인맥이 달라 중개인에게 도착한 소포의 절반 정도는 단지 세 사람만 거친 경우였다"면서, "영업판매직으로 성공하려는 사람에게 필요한 교훈은 평상시 많은 사람을 알고 있는 사람을 찾아내야만 한다"는 점을 지적하였다.

주간 대학신문 '씽굿'과 인터넷 취업사이트 '파워잡'에 따르면, 대학생 632명을 대상으로 '인맥관리 의식'에 대해 설문조사한 결과, 인생에서 인맥이 '매우 중요하다'는 대답이 69%, '다소 중요하다'는 응답자가 22.5%로 나타나는 등 90% 이상이 '인맥이 중요하다'고 응답하였다. 또 다른 사람들이 인맥을 잘 활용하는 것에 대해 74.9%가 '능력 있어 보인다'고 대답해 인맥활용을 부정적으로 보는 시각인 23.9%보다 크게 높았다(이종석, 2004).

삼성그룹 이건희 회장(1997)은 "정보시대에는 '어떻게 해야 하는가'라는 노하우(know-how)보다 엄청난 정보의 홍수 속에서 '어디에 가면 정보를 구할 수 있는가'를 아는 능력, 노웨어(know-where)가 더 중요해진다. 노웨어를 확충하는 데 가장 중요한 것이 인맥, 즉 휴먼네트워크(human-network)를 구축하는 일이다. 나도 기회 있을 때마다 임직원들에게 인맥의 중요성을 강조한다. 불황이라 절약하는 것도 좋지만 사람 사귀는 데에는 돈을 아끼지 말라"고 말했다.

(3) 창업에 필요한 휴먼네트워크 관리방법

성공적인 창업을 위해 무엇보다 중요한 것이 휴먼네트워크라는 데에는 이의가 없으나, 휴먼네트워크를 어떻게 잘하고 어떻게 관리해야 하느냐에 대한 정답을 찾기란 어렵다. 성격이론에 따르면 대체로 외향적이고 사교적이며 활동적인 사람이 휴먼네트워크에 있어 유리한 것으로 나타나고 있으나, 지나치게 선천적 요소만을 강조하고 있다는 점에서 한계가 있다. 인간이 갖고 있는 지적 능력 중 대인관계 능력에 천부적 요소가 있음은 부인할 수 없지만, 다른 지적 능력과 마찬가지로 대인관계 능력 역시 노력 여하에 따라 계발의 여지가 많다는 것이 교육심리학자들의 대체적인 평가이다.[3] 여러 가지 대인관계 및 처세술 지침서 등을 중심으로 창업에 도움이 될 수 있는 기초적이면서도 효과적인 휴먼네트워크 관리방법을 정리하면 다음과 같다(유용미·황소영, 2003; 이동길, 1994; 안범휘, 2010).

① 부지런해지기

휴먼네트워크 관리의 기본적인 자세는 바로 부지런함이다. 새로운 사람을 만나 명함을 주고받은 후, 명함 정리를 한다든지 바로 연락처를 저장하여 문자를 보내는 사람은 과연 몇이나 될까? 이처럼 전화번호나 그 사람과의 기록에 대해 잘 정리해 두거나, 정기적인 모임을 개최하고, 먼저 연락을 하는 등 사람들과의 관계에 있어 부지런한 자세는 기본이 되어야 한다.

② 우물 안 개구리가 되지 않기

늘 자신이 생활하고 있는 회사, 학교, 동네를 벗어나 새로운 사람들을 만나려고 노력해야 한다. 다양한 사람들을 만나다 보면 자신이

3) 가드너(Gardner, 2019)가 제시한 8가지 유형의 지적능력 중 언어, 논리수학, 공간, 신체운동, 음악, 자연탐구, 자기이해, 대인관계 중 언어, 논리수학, 공간, 신체운동, 음악과 같은 지적능력은 유전적 요인이 크지만 자기이해, 대인관계와 같은 감성지능과 관계되는 지적능력의 경우 후천적 노력에 의해 계발 가능성이 높은 것으로 알려지고 있다.

미처 몰랐던 정보가 많아질 뿐 아니라 새로운 인연도 맺을 수 있다. 나와 같은 취미나 성향이 비슷한 사람들의 모임에 참여하는 등 적극적으로 새로운 사람들을 만나려 노력할 필요가 있다. 물론 새로운 인맥을 만들었다고 해서 기존의 옛 지인을 소홀히 해서는 안 된다.

③ 약속 꼭 지키고 경조사 챙기기

약속은 개개인의 얼굴이다. 작은 약속이라도 잘 관리하고 지키는 것이 인맥관리의 기본이며, 그래야만 사람들의 신뢰를 얻을 수 있다. 만약 약속을 못 지킬 경우에는 그에 합당한 상황을 충분히 설명하고, 후에 개인적으로라도 만남을 가져야 한다. 또한 지인들의 경조사는 반드시 챙기도록 노력한다. 특히 부모를 잃은 슬픔을 위로하는데 2~3만 원은 절대 아끼지 말아야 한다. 반드시 자신에게 되돌아온다는 사실을 잊지 말아야 한다.

④ 명함, 연락처 관리 잘하기

대부분 받아놓은 명함에 대한 관리는 소홀해지기 십상이다. 명함을 받았을 때 상대방에 대한 정보나 받은 이미지, 느낌 등을 기록해 두면 후에 잊어버리지 않을 수 있다. 꼼꼼하게 연락처를 정리하고 자신에게 연결되어 있는 인맥 네트워크를 만들어 보는 것도 좋은 방법이다. 스마트폰 또는 다이어리에 친구, 지인, 거래처 사람 등으로 분류하고 연락이 오랫동안 끊긴 사람들은 먼저 연락하거나 날짜를 정해 반드시 만나도록 노력할 필요가 있다. 스마트폰, 컴퓨터 등을 활용하여 틈틈이 연락처를 정리하는 것도 중요하다.

⑤ 항상 새로운 정보로 실력을 쌓기

좋은 인맥을 만들고, 관리하고, 활용하기 위해서는 자기가 활동하는 분야에서 전문가가 되어야 한다. 새로운 정보를 끊임없이 습득하고, 공부해야만 자신뿐만 아니라 사람들과의 관계도 더욱 풍성해지고 서로 간의 정보 공유가 이루어질 수 있다. 인간관계에서 정보를 주면 마음이 온다는 점을 기억해야 한다. 가장 중요한 포인트는 상대방이 나로 인해 어떠한 것을 얻어 갔다는 느낌을 갖게 하는 것이다. 좋은 정보나 자료는 정리해서 가끔 지인들에게 보내보는 것도 좋은 방법이다.

⑥ 감정 표현을 적절히 잘하기

고마우면 고맙다, 미안하면 미안하다는 표현을 큰 소리로 말해야 한다. 입은 말하라고 있는 것이다. 마음으로만 고맙다고 생각하는 것은 인사가 아니다. 남이 네 마음까지 읽을 만큼 한가하지 않기 때문이다. 자신의 감정을 표현한다는 것도 때에 따라서 용기가 필요한 일이다. 상대방에게 감정 표현을 잘하는 사람들은 결국 신뢰를 받고, 호감을 살 수 있다.

⑦ 옛 친구들을 꼭 챙기기

'구관이 명관이다'라는 격언이 있다. 새로운 네트워크를 만드느라 지금 가지고 있는 최고의 재산을 소홀히 하면 안 된다. 정말로 힘이 들 때는 누구에게 가서 울겠는가? 바로 자신의 주변부터 잘 챙겨야 한다. 서로 힘들 때 진심으로 힘이 되어줄 수 있는 진짜 친구 3명만 있어도 그 인생은 성공한 인생이라고 한다. 오랜 기간 함께한 소중한 친구들부터 잘 챙겨야 한다.

⑧ 늘 옷을 잘 갖춰 입기

첫인상이 모든 것을 결정한다. 특히 새로운 사람들을 만나는 자리에서 더욱 옷차림에 신경 써야 하는 것은 기본 에티켓이다. 평소에도 항상 유머와 미소로 사람들을 대하며 가능한 한 옷을 잘 입기 위해 노력해보자. 외모는 생각보다 중요한 요소이다. 할인점에서 열 벌을 살 돈으로 좋은 옷 한 벌 준비해 두는 것이 더 현명하다.

⑨ 모두가 나의 인맥임을 알기

같이 일하는 동료, 거래처 직원은 물론 건물 내에 근무하는 경비 아저씨, 청소 아주머니 등 모두에게 잘해드려야 한다. 중요한 정보의 발신지이자 소문의 근원이 될 수 있기에 모두가 나의 소중한 인맥이다. 평소 쌓아둔 공덕은 위기 때 빛을 발한다고 한다. 사람을 가려서 사귀지 말고, 인맥이 아니라고 느껴지는 사람들에게까지도 최선을 다해야 한다. 사람 일은 어디서 어떻게 일어날지 모르기 때문이다.

⑩ 항상 만나고 싶은 사람이 되기

'플랫폼'이 되라는 말이 있다. 플랫폼이란 많은 사람들이 지나다닐 수 있는 목 좋은 정거장이라는 뜻이다. 누가 다가오면 두렵고, 다가가기 싫거나 말도 꺼내기 싫은 사람이 아닌, 사람들이 많이 지나다닐 수 있고 교류할 수 있는 사람이 되어야 한다는 것이다. 자신과 남을 소중히 여기며 수많은 사람들이 나를 지나가게 하자. 예상치 못한 새로운 인연의 기회가 더 넓어질 것이다.

3 창업과 리더십

1) 창업과 리더십의 관계

오늘날 정보화 사회에서의 기업 환경은 그 어느 때보다도 빠르게 변화해 가고 있다. 창업기업의 경우 창업 초기에는 소규모의 적은 인원들로 이루어져 있기 때문에 대외적인 환경변화에 취약한 형태가 대부분인 것이 사실이다. 따라서 대기업이나 안정적인 단계에 이른 일반기업들보다 훨씬 더 유연한 대응 능력을 가지고 있어야 함과 동시에 신속한 의사결정을 할 수 있어야 한다. 또한 창업 초기의 기업들은 조직구조가 관료적이기보다는 동태적이고, 급변하는 환경변화에 유연하고 능동적으로 대응할 수 있는 조직구조를 가지고 있는 것이 중요하다. 따라서 창업기업에 있어서는 변화하는 환경에 직면하여 발생하는 문제들을 효율적으로 해결하고 적응해 나아가기 위한 창의성, 모험심, 도전의식 등의 가치를 강조하면서 외부환경에의 적극적인 대응과 유연성 등을 특징으로 하는 조직을 구축함으로써, 기업의 목표를 달성할 수 있는 조직구성원들의 적극적이고 능동적인 행동을 이끌어내기 위한 창업경영자의 리더십이 특히 요구된다.

창업기업의 경우 사업 초기에는 창업자의 역량에 따라 기업의 생사가 좌우되는 사례가 대부분이다. 따라서 창업경영자의 리더십은 기업의 존폐를 결정짓는 중요한 요인으로 작용하고 있다. 나아가 창업경영자의 리더십은 구성원들의 조직에 대한 몰입이나 직무만족, 기업성과 그리고 인적자원의 개발에 이르기까지 다양한 분야에서 영향력을 미치게 된다.

번스(Burns, 1978)와 배스(Bass, 1985)는 기업경영에서 발휘되는 리더십을 거래적 리더십(Transactional Leadership)과 변혁적 리더십(Transformational Leadership)으로 구분하고 있다. 거래적 리더십은 개인이 가치 있는 어떤 것을 교환할 목적으로 타인과의 계약에 있어 주도권을 가질 때 나타나는 것으로 자신이 원하는 욕구를 위해 자신이 가지고 있는 노동력, 지식 등을 제공함으로써 리더가 원하는 것과 구성원이 원하는 것이 교환(Exchange) 또는 거래(Transaction)되는 것을 말한다. 번스(Burns, 1978)와 배스(Bass, 1985)에 의하면 거래적 리더십에 있어 리더의 역할은 두 가지로 표현할 수 있는데, 하나는 결과가 무엇인가를 하급자에게 주지시키는 일이고, 다른 하나는 결과달성(또는 미달성)에 따라 구성원이 어떤 보상(또는 벌)을 받게 되는지를 명확히 하는 것이다. 이와 같은 거래적 리더십은 성과와 보상의 연계를 바탕으로 하는 리더십이라는 점에서 구성원들이 매출증대, 생산성 향상이나 원가절감 등과 같은 가시적인 단기적 성과를 달성할 경우, 그들이 원하는 것을 획득할 수 있다는 사실을 주지시키는 것이 중요하다. 따라서 거래적 리더는 구성원들의 욕구가 무엇인지를 파악하고 있어야 하며, 성과의 질과 양을 어떻게 유지하고 발전시킬 것인지 그리고 행동에 대한 저항을 줄이는 방법과 내린 결정을 어떻게 실행할 것인지에 관해 고민해야 한다.

이에 반해 변혁적 리더십은 조직의 변동 추구와 리더십 과정에 초점을 둔 것으로 개인적 리더십이라기보다는 조직 내의 여러 수준과 하위조직의 여러 지도자들의 행동에 포함된 조직 전체의 리더십 과정을 의미한다. 번스(Burns, 1978)에 의하면 변혁적 리더십은 리더가 추종자들과 함께 리더와 구성원 양자 모두의 동기유발 수준과 도덕 수준을 높이는 연결 관계를 창조해 가는 과정으로 볼 수 있다. 따라서 변혁적 리더십의 핵심은 리더가 조직구성원의 사기를 고취시키기 위하여 미래의 비전과 공동체적 사명감을 강조하고, 조직의 장기적 목표를 달성시키는 것이다. 결국 변혁적 리더십은 구성원에 대한 기대수준 이상의 동기부여를 통해 기대이상의 성과를 달성하고자 하는 것으로, 이는 구성원들이 지닌 욕구수준에 대한 자신감이나 계획된 결과를 위한 욕구에 기초하여 발휘된다고 할 수 있다(노영현·이원기, 2012; 남정민, 2015).

창업에 있어서는 결과달성에 따라 구성원이 어떤 보상(또는 벌)을 받게 되는지 명확하게 제시하는 거래적 리더십보다는, 조직구성원의 사기를 고취하고 미래의 비전과 공동체적 사명감을 강조하는 변혁적 리더십이 더욱 중요하다고 볼 수 있다. 창업 현장에서는 리더와 구성원 간의 거래적 기반에 중심이 되는 금전적이거나 가시화할 수 있는 보상(또는 처벌)보다는 공동체의 가치지향이 우선시되기 때문이다.

2) 리더십의 개념과 이론적 기반

(1) 리더십의 기본개념

리더십(Leadership)이란 사전적으로 집단의 목표나 내부구조의 유지를 위하여 집단 내 어떤 구성원이 다른 구성원들로 하여금 자발적으로 집단활동에 참여하여 이를 달성하도록 유도하는 능력이나 기술을 의미한다. 우리말로 지도력(指導力) 또는 지도성(指導性)이라고 번역될 수 있으나, 원어를 그대로 쓰는 것이 일반적이다. 리더십은 집단의 목표달성을 위해 집단 내의 어떤 구성원이 다른 행동에 대해 적극적인 영향력을 미치는 과정, 즉 지도자(Leader)로서의 능력이나 지도력, 통솔력, 자질 등을 말한다. 넓은 의미에서는 집단의 특성 전반에 대한 영향을 포함하는 경우도 있다. 리더십은 공동의 일을 달성하려고 한 사람이 다른 사람들에게 지지와 도움을 얻는 사회상 영향 과정이다. 즉, 조직체를 이끌어나가는 지도자의 역량이며, 단체의 지도자로서 그 단체가 지니고 있는 힘을 맘껏 발휘하고 구성원의 화합과 단결을 이끌어낼 수 있는 지도자의 자질을 말한다.

리더십과 유사한 개념으로는 직권력·주도권·영도력(領導力) 등으로 번역되는 헤드십(Headship)이 있다. 헤드십도 지도성의 일종이지만 임명된 장(長)과 같이 형식적·절차적으로 정해진 것을 말한다. 과거 한 때에는 리더십이 자유민주주의에 배치(背馳)된다 하여 배격된 바도 있었다. 그것은 다수인(多數人)의 존재를 경시, 독주(獨走)의 위험성, 정책의 불연속성 등의 역기능(逆機能)도 있기 때문이다. 리더십을 지나치게 강조하면 자칫 리더(leader)만을 중요시하고 다른 조직구성원들의 존재를 가볍게 보기 쉽다. 리더가 직권(職權)의 힘에 의하여 조직구성원의 행동을 강제로 이끌게 될 경우, 리더십이 헤드십(Headship)의 양상을 띠어 독주성(獨走性)과 일방성(一方性)의 위험이 따를 수 있다.

여기서 리더십의 개념에 있어 가장 중요한 것은 '조직 내에서 어떤 특정의 사람이 다른 사람들을 조직의 목적 달성에 자발적으로 협력하도록 하는 능력 또는 기술'이라는 점을 유념할 필요가 있다. 그런 점에서 진정한 리더십은 기본적으로 리더로서의 자질이나 지도력·통솔력 등을 나타낸다고 하지만, 상급자의 직권에 의한 헤드십(Headship)이나 절대군주국가의 '통치(統治)' 또는 '지배(支配)'와 다르다. 즉, 리더십은 그 기능의 수행을 피지도자의 자발성에 기대한다는 점과 집단의 성질에 따라 특성이 반드시 고정적이 아닌 데 있다고 할 수 있다. 이와 같이 정의해 볼 때 리더십에 있어서 사람들을 움직(협력)이게 하는 힘(능력)은 강제적인 것이 아니라 자발적으로 움직이게끔 유도된 것이다.

> 절대군주국가: 법률이나 합법적인 반대세력의 의견을 벗어나 어떠한 제약도 없이 국민에게 권력을 행사하는 군주가 통치하는 국가를 말한다.

결론적으로 기업경영 측면에서 볼 때 리더십이란 구성원에게 영향을 미칠 수 있는 리더의 성향, 행동, 상황과 관련된 제반 특성들을 가리키는 개념으로서, 조직의 공동된 목표를 효과적으로 달성하기 위하여 조직구성원들의 자발적인 노력을 유인하고자 영향을 미치는 과정으로 정의할 수 있다(House, 1976; Hersey & Blanchard, 1982 · 1983; Yukl, 1998).

(2) 리더십의 이론적 기반

리더십은 일찍이 정치학의 주요 문제로 제기되어 왔으나, 최근에는 행정학과 경영학에서 조직 및 경영 관리 측면에 있어 핵심적 문제로 다뤄지고 있다. 어떻든 조직에는 반드시 지도자를 필요로 한다. 그렇다면 어떠한 사람이 지도자가 되어 리더십을 발휘할 수 있는가가 문제가 된다. 이에 대하여는 오랫동안 연구의 대상이 되어 왔다.

초창기의 연구에서는 지도자가 되려면 리더십의 자질을 천부(天賦)적으로 갖고 태어나는 것으로 생각하고, 그 공통된 자질을 찾아내는데 주력하였다. 그 결과 등장한 것이 이른바 자질이론(Traits Theories)이다. 그러나 자질론자들이 지적한 지도자의 자질은 공통된 특성이 못되어 설득력을 잃고 말았다. 다음에 나타난 것이 행태이론(Behavioral Theories) 또는 행동유형론(行動類型論, Styles of Leader Behavior)이다. 행태이론은 한 마디로 지도자의 행태(行態)에 연구의 초점을 둔 이론이다. 그 후에도 연구가 계속되어 세 번째로 등장한 것은 상황이론(狀況理論, Situation Theory)이다. 상황이론의 핵심은 시대적 또는 환경적 상황에 적격한 인물이 지도자가 될 수 있다는 견해이다. 여기에는 피들러(F. E. Fiedler, 1993)의 상황적응적 리더십이론, 허시와 블랑샤르(P. Hersey & K. Blanchard, 1966)의 3차원적 리더십이론, 브룸과 예튼(V. Vroom & P. Yetton, 1973)의 의사결정참여규범이론, 하우스(R. J. House, 1974)의 진로–목표 리더십이론 등이 있다.

이밖에 리더 개인뿐만 아니라 집단활동에 관한 상황과 리더십의 기능에 대한 연구가 진행되었다. 그 선구가 된 것은 레빈(Kurt Lewin, 1890~1947) 등에 의한 사회적 풍토에 관한 연구로 여기에서는 리더십을 ① 전제적, ② 민주적, ③ 자유방임적의 3종류로 설정하고 리더와 구성원, 집단으로의 효과의 관계를 살펴보았다. 또한 카츠(Daniel

Katz, 1903~1998) 등은 과제를 중시하는 리더보다 구성원 간의 개성이나 욕구를 존중하는 리더 쪽이 집단의 생산성이 높아진다는 것을 지적하고 있다.

리더십은 현대 경영에서도 가장 중요한 화두 중의 하나이다. 리더십은 기업 문화를 만들어내고, 경영 전략에 맞추어 기업문화를 변화시키는 데 중요한 역할을 한다. 조직의 리더는 구성원의 동기를 유발시키고 그들로 하여금 좋은 아이디어를 찾게 해주어야 한다. 기업의 비전을 제시해 주고, 구성원들이 이에 맞추어 창의적인 생각을 할 수 있도록 변화의 주도자 역할을 해야 한다. 레빈, 리피트, 화이트(Lewin, Lippitt & White, 1939)의 리더십 유형의 실험적 연구는 집단 역학(Group Dynamics)의 시작이 되었는데, 그는 민주형, 자유방임형, 전제형의 세 가지로 나누어 집단운영의 효과라는 측면에서 비교하였다. 그 후 리더십 유형에 관한 연구는 점차 발전하였다. 리더십이론은 자질, 특성이론에서 상황이론으로, 다시 상호작용이론으로 변증법적인 발전을 해 왔다.

주요 연구를 보면 아이오와 실험(Lewin, Lippitt & White, 1939)에서는 자유와 질서라는 기능 차원에 따라 민주형, 자유방임형, 전제형의 세 가지 유형을 제시하였고, 미시건 연구(Katz & Kahn, 1980)는 종업원 지향, 집단 관계성, 감독 역할의 분화 및 감독의 자상함 등 기능 차원에 따라 종업원 지향형, 생산성 지향형을 제시하였다. 또한 오하이오 연구(Halpin & Winer, 1957)는 리더십 기능 차원을 배려, 감수성, 생산성 강조, 구조 만들기의 네 가지 유형으로 나누었다. 한편 집단역학센터(K. Lewin, 1947)는 기능 차원으로 집단유지 기능과 목표달성 기능을 들고 있으며, 블레이크와 무통(Blake & Mouton, 1964)은 인간의 관심과 생산의 관심이라는 두 가지 차원에 따라 무기력형, 과업형, 중용형, 컨트리클럽형, 팀관리형 등 81개의 유형을 제시하였다.

이밖에 피들러(Fiedler, 1993)의 컨틴전시 모형은 높은 LPC(Least-Preferred Coworker, 최소선호 동료; 대인인지 거리)와 낮은 LPC로 나누어 성격과 상황의 조합 모형을 제시하였으며, 허시와 블랑샤르(Hersey & Blanchard, 1966)는 두 가지 행동 차원(지시, 협조)의 정도에 따른 네 가지 유형을 제시하였다. 집단상담자와 집단구성원의 관계에서도 지도성이 크게 작용한다고 볼 수 있다. 상담자가 집단에 참여하는 방식에 따라 그 집단의 방향이 달라지므로 집단상담에서는 지도성의 유형에 따라 집단의 유형을 지도자중심 집단, 방임적 집단, 내면적 통제 집단, 외면적 통제 및 격려 집단으로 구분한다.

여기서 지도자중심 집단의 상담자는 논의할 주제를 집단구성원에게 제시하여 그들이 무엇을 해야 하고 어떻게 실행할 것인지, 그들의 행동에 대한 뚜렷한 의미 등을 교육해야 하는 책임이 있다. 방임적 집단의 상담자는 집단구성원에게 지나치게 허용적이며, 행동에 대한 방향 감각이 없으므로 보다 폭넓은 훈련과 집단형성 과정에 관한 철저한 지식과 상담기술을 갖추어야 한다. 내면적 통제 집단의 상담자는 지나친 감수성을 소유하고 있으며, 상담자 자신이 처리할 수 없는 문제에 대하여 토론을 회피하는 경향이 있다. 상담자는 자신에게 어려움을 주는 부분을 인정하고 가능한 한 개방적으로 문제를 다루려고 노력해야 한다. 외면적 통제 및 격려 집단의 상담자는 집단구성원을 존중하고 잠재력을 신뢰하여 그들의 자신감을 향상시키는 데 역점을 둔다.

3) 리더십의 구성 요소와 역할·기능

(1) 리더십의 구성 요소

리더십의 개념을 보다 명확히 하기 위해서는 리더십이 어떠한 요소들로 구성되어 있는가를 살펴볼 필요가 있다. 깁(Cecil A. Gibb, 1954)은 리더십을 구성하는 요소로 지도자·집단·추종자·상황·과업(업무)의 다섯 가지를 지적하고 있다.

① 지도자

리더십은 그 누구보다도 지도적 역할을 하는 주체자인 지도자(Leader)에 의하여 다루어진다. 지도자는 한 조직에서 고위관리직의 지위에 있을 수도 있으나 고위관리자라고 하여 반드시 리더십이 있다고 하거나 지도자가 될 수 있다고는 말할 수 없다. 왜냐하면, 관리자의 기능과 지도자로서의 자질(資質)과는 별개의 문제이기 때문이다.

② 집단

리더십은 조직의 목표달성을 위하여 조직 내의 사람들이나 집단에 영향력을 행사하는 것이므로, 조직이나 집단을 떠난 리더십은 생각할 수 없다. 따라서 리더십은 집단 밖의 사람들을 대상으로 하는 행위가 아니라 집단 안에서 일어나는 행위인 것이다.

③ 추종자

리더십의 상대 개념으로 '팔로워십(Followership)'이 있다. 팔로워십은 조직이 효과적으로 목표를 달성하기 위해서는 지도력뿐만 아니라 리더를 뒷받침하는 부하나 구성원의 역량이 중요하다는 의미를 담고 있다. 리더가 있으면 그 지도적 역할에 상응하여 반드시 추종자가 있어야 할 것이다. 리더의 지도적 역할에 따르지 않는 리더십이란 논리상 있을 수 없는 것이기 때문이다. 이 경우의 추종행위(Following)는 어디까지나 자발적(自發的)인 것임은 말할 나위 없다. 리더는 혼자 존재할 수 없다. 아무도 따르는 사람(Follower)이 없다면 리더가 될 수 없기 때문이다. 따라서 리더는 항상 '따르는 사람들(추종자)'의 존재를 존중해야 한다.

④ 상황

리더십은 조직 안의 상황에 따라 그 발휘가 좌우될 수 있다. 여기서의 상황이란 조직 안의 사람들이나 집단들의 상호작용관계, 조직문화, 집단의 성격, 집단규범, 집단활동의 제약 조건 및 이들에 대한 인식과 태도 등의 양상이라 말할 수 있다.

⑤ 과업

과업이란 조직의 목표 달성을 위해 조직의 구성원들에게 주어진 업무를 말한다. 과업은 조직의 성격에 따라 제각기 다르다. 그러므로 다양한 과업에 종사하는 사람들에게 획일적으로 다룰 수는 없다. 예를 들어, 군대 조직이나 교도소 등에서는 보다 엄격한 리더십이 요구되고, 연구소의 경우에는 많은 자유가 허용되는 리더십이 보다 효과적인 것이다. 따라서 과업(Task)은 리더십의 중요한 변수(變數)(→변인)가 될 수 있다.

(2) 리더의 권력기반

리더(Leader)에게는 미래의 변화하는 환경에 어떻게 전망을 적합시켜 갈 것인지 판단하는 선견력(Foresight), 전망이 조직의 전통과 문화를 거스리지 않게끔 뒤를 다독이는 능력(Hindsight), 출현 가능한 새로운 발명품이나 경향으로 말미암은 충격을 해석하는 세계관(World View), 전체에 걸친 그림을 적절한 수준으로 자세히, 전체에 걸쳐 볼 수 있는 깊은 인식 능력(Depth Perception), 새로운 방향을 향한 경쟁자들과 다른 당사자들의 여러 반응을 이해하는 주변 파악 능력(Peripheral Vision), 환경이 변함에 따라 이전에 종합되어 수립된 방향을 지속으로 재검토하고 재수립하는 능력(Revision)이 요구된다. 이 밖에도 리더는 전망을 제시할 적절한 시기, 전망 인상의 단순성과 복잡성, 과거에서 연속되는 성질의 개념과 범위 설정, 낙관하고 비관하는 정도, 현실성과 신뢰성, 조직에 미치는 겉으로 드러나지 않고 숨은 상태로 존재하는 영향을 대상으로 한 의사결정을 내려야 한다.

당초 리더십 능력에 관해서는 리더가 된 개인적 특성과의 관련에 주목되었다. 스토그딜(Roger Melvin Stogdill, 1948 · 1974)은 리더에게 나타나는 특성으로서 ① 능력(지능이나 판단력), ② 소양(체력, 경험), ③ 책임성(신뢰성, 인내력), ④ 참가태도(활동성, 사교성), ⑤ 지위(인기, 사회적 세력)의 5가지를 들었지만, 동시에 이것들 중에는 서로 모순되는 요소도 포함되어 필요로 하는 요소가 상황에 따라 다른 것도 지적하였다.

리더에게는 권력(Power)이 있다. 권력은 다른 사람을 자기 뜻대로 움직일 수 있는 힘이다. 보상과 처벌을 줄 수 있는지, 합법성이 있는지, 따르는 사람들이 좋아하는 참조성이 있는지 그리고 전문성과 정보성이 있는지가 권력의 기반을 형성한다. 부하직원과 맺는 관계 성숙도가 증가함에 따라 지시형, 참여형, 판매형, 위임형으로 변화를 시도하는 것이 효과적이다. 상황부합이론에 따르면 상황이 아주 좋거나 나쁠 때는 과제지향 리더가 효과적인 반면, 보통 상황에서는 관계지향 리더가 효과적이다. 수평적 리더십과 다원적 소통이 필요한 시대이다.

리더의 권력 기반은 대체로 여섯 가지로 구분된다(Forsyth, 2001). 이런 조건들 중 최소한 한 가지 이상이 갖추어져 있을 때 리더로서 권력이 생긴다.

첫째는 상대가 원하는 것을 줄 수 있는 능력, 즉 '보상'이다. 둘째는 상대가 싫어하는 것을 강제할 수 있는 능력, 즉 '처벌'이다. 사람들은 보상을 얻기 위해 그리고 처벌을 피하기 위해 리더를 따른다. 셋째는 '합법성'이다. 합법성을 부여받으면 사람들은 그를 따르게 된다. 넷째는 상대가 리더를 좋아하거나 매력을 느끼거나 존경한다면, 그 리더는 '참조성(Reference)'에 기반을 둔 권력을 갖는다. 다섯째 권력 기반은 '전문성'이다. 어떤 영역의 전문성이 있다고 생각되면 사람들은 그 전문가의 말을 따른다. 여섯째는 '정보성'이다. 반드시 어떤 영역의 전문가가 아니더라도 특정 정보를 그 사람만 가지고 있다면, 그 사람은 정보성에 기반을 둔 권력을 갖게 된다.

이 여섯 가지 권력의 기반 중 몇 가지를 함께 가지고 있을 수도 있다. 예를 들어, 어떤 교수님이 학점을 잘 줄 수도 있고(보상), 낙제시킬 수도 있고(처벌), 해당 강의를 할 수 있는 합법성을 부여받았고, 해당 영역에 전문성과 정보성을 지니고 있으며, 학생들이 그 교수를 좋아하기까지 한다면(참조성), 그 교수는 여섯 가지 권력 기반을 모두 지니고 있는 셈이 된다. 당연히 권력 기반이 여럿 있을수록 힘은 강해진다.

(3) 리더십의 역할 및 기능

① 리더십의 역할

리더십은 조직 환경에 가장 중요한 관점 중 하나로 남아있으나, 상황별로 다르게 정의된다. 일반적으로 리더십은 조직의 문제점을 개선하고 조직이 환경 변화에 적응하게 하며, 구성원에게 동기를 부여한다. 일찍이 마키아벨리(Niccolò Machiavelli, 1469~1527)는 리더가 성공하려면 반드시 능력을 갖춰야 한다고 주장했다. 그래야 리더가 기회를 인식하고 포착할 수 있으며, 상대보다 생각이 앞서고 그들과 하는 싸움에서 승리할 수 있다고 설명하였다. 운(運)은 모든 전략적 판단에서 중요한 역할을 차지한다. 최대한 세밀하게 세운 계획이 예기치 못한 상황이 닥쳤을 때에는 운으로 말미암아 완벽히 전복할 수도 있으나, 역량 있는 리더는 가능성이 기회로 바뀌는 때를 인식하고 경쟁자나 상대방보다 더 빨리 반응하여 행운의 이점을 활용할 수 있다는 것이다(Morgen Witzel, 2004).

링컨대학의 앤 마리(Ann Marie)는 "지도력은 능력에 관한 것이다. 여기서 지도자의 능력이란 듣고 관찰하는 능력을 말하는데, 모든 수준의 의사결정을 하는 가운데 대화에 힘을 고양하려는 것을 시작으로 하여 그들의 식견을 이용하고, 의사결정에서 투명성과 절차를 확립하며 그들만의 가치와 전망을 분명하게 말하면서도 강요하지 않아야 한다. 지도력은 환경을 대상으로 한 것이지, 예정된 것에 반응하고 문제를 인식하고 변화 관리가 아닌 실질에 부합하게 개선하려는 변화를 제안하는 것만은 아니다"라고 주장하였다. 미국 조직심리학의 개척자이자 변혁적 리더십이론을 만든 버나드 배스(Bernadrd Bass)는 "지도자란 책임과 과업을 완수하려는 강한 동기와 목표를 추구하는 맹렬과 인내와 문제를 해결하려는 모험심, 창의성, 자신감, 결과를 대상으로 한 승복, 스트레스, 절망, 지체를 대상으로 한 인내라는 특징을 보인다"라고 결론지었다(James Mcgregor Byrnes, 2006 재인용)

② 리더십의 기능

리더십의 기능이란 리더의 지도적 역할을 의미한다. 지도적 역할은 크게 나누어 조직의 목표달성, 자원의 동원, 조직활동의 통제·통합·조정의 세 가지를 들 수 있다.

㉠ **목표설정**

리더는 조직 또는 집단이 나아갈 방향을 제시하는 목표를 설정하는 기능을 수행한다. 이 경우 지도자에게 가장 중요시되는 일은 조직 내의 개인들의 목표를 조직의 목표에 일치시키는 일이다. 대단히 어려운 일이겠으나, 이것은 조직구성원들에게 그들의 가치관을 조직목표로 유도하여 내재화(內在化)시킴으로써 가능해진다.

㉡ **자원의 동원**

조직의 목표를 달성하기 위하여 리더는 그 구성원들에게 인적(人的)·물적(物的)자원과 상징적 수단을 최대한 동원하여 적절하게 배분하고 충족시켜야 한다. 그래야만 구성원들은 리더십에 따르고 각자의 역량(力量)을 최대한 발휘하게 된다.

㉢ **조직활동의 통제·통합·조정**

리더는 그 조직의 구성원들이 목표를 성공적으로 달성할 수 있는 방향으로 노력하게끔 조직활동의 통제(Control)·통합(Integration)·조정(Coordination)하는 역할을 한다.

4) 리더십의 유형

(1) 리더십의 유형에 대한 연구

리더십은 희구되는 목표를 달성하기 위해 개인 및 집단을 조정하며, 동작하게 하는 기술을 의미한다. 조직 속의 리더십은 구성원으로 하여금 바람직한 조직목표에 자발적으로 협조하도록 하는 기술 및 영향력을 말한다. 리더십은 조직의 공식적 구조와 설계의 미비점을 보완하고, 변화하는 환경에 조직이 효율적으로 적응하도록 하며, 조직 내부의 조화를 유지시키고, 조직구성원의 동기를 유발하고 재사회화하는 기능 등을 수행한다.

리더십은 이를 연구한 학자에 따라 여러 가지 유형으로 분류되고 있다. 리피트와 화이트(R. Lippitt & R. K. White, 1958)는 의사결정의 양태에 따라 민주적 리더십·권위적 리더십·자유방임적 리더십으로 분류하고 있고, 리커트(R. Likert, 1961)는 인간과 업무에 초점을 두고 직원중심적 리더십과 업무중심적 리더십으로 분류하고 있으며, 하우스(R. J. House, 1974)는 그의 진로-목표이론에 입각하여 지시적 리더십·지원적 리더십·참여적 리더십·성취지향적 리더십으로 나누고 있다.

(2) 상황별 효과적 리더십 유형

상황에 따라 효과적인 리더십 스타일이 다르다는 명제가 좀 더 체계적으로 검증된 것이 리더십의 '상황적응적 이론'이다(Fiedler, 1993). 결론부터 이야기하면 보통 상황에서는 관계지향 리더가 더 효과적이며, 상황이 아주 좋거나 아주 나쁠 때는 과제지향 리더가 더 효과적이다. 구체적으로 리더의 상황이 좋고 나쁜 것은 대개 세 가지 조건에 따라 구분된다. 먼저 구성원들이 리더를 얼마나 좋아하는지에 따라 리더와 구성원 관계의 좋고 나쁨이 결정되며, 과제가 얼마나 구조화되어 있는지에 따라 그리고 리더의 직책권력이 얼마나 강한지에 따라 전체적인 상황의 좋고 나쁨이 결정된다(노종희, 1983).

전체적으로 이런 상황 조건들을 종합해 상황 통제력이 매우 유리하거나, 매우 불리한 상황일 때는 관계지향 리더보다 과제지향 리더가 더 효과적이며, 상황 통제력이 중간 정도일 때는 관계지향 리더가 더 효과적이다. 관계지향 리더는 과제의 진행보다 구성원들 간의 관계를 상대적으로 더 중요시하는 리더를 말하며, 반대로 과제지향 리더는 구성원들 중 일부가 불만족하더라도 과제의 수행을 우선적으로 성공시키려 밀고 나가는 리더를 말한다. 구성원들 중에도 관계지향 구성원과 과제지향 구성원이 있지만, 특히 리더의 유형이 해당 집단의 성취와 분위기를 더 크게 좌우한다. 과제지향 리더와 관계지향 리더를 구분하는 척도는 '최소선호 동료(Least-Preferred Coworker, LPC) 척도'이다(Fiedler, 1993). 대체로 리더가 자기 의견에 반대하는 구성원을 어떻게 대우하느냐에 따라 리더의 유형이 구분된다. 즉, 해당 집단에서 가장 껄끄러운 부하직원까지도 만족시키려고 애쓰면

관계지향 리더로 분류되고, 그런 직원의 의견을 무시한 채 과제를 수행하는 데 몰두하면 과제지향 리더로 분류된다.

대체로 과제지향성이 높으면 관계지향성이 낮고(지시형 리더), 관계지향성이 높으면 과제지향성이 낮지만(참여형 리더), 이 두 가지가 모두 높은 리더 유형도 있고(판매형 리더), 이 두 가지가 모두 낮은 리더 유형도 있다(위임형 리더).

리더가 상관으로 임명받아 어떤 부서에 처음 들어갔을 때는 '지시형' 리더가 효과적이다. 그러다 점차 부하직원과의 관계 성숙도가 증가하면, 즉 서로 익숙해지기 시작하면 과제진행과 함께 관계도 발전시키는 '판매형' 리더가 효과적이다. 여기서 더 나아가 매우 친밀한 관계가 형성된 후에는 리더도 구성원과 하나가 되어 함께 하는 '참여형' 리더가 호평을 받는다. 끝으로 리더의 눈빛이나 표정만 보아도 리더가 무엇을 원하는지 부하직원이 알 수 있을 정도가 된다면, 상당 부분의 일을 부하직원에게 맡기는 '위임형' 리더가 효과적이다. 이처럼 어떤 한 유형의 리더가 모든 상황에 효과적이기보다는 부하직원과 맺는 관계의 성숙도에 따라 효과적인 리더 스타일이 달라지는 것이 보편적이다.

대체로 리더는 지위가 높다고 생각하여 피라미드형 조직구조의 정점이라고 생각하기 쉽다. 과제를 단계적으로 수행해야 할 때나 명확한 결정을 내려야 할 때는 중앙집권적인 리더 스타일이 효율적일 수 있다. 특히 과제가 단순하고 처리해야 할 일이 복잡하지 않았던 과거에는 이처럼 수직적이고 중앙집권적인 리더가 효과적이었다. 그러나 사회가 복잡해지면서 혼자 결정할 수 있는 단순한 일보다는 많은 사람들의 지혜가 모일 때 최선의 선택이 가능한 경우가 많아져, 더 이상 독불장군 리더는 효과를 발휘할 수 없게 되었다. 소통의 방향과 마음의 움직임을 생각하면서 다양한 대안을 열린 마음으로 수용하는 자세를 가진 다원적 리더가 구성원의 만족을 이끌어낼 수 있으면서도 결과적으로 가장 합리적인 최선의 결정을 할 수 있는 시대가 되었다.

지금과 같은 광범위한 네트워크 시대가 되기 훨씬 전에, 소집단

네트워크의 효율성과 만족도 실험이 있었다(Leavitt, 1951). 4~5명의 구성원이 각각 색깔 이름 몇 개와 소통 대상이 적힌 쪽지를 받은 다음, 그 소통 대상만 찾아 이야기함으로써 모든 구성원들이 공통적으로 가지고 있는 색깔을 찾아내는 과제였다. 예를 들어, A는 B, C, D 모두와 소통할 수 있는데 B, C, D는 A하고만 소통할 수 있다면, 이것은 A가 중심에 있는 바퀴형 네트워크로, A는 전형적인 중앙집권형 리더가 된다. 반대로 네 사람 모두가 다른 세 사람과 의사소통할 수 있다면, 이것은 전방위형 네트워크로 전형적인 수평형 구조이다. 이런 방식으로 Y형, 사슬형, 고리형과 같은 여러 유형의 네트워크 구조를 실험해볼 수 있다. 결과를 살펴보면 쉬운 과제였을 때는 바퀴형이 가장 효율적이었지만 구성원 만족도가 떨어졌고, 전방위형은 가장 비효율적이었지만 구성원 만족도가 높았다. 그러나 어려운 과제일 때는 효율성과 만족도가 모두 전방위형이 가장 높아, 창의적으로 머리를 짜내야 하는 상황에서는 모든 구성원 사이의 소통 연결고리가 열려 있어야 서로 만족하면서도 가장 좋은 성과를 이끌어낼 수 있음을 시사한다.

좋은 리더가 되려면 구성원이 무엇을 원하는지, 무엇을 기대하는지를 알고, 그에 일치하는 방향으로 의사결정 과정을 진행해야 한다. 구성원의 실제 상황과 기대를 잘 이해하려면 수평적이면서 양방향적인 의사소통이 필수적이다. 그런데 많은 리더들이 본인은 소통을 잘 하고 있다고 생각하지만 사실은 일방향적인 메시지 전달에 그치는 경우가 흔하다. 소통의 핵심은 '의미 공유'이기 때문에 서로 간의 '동상이몽'을 해결할 때 참된 소통에 가까워질 수 있다. 리더든 구성원이든 서로 상대의 생각과 의견을 '잘못' 지각하지 않는 습관이 중요하다.

(3) 리더십에서 고려해야 할 상황적 요소

리더십의 유형은 지도자가 어떠한 상황에서나 자기의 성향에 맞는 스타일을 택할 수 있는 것이 아니다. 효과적인 리더십을 발휘하려면 지도자가 처한 상황적 요소를 고려해야만 하는 것이다. 그 상황적 요소는 다음과 같다.

첫째, 조직의 성격에 따라 리더십의 유형은 달라질 수 있다. 다시 말하면 조직은 자기의 목표나 기능에 적합한 리더십 스타일을 요구하게 된다는 뜻이다. 가령 군대 조직이나 교도소 등과 같이 엄격한 규율을 갖는 조직에서는 권위적 리더십이 요구되고, 연구소와 같은 전문지식인으로 구성된 조직에서는 자유방임적 리더십이 요구되는 것이다.

둘째, 조직구성원의 교육수준도 리더십의 유형을 결정짓는 요소가 될 수 있다. 조직이 보다 높은 교육수준의 사람들로 구성되어 있을수록 민주적 또는 자유방임적 리더십이 요구되고, 교육수준이 낮은 사람들로 구성된 조직일수록 권위적 리더십을 요구하게 된다.

셋째, 과학기술의 발달은 조직의 업무를 전문화시키고, 업무의 전문화는 조직구성원을 이끌 리더십으로서 민주형을 촉구하게 된다. 즉, 조직의 각 부서마다 제각기 업무의 전문화가 이루어지면 최고관리층의 지도자는 각 부서에 대하여 일일이 간섭하고 감독하고 싶어도 전문적 지식이 없기 때문에 의사결정에 있어서 각 부서의 구성원들의 의견을 반영할 수밖에 없을 일이다.

넷째, 조직이 처해 있는 환경의 상태도 리더십의 유형을 결정짓는 요인이 될 수 있다. 환경이 가변적(可變的)이고 예측하기 어려운 상태(교란적·반응적 환경)에서는 민주적 리더십이 요구된다. 즉, 조직이 환경변화에 신속히 대처하기 위해서는 하위기관(부하들)이 그때그때마다 적절히 처리해야 하기 때문에 조직의 분권화(分權化)와 함께 민주적 리더십이 요구되는 것이다. 그러나 조직(국가)이 전쟁이나 경제공황과 같은 일대 위기에 직면하게 된 경우에는 민주적 리더십보다 권위적 리더십을 요구하게 될 것이다.

다섯째, 한 사회의 구성원들이 갖는 생활양식으로서 문화의 특성에 따라 리더십의 유형은 달라질 수 있다. 그 사회가 전통사회에 머물고 있어 권위주의적 생활양식이 지배하고 있으면 권위적 리더십이 요구되고, 민주주의가 생활화되어 있으면 민주적 리더십이 요구된다.

(4) 창업에 도움이 되는 리더십 유형

전통적으로 '외향성, 조화성, 성실성, 안정성, 지능'을 갖춘 사람이 리더가 된다고 생각해 왔다(Forsyth, 2001). 예전에는 이처럼 리더의 성향이 따로 있다고 생각했으나, 요즘은 상황에 따라, 시대의 특성에 따라 선호하는 리더가 달라지고 있다.

지금까지의 연구 결과들을 살펴보면 여성들만 있는 집단에서 남성이 리더가 되는 경우는 많았는데, 남성들만 있는 집단에서 여성이 리더가 되는 경우는 매우 드물었다(Crocker & McGraw, 1984). 그 이유는 아마도 '바람직한 리더'의 이미지가 호감을 주는 남성상과 유사한 반면 호감을 주는 여성상과는 다르기 때문이었던 것으로 보인다.

그러나 예전에 힘과 하드웨어에 의존하던 세상이 점차 소프트웨어 중심으로 변해 가면서, 근래에는 부드러운 리더십, 수평적 리더십, 따뜻한 리더십, 힐링(Healing) 리더십 등이 각광을 받으며, '바람직한 리더'의 이미지가 호감을 주는 여성상에 조금씩 근접해 가고 있다. '힐링 리더십(Healing Leader)'의 특성은 구성원의 고통스러운 상황에 관한 이야기를 들어줌으로써 위안과 치유를 제공하는 리더십이라 할 수 있다. 물론 이러한 현상도 일시적일 수는 있지만, 미디어의 발달로 중앙집권적인 소통형태가 약해지고 다원적 소통형태로 변화해 가면서, 여성적인 소통 방식이 구성원을 배려하는 관계지향 리더십에 반드시 필요한 요소로 등장하고 있다.

이처럼 우리 사회가 필요로 하는 리더십은 시대에 따라 다양한 모습으로 변하고 있다. 특히 미디어와 같이 창의적 사고와 서비스 혁신을 필요로 하는 분야에서는 수직적이고 권위적인 리더십보다는 수평적이고 민주적인 리더십이 중요하다. 4차산업혁명 시대를 맞아 창업에 도움을 줄 수 있는 리더십 유형을 정리해 보면 다음과 같다(정희경, 2013).

4차산업혁명: 1784년 영국에서 시작된 증기기관과 기계화로 대표되는 1차 산업혁명, 1870년 전기를 이용한 대량생산이 본격화된 2차 산업혁명, 1969년 인터넷이 이끈 컴퓨터 정보화 및 자동화 생산시스템이 주도한 3차산업혁명에 이어, 로봇이나 인공지능(AI)을 통해 실제와 가상이 통합돼 사물을 자동적, 지능적으로 제어할 수 있는 가상 물리 시스템의 구축이 기대되는 산업상의 변화를 일컫는다.

① 감성 리더십

감성 리더십이란 리더 스스로 자신의 내면을 파악하고, 구성원의 감성을 이해하고 배려함과 동시에 자연스럽게 조직구성원들과 관계를 형성해 조직의 감성 역량을 높이는 능력을 말한다(Daniel Goleman 외, 2003). 조직구성원이 다양해지고 가치관이 빠르게 변하면서, 일상 생활에서 구성원들이 느끼는 감성을 이해하고 이들과 긍정적인 관계를 유지하는 감성 리더십의 중요성이 부각되어 왔다. 감성 리더십은 다음과 같은 단계를 거쳐 구축되며, 결과적으로 구성원의 협력을 이끌어내고 새로운 방식의 문제 해결을 촉진함으로써 창조적인 조직성과 창출에 기여할 수 있다.

첫째는 자기통제 단계로, 리더는 자신의 감정 표현이 조직 전체에 미치는 영향을 정확히 인식하고 부정적인 감정을 스스로 조절할 수 있어야 한다. 같은 집단에서 일하는 사람들 간에는 불안, 시기, 행복 등의 감성이 전이(Emotional Contagion)되며, 이는 조직의 성과나 분위기에 영향을 미친다. 연구결과에 따르면 구성원들 간에는 부정적인 감정이 긍정적인 감정보다 전염성이 높다고 한다. 우리나라와 같이 근무 시간이 길고 관계지향적인 문화가 강한 환경은 상대방의 감정에 더 많이 노출되면서 감정이 쉽게 전염될 수 있는 구조이다. 특히 리더는 성과에 대한 압박으로 스트레스가 크고 부정적인 감정에 쉽게 노출되는 편이다. 이들은 자신의 부정적인 감정을 쉽게 표현할 수 있는 위치에 있기 때문에, 리더로 인한 감정 전염은 조직에 직접적인 영향을 미칠 수 있다. 따라서 리더는 자신과 다른 사람의 감정을 이해하고 조절할 줄 아는 감성 역량을 키울 필요가 있다.

둘째는 조직 내 신뢰 구축 단계로 구성원을 대상으로 마음에서 우러난 신뢰와 존중을 표현해 감성 리더십의 기반을 마련하는 과정이다. 이를 위해 리더들은 구성원들과 정기적인 티타임, 온라인 대화 등 다양한 소통 채널을 갖는 것이 필요하다.

셋째 단계는 개별적 관심과 배려로, 구성원에게 맞춤형 배려를 제공해 감동을 줄 수 있다.

넷째는 긍정적인 집단감성의 형성 단계로, 리더와 구성원의 개별 관계를 넘어서 조직 전체의 우호적, 협조적 관계를 구축하는 것이다(예지은, 2010).

고어(Gore) 사(社): W. L. Gore & Associates, Inc.(미국 소재 본사), W. L. Gore & Associates (Hong Kong) Ltd.(홍콩 소재 아태지역본부), 주식회사 고어코리아 등 3개 사를 통칭한다.
시스코(Cisco): 미국 샌프란시스코에 있는 정보통신회사로서 네트워크 설비들을 제조·판매하며, 다양한 네트워킹 솔루션과 서비스를 갖추고 있다.

② 공유의 리더십

공유의 리더십은 구성원 모두가 리더가 될 수 있다는 의식을 공유하고 함께 문제를 해결해 나가는 조직 리더십을 구축하는 것이다. 리더 개인의 역량을 넘어서 모든 구성원들이 리더십을 얼마나 효과적으로 공유하는지가 중요하다. 예를 들어, 고어(Gore) 사(社)는 보스가 없고, 직급이나 직책도 정해져 있지 않다. 동료들로부터 인정을 받으면 누구나 프로젝트를 주도할 수 있으며, 평가도 동료들에 의해 실시된다. 시스코(Cisco)의 존 체임버스(John Chambers) 회장도 "지금은 모든 구성원의 집단지성을 활용하는 협업 DNA가 기업을 성공으로 이끄는 시대"라는 점을 강조했다(강진구, 2010; 나은영, 2013).

③ 경청 리더십

경청 리더십은 구성원의 의견을 마음으로 경청하고, 권한과 기회를 제공해 자발적인 몰입을 촉진하는 리더십이다. 첫째 단계로 리더와 구성원 간에 신뢰와 공감대가 형성되면, 구성원은 자신감을 가지고 창의적인 아이디어를 제시할 수 있다. 둘째 단계는 기회 제공으로, 경청을 통해 공감대가 형성된 리더는 구성원의 제안을 채택하고 이를 시행할 수 있는 기회를 제공한다. 가령 구글은 구성원의 창의적 아이디어를 촉진하고 이를 신사업으로 육성하기 위해 '구글랩(Google Lab)'을 설치, 조직 서열에 관계없이 아이디어 제공자에게 기회를 제공하고 권한과 자원을 부여한다. 셋째 단계는 자발적 몰입으로, 구성원은 자신의 책임 아래 업무를 수행하면서 효율성을 높이고 창조적 성과를 이끌어낸다(주세영, 2010).

④ 서번트 리더십

서번트 리더십(Servant Leadership)이라는 개념을 처음 제시한 미국의 경영 연구가 그린리프(R. K. Greenleaf, 1970)는 "타인을 위한 봉사에 초점을 두며, 종업원·고객 및 커뮤니티를 우선으로 여기고 그들의 욕구를 만족시키기 위해 헌신하는 것"이라고 정의하면서, 우선 리더(지도자)이기 전에 서번트(봉사자)가 되어야 하며, 구성원들이 스스로 역량을 개발할 수 있는 환경을 조성해 주어야 한다고 주장하고 있다.

서번트 리더십교육으로 가장 유명한 그린리프 연구센터 연구소장 스피어스(Spears, 1995)는 서번트 리더의 특성적 요소로 ㉠ 경청하는 자세, ㉡ 공감대 형성에의 노력, ㉢ 부하들의 고통치유에 관심, ㉣ 분명한 인식을 통해 대안 제시, ㉤ 맹종 아닌 설득에 의한 동반, ㉥ 폭넓은 사고를 통해 비전 제시, ㉦ 예리한 통찰력으로 미래예측을 하도록 도움, ㉧ 청지기적인 태도로 봉사, ㉨ 부하들의 능력개발에 노력, ㉩ 조직구성원들 간 공동체 형성에 조력 등 10가지를 제시하고 있다(정학범, 2010 재인용).

⑤ 위기극복 리더십

위기극복 리더십은 기술과 환경이 급격하게 변하는 뉴미디어 분야에서 점점 중요해지는 유형이다. 예를 들어, 닌텐도의 이와타 사토루(岩田聡) 회장이 그 예다. 그는 2000년 이후 닌텐도가 게임기 시장의 주도권을 소니와 MS에 차례로 빼앗긴 후, 발상의 전환을 모색했다. 그 결과 기술 중심의 게임이 아닌 고객 중심의 게임을 개발해야 한다는 공감대를 형성했다. 게임을 하지 않는 여성을 고객으로 유도하면서, 폭력적이지 않고 교육적이면서 몸을 사용해 건강을 해치지 않는 새로운 게임 닌텐도 Wii를 히트시키게 됐다.

월트 디즈니의 로버트 아이거(Robert Iger) 회장도 위기에 빠진 조직을 회생시킨 경우이다. 그는 "창의성이 열쇠다(creative is key)"라는 모토 아래 수평적인 조직 구조를 만들어 다양한 아이디어를 장려했다. 무엇보다 소비자 중심의 콘텐츠 경영전략에 초점을 맞춘 것이 월트 디즈니를 최고의 엔터테인먼트 그룹으로 거듭나게 했다. 픽사를 인수해 제2의 애니메이션 전성기를 만들었고, 디즈니 콘텐츠를 아이튠스 등 온라인과 모바일에 제공해 다른 글로벌 기업보다 빨리 멀티 플랫폼 전략을 성공적으로 실행했다(김근우·이현정, 2005; 강진구, 2012 재인용).

닌텐도: 일본 교토에 본사를 둔 세계적인 게임기 제조업체로서 마이크로소프트, 소니, 세가와 더불어 세계 주요 게임 산업체 가운데 하나이다.
월트 디즈니: 미국의 기업인 월트 디즈니(Walter Elias Disney)가 설립한 만화영화 제작회사이다.

⑥ 창조적 리더십

여러 가지 리더십 유형이 존재하지만 혁신적인 미디어 분야가 필요로 하는 리더는 창조적 인물이어야 한다는 데에 이견이 없다. 창조적 리더는 창의적인 혁신활동을 통해 새로운 서비스와 제품, 새로운 시장을 개척하는 남다른 의지와 역량을 발휘하는 사람이다. 창조적 리더십의 조건으로는 다음과 같은 것을 들 수 있다.

창조적 리더는 전략적 사고(Strategic Thinking)를 바탕으로 부단히 조직의 성장을 추구해야 한다. 또 다양한 인재의 확보와 후계자 양성이 무엇보다 중요하다. 이와 관련해 조직에는 실패를 두려워하지 않는 도전적인 기업문화가 있어야 한다. 만일 실패할 경우 재도전의 기회를 주되, 같은 실패가 반복되지 않도록 원인을 분석한 후 조직이 공유하는 시스템이 중요하다. 창조적 리더는 조직에 창조적 영감을 부여하는 선구자가 되어야 한다. 글로벌 시장을 개척해 조직의 브랜드 가치를 높이고, 다양한 이해관계자(Stakeholder)와 소통하고, 전략적 사회공헌으로 기업과 사회의 상생 방안을 모색하는 것도 이들의 주요 덕목이다.

리더십 덕목은 현재 리더인 사람들에게만 필요한 것이 아니다. 오히려 미래의 리더 양성을 위해 우수한 인재를 교육하고 모두를 위한 리더십 공감대를 만드는 일이 더 중요하다(한창수·강한수·예지은, 2008).

⑦ 스티브 잡스(Steve Jobs) 리더십

애플: 미국 캘리포니아 주 쿠퍼 티노에 본사를 두고 소비자용 전자 제품과 컴퓨터 소프트웨어를 개발·생산하는 다국적 기업이다.

최근 들어 애플의 CEO였던 스티브 잡스(Steve Jobs) 리더십에 대한 재조명이 활발한 편이다. 잡스(Jobs)는 언제나 최고의 완벽을 추구하며, '혼을 빼놓을 만큼 뛰어난(insanely great)' 제품을 만들 것을 요구하였다. 애플 로고가 말해주듯이 단순한 디자인 가치에 대한 그의 신념과 원칙에 한치의 양보가 없었다. 잡스에게 단순함이란 복잡함의 무시가 아니라 그것을 뛰어넘는 상당한 노력의 결과이기 때문이다.

아이디어를 성과로 연결시키기 위한 집중과 몰입은 그의 주변 5미터 이내에 들어온 구성원들에게 공포심을 불러일으키는 것으로 유명하였다. 하지만 그가 보여 준 열정과 영감이 조직 전체를 공명시키고 기대 이상의 성과와 자부심을 가져왔기 때문에 구성원들은 그를 믿고 따랐다. 무엇보다 잡스는 미래 가치를 꿰뚫어보는 통찰력을 가지고 있었다. 제록스의 그래픽 인터페이스와 기술을 가져다 쓴 것은 IT 역사상 가장 의미심장한 도둑질로 간주되지만, 그의 통찰력 때문에 애플의 혁신 제품들이 속속 탄생할 수 있었다(이창훈, 2010; 구와바라 데류야, 2011).

바네이(Barney, 1991)는 기업 자원을 물적, 인적 및 조직적 자본자원 3가지 유형으로 구분하였다. 여기서 물적자원이란 기업에서 사용하는 물리적인 자본, 예를 들면 공장과 설비, 위치 그리고 이에 따른 원료 및 시장의 접근성을 말하며, 인적자원이란 기업 내직원들과 임원 및 경영자의 경험과 판단력, 지식, 통찰력 등을 의미한다. 한편, 조직자본자원이란 기업 내부 조직 간 관계와 기업 자체와 외부 환경 사이의 공식적 관계 및 기업 내외부의 공식적, 비공식적 통제, 조절, 시스템을 포괄한다(이지훈, 2017 재인용).

1장 참고문헌

강민석(2013). 창업교육 서비스 품질이 교육만족과 창업의도에 미치는 영향. 동아대학교 경영대학원 석사학위논문.

강한혁(2018). 창업자의 창업동기, 창업가정신 그리고 창업가 역량특성이 창업기업지속가능성에 미치는 영향: 창업기업 경영성과를 매개로 하여. 연세대학교정경·창업대학원 석사학위논문.

곽동신(2016). 대학의 창업교육 서비스품질이 교육만족과 창업역량, 창업의지에 미 치는 영향. 한밭대학교 창업경영대학원 석사학위논문.

김경식(2015). 벤처기업가의 역량이 기업성과에 미치는 영향에 관한 연구. 건국대학교 대학원 석사학위논문.

김선우, 김영환, 이정우, 손하늬(2019). 4차산업혁명 식대 기업가 정신의 의의와 방향, 'STEP 1 Insight', 218호, pp5-27.

노유진(2017). 외식산업의 창업가정신 및 지원서비스가 창업역량과 경영성과에 미치는 영향: 창업역량의 매개효과. 대구가톨릭대학교 대학원 박사학위논문.

윤종록, 김형철(2009). 창업가의 역량특성이 경영성과에 미치는 영향에 관한 실증연구: 차별화전략의 매개효과 검증. 한국생산성학회 생산성논문집. 23(4), 401-427.

윤희현(2019). 창업가의 창업준비특성이 창업성과에 미치는 영향: 창업역량의 매개 역할과 창업 교육전문성 조절효과. 중앙대학교 산업창업경영대학원 석사학위논문.

이웅희(2015). 창업적성 및 창업교육 만족도가 예비창업자의 역량에 미치는 영향. 한밭대학교 창업경영대학원 석사학위논문.

정지호(2014). 창업교육이 기업가 정신과 창업 및 경영성과에 미치는 영향에 관한 연구. 건국대학교 대학원.

정종서(2008). 창업교육 프로그램의 현황 및 개선 방안 : 창업대학원의 교과과정을 중심으로. 한밭대학교 창업경영대학원 석사학위논문.

정헌배(2017). 창업교육의 효율적 설계와 실천방안에 관한 고찰. 벤처창업연구, 12(1), 123-132.

Chandler, G. N., & Jansen, E.(1992). The founder's self-assessed competence and venture performance" *Journal of Business venturing*, 7(3), 223-236.

Lackéus, M., & Williams Middleton, K.(2014). *Venture Creation Programs-Bridging Entrepreneurship Education and Technology Transfer*. Education + Training, in press.

Lackeus, M.(2015). *Entrepreneurship in Education: What, Why, When, How.* OECD.

Lim, A. R., Kim, H. C., & Kim, K. P.(2014). The Effect of Youth Entrepreneurs' Competence on Entrepreneurial Behavior and Entrepreneurial Performance. Doctoral dissertation, Gradua te School of Chosun University.

McMullan, W. E., & Long, W. A.(1990). *Developing New Ventures: The Entrepreneurial Option*(pp. 141-156). San Diego: Harcourt Brace Jovanovich.

Mitchelmore, S., & Rowley, J.(2013). Entrepreneurial competencies of women entrepreneurs pursuing business growth. *Journal of Small Business and Enterprise Development*, 20(1), 125-142.

Morris, M. H., Webb, J. W., Fu, J., & Singhal, S.(2013). A Competency Based Perspective on Entrepreneurship Education: Conceptual and Empirical Insights. Journal of Small Business

Mwasalwiba, E. S.(2010). Entrepreneurship education: a review of its objectives, teaching methods, and impact indicators. Education + Training, 52 20-47. Management, 51(3).

Spencer, L. M., & Spencer, S. M.(1993). *Competence at Work: Models for Superior Performance*. Canada: JohnWiley & Sons.

Vesper(1987) cited in Owualah, S. I.(1999). *Entrepreneurship in Small Business Firms*. Lagos; G. Mag Investment Limited.

2장 참고문헌

강경균, 이춘우, 김주영(2015). 청소년 기업가 정신 함양 및 창업 활성화 방안 연구 II. 한국청소년정책연구원 연구보고서, 1-159.

강경균, 이진우, 탁현수, 김진구, 조주희, 박재조, 장신(2017). 초·중학생을 위한 기업가 정신교육 프로그램 개발 및 적용 효과. 실과교육연구. 23(4). 207-226.

교육부, 한국직업능력개발원(2017). 창의적 진로개발을 위한 진로교육 포럼.

교육부, 한국직업능력개발원(2017). 2017년 초·중등 진로교육 현황조사.

김나영(2018). 초등학생 대상 창업교육 프로그램이 진로 성숙에 미치는 효과. 경인교육대학교교육전문대학원 석사학위논문.

남춘애(2012). 비즈쿨(Bizcool) 교육특성, 사회적지지 및 교육기반특성이 학습성과와 창업의도에 미치는 영향에 대한 연구. 전남대학교 대학원 박사학위논문.

이종범, 정철영(2005). 초등학생 진로발달 검사도구 타당화 연구. 진로교육연구, 18(2), 79-105.

이혜진(2015). 청소년의 진로성숙도와 창업의도에 미치는 영향 요인에 관한 연구. 중앙대학교 산업창업경영대학원 석사학위논문.

이현림, 이난희, 이영옥(2006). 진로집단상담 프로그램이 초등학생의 진로의식 성숙 및 인간관계에 미치는 효과. 아동교육. 15(1). 221-233.

창업진흥원(2017). 청소년비즈쿨 운영매뉴얼.

창업진흥원(2017). 2017년 청소년 비즈쿨 운영현황(513개 기관).

창업진흥원(2017). 친구들과 함께 미래의 모습을 그려보아요! 초등학교 3~4학년용 교사용 지도서.

창업진흥원(2017). 기업가와 함께 내 꿈을 디자인해보아요! 초등학교 5~6학년용 교사용 지도서.

한국청소년정책연구원(2014). 청소년 기업가 정신 함양 및 창업 활성화 방안 연구: 기업가 정신 및 창업 관련 의견조사.

한문성, 권주형, 안 웅(2010). 창업 및 기업가 정신교육의 현황 및 교육수요자의 기대성과에 관한 연구 -중·고등학교를 중심으로-. 상업교육연구. 24(4). 143-170.

한문성, 천규승, 안 웅, 원성권, 강영규, 고종남, 권주형(2010). 청소년 직업관 및 창업교육 3개년 계획 연구. 창업진행원 용역보고서.

한진수(2017). 초·중·고등학생의 창업 관심과 창업태도. 교육연구. 68. 89-111.

McMullan, W. Ed and Wayne A. Long(1990). *Developing New Ventures: The Entrepreneurial Option*. New York: Harcourt Brace Jovanovich.

Ministry of Education(2009). *Guideline for entrepreneurship education*. Finland.

3장 참고문헌

강경균, 이진우, 탁현수, 김진구, 조주희, 박재조, 장신(2017). 초·중학생을 위한 기업가 정신교육 프로그램 개발 및 적용 효과. 실과교육연구, 23(4). 207-226.

강한혁(2018). 창업자의 창업동기, 창업가 정신 그리고 창업가 역량특성이 창업기업 지속가능성에 미치는 영향: 창업기업 경영성과를 매개로 하여. 연세대학교 정경·창업대학원 석사학위논문.

과학기술정책연구원(2016). 모두를 위한 창업교육. Entrepreneurship Korea(2). 2-2.

교육부(2018). 초·중등학교교육과정 총론. 고시 제2015-74호.

김석현(2016). '업을 찾아가는 플랫폼' 창업교육. Entrepreneurship Korea, 2. 3-5.

김선우(2016). 창업교육의 미래 방향 -모두를 위한 창업교육. Entrepreneurship Korea, (2). 10-12.

김선우, 김영환, 이정우, 김형주, 고혁진, 김석현, 김영신(2015). 기업가 정신 모니터링 사업. 조사연구, 1-486.

김종래, 배광균, 김형균, 이종근, 심종언(2003). 2005년도 비즈쿨 연구 시범학교 보고서.

김주미, 박재필(2010). 기업가 정신 함양을 위한 경제 관련 교과서 방향 탐색. 국제경상교육연구, 7(1). 1-29.

김재희, 장현진(2018). 고등학생의 창업교육활동 참여가 진로개발역량에 미치는 영향. 한국창업학회지, 13(2). 218-242.

네이버 사전(2019). https://dict.naver.com/

박재성(2018). 4차산업혁명시대 창업교육의 방향성에 관한 연구: 창업교육의 유형별 중심. 한국창업학회지, 13(1). 40-62.

박진우, 최종인(2015). 비즈쿨(Bizcool) 교육특성이 청소년 창의성 발달에 미치는 영향. 인적자원개발연구, 18(3), 47-75.

설병문, 박상혁, 박종복, 김상표(2014). 근거이론에 따른 창업교육 인식에 관한 고찰. 벤처창업연구, 9(3), 23-32.

양영석, 최종인, 황보윤(2012). '질 좋은' 창업의 개념정립과 창업교육 중심의 '질 좋은' 창업육성시스템 구축방안 연구. 벤처창업연구, 7(2), 141-150.

이우진, 손종서, 오혜미(2018). 앙트러프러너십 교육과 창업기회인식 역량과의 관계. 벤처창업연구, 13(3), 71-83.

중소벤처기업부(2018). 창업지원 사업 자료집.

중소벤처기업부, 창업진흥원(2019). 모둠활동을 통한 기업가 정신 체험: 중학교 교사용 지도서.

중소벤처기업부, 창업진흥원(2019). 세상을 바꾸는 기업가 정신: 고등학교 교사용 지도서.

창업진흥원(2018). 2018 청소년비즈쿨 운영 매뉴얼.

홍윤표(2018). 특성화 고교생들의 비즈쿨(Bizcool: 창업) 교육만족도가 창업의지에 미치는 영향에 관한 연구: 심리적 특성의 조절 효과를 포함하여. 호서대학교 글로벌창업대학원 석사학위논문.

JA Korea 홈페이지(2019). https://www.jakorea.org/front/jakorea/user/organization.do/에서 2019년 8월 3일 인출.

Lackéus, M., & Williams Middleton, K.(2014). *Venture Creation Programs-Bridging Entrepreneurship Education and Technology Transfer*. Education

Training, in press.

Morris, M. H., Webb, J. W., Fu, J., & Singhal, S.(2013). A Competency-Based Perspective on Entrepreneurship Education: Conceptual and Empirical Insights. *Journal of Small Business Management*, 51(3).

4장 참고문헌

관계부처 합동(2017). 대학發 창업 활성화 방안. 제3차 창업활성화 관계장관회의. 2017.3.27.

박정배(2019). 창업을 둘러싼 생태계에 대한 단상. 스타트업을 위한 단상과 소고 매거진. 2019.06.04.

배종태(1998). 정책연구: 기업가 정신 및 벤처경영에 관한 교육과정개발, 기업가 정신과 벤처연구, 1(2), 155-334.

안태욱(2017). 대학 창업교육의 창의성 역량이 진로준비행동에 미치는 영향: 창업가 정신과 자기효능감의 매개효과, 중앙대학교 대학원 박사학위논문.

오해섭 외(2014). 청소년 기업가 정신 함양 및 창업 활성화 방안 연구I: 기업가 정신 및 창업과년의견조사, 한국청소년정책연구원.

이우진 · 김용태 · 황보윤(2013). 해외 대학의 창업교육 현황과 특징에 관한 연구: 미국 5개 대학 사례를 중심으로. 벤처창업연구. 8(1). 99-110.

중소기업청(2017). 대학 창업지원 모델 길잡이. 창업진흥원.

중소벤처기업부(2017). 2018 창업지원사업.

창업진흥원(2017). 대학 창업지원 모델 길잡이. 중소벤처기업부.

최동국(2017). 학교기업 외식창업교육 품질이 학생만족도와 창업의지에 미치는 영향. 경기대학교 대학원 박사학위논문.

한국청년기업가 정신재단 미래인재양성팀(2018). 대학 창업 운영 매뉴얼 3.0.

한국청년기업가 정신재단(2018). 부처별 청소년 기업가 정신교육 프로그램 운영 실태와 시사점.

Chrisman J. J., Hynes, T., & Fraser, S.(1995). Faculty entrepreneurship and economic development: The case of the University of Calgary, *Journal of Business Venturing*, 10, 267-281.

Holt, D. H.(1992). *Entrepreneurship: New venture action, Englewood Cliff*, NJ: Prentice-Hall, Inc.

McMullan, W. Ed., & Long, W. A.(1987). Entrepreneurship education in the nineties. *Journal of Business Venturing*, 2, 261-275.

Solomon, G. T., & Fernald, L. W. Jr.(1991), Trends in Small Business Management and Entrepreneurship Education in the United States, Entrepreneurship Theory and Practice, 15(3), 25-39.

Solomon, G. T., Duffy, S., & Tarabishy, A.(2002). The state of entrepreneurship education in the United States: A nationwide survey and analysis, *International Journal of Entrepreneurship Education*, 1(1), 65-86.

5장 참고문헌

류지헌, 정효정(2013). 그림과 텍스트 자료를 활용한 협력학습이 학습자의 인지부하 및 마인드맵 작성에 미치는 효과. 교육방법연구, 25(1), 197-218.

윤희정(2011). SNS 활용: 트위터, 수업에 활용하기, 가르침과 배움, (23), 39-42.

이춘우, 한유진, 김도현, 서유미, 이경원, 이희우, 이영달(2014). 기업가 정신의 이해. 중소기업청, (재)한국청년기업가 정신재단.

조병호(2012). 소셜미디어를 학습플랫폼으로 활용한 소셜 러닝. 한국정보전자통신기술학회 논문지, 5(4), 180-185.

팀 브라운 저, 고성연 역(2014). 디자인에 집중하라. 서울: 김영사.

Deuchar, R.(2004). Reconciling self-interest and ethics: the role of primary school pupil councils. *Scottish Educational Review, 36*(2), 159-168.

Jones, B., & Iredale, N.(2010). Enterprise education as pedagogy. *Education +Training*, 52(1), 7-19.

Lévy, P.(1994). *L'intelligence collective: Pour une anthropologie de cyberspace.* Les Editions La Découverte.

Moore, M. G.(1989). Editorial: Three types of interaction. *The American Journal of Distance Education, 3*(2), 1-7.

Moberg, K.(2014). Two approaches to entrepreneurship education: The different effects of education for and through entrepreneurship at the lower secondary level. *The International Journal of Management Education, 12*(2014), 512-528.

Surowiecki, J.(2004). *The Wisdom of Crowd.* New York: Anchor Books. 홍대운, 이창근 역(2005). 대중의 지혜, 서울: 랜덤하우스중앙.

6장 참고문헌

구자억, 박영진, 전제상, 이석열, 김한나, 최금진, 정택희(2018). 학교자체평가론. 서울: 동문사.

강경균, 김주영(2016). 청소년 기업가 정신교육 프로그램 운영 매뉴얼. 한국청소년정책연구원.

강경균, 이춘우, 김주영(2015). 청소년 기업가 정신 함양 및 창업활성화 방안 연구 II. 한국청소년정책연구원.

강경균, 이윤주, 노성호, 김주영, 한춘교(2016). 청소년 기업가 정신 함양 및 창업 활성화 방안 연구III. 한국청소년정책연구원.

기업가 정신 인정도서 편찬위원회(2011). 고등학교 기업가 정신. 중소기업청·중소기업기술정보진흥원

김진규(2002). 프로그램 평가방법. 서울: 학지사.

김희경, 박상욱, 박종임, 정연준(2014). 창의·인성교육을 위한 학생평가 어떻게 할까요? 교육부·한국교육과정평가원.

교육부(2018). 2018년 대학 창업교육 활성화 추진계획. 내부자료.

교육부, 한국직업능력개발원(2018a). 진로교육·집중학년 학기제 운영 사례집(초등학교).

교육부, 한국직업능력개발원(2018b). 진로교육·집중학년 학기제 운영 사례집(중학교).

교육부, 한국직업능력개발원(2018c). 진로교육·집중학년 학기제 운영 사례집(고등학교).

교육부, 한국직업능력개발원(2015a). 기업가 정신 학교에 가다. YEEP 고등학교용 교안

교육부·한국직업능력개발원(2015b). 기업가 정신 학교에 가다. YEEP 고등학교용 워크북.

린다G. 모라이마스, 레이C, 리스트 지음. 한국국제협력단(KOICA) 옮김. 개발 협력 프로그램 평가의 설계와 실행. The Road to Results. 서울: 한울아카데미.

박선영(2014). 유럽연합의 기업가 정신 함양교육 분석, 청소년문화포럼, 41. 한국청소년문화연구소.

이해정, 강현영, 서현아, 엄세진, 윤정진, 좌승화(2018). 교육평가. 경기: 공동체.

오해섭, 맹영임, 문호영(2014). 청소년 기업가 정신 함양 및 창업 활성화 방안 연구I. 한국청소년정책연구원.

진미석(2013). 창의적 진로개발과 SCEP(학교진로교육 프로그램). The HRD re-

views, 이슈분석, 108-124.
황정규, 이돈희, 김신일(2011). 교육학개론. 서울: 교육과학사.
홍선미(2018). 청소년 프로그램 개발과 평가. 서울: 한국문화사.
胡正明(2018). 高職院校創新創業教育評價指標體系構建研究. 中國職業技術教育, 8, 72-77.
馮鉇飛, 童曉玲(2012). 硏究型大學創新創業教育質量評價模型與方法. 華中農業大學學報, 122-128.
科技創業月刊 http://www.zgkjcy.com/CN/10.3969/j.issn.1672-2272.2018.012.031中國武漢(2019.6.24.검색)
創新與創業教育 http://www.cxcyjy.com/upfile/soft/20120504/2012-2-1.pdf.中國湖南省(2019.6.24.검색)

7장 참고문헌

김경회, 오대영, 정호진, 박호균(2013). 이스라엘 창의교육에 관한 연구. 한국교육개발원.
김종운, 김홍기(2013). 2012 경제발전경험모듈화사업: 벤처창업 촉진을 위한 지원시스템 구축. 중소기업청·한남대학교.
김현준(2017). 미국의 창업교육 지원 정책. 한국교육개발원.
류선정(2017). 핀란드의 창업교육 지원 정책. 한국교육개발원.
유재필, 강원영, 안인회, 손문희(2013). 창업국가 이스라엘의 창업환경 분석. 한국인터넷진흥원.
이관행, 김경웅, 이승주, 박미기(2014). 대학 창업, 패러다임을 바꾸자. 한국공학한림원.
이우진, 김용태, 황보윤(2013). 해외 대학의 창업교육 현황과 특징에 관한 연구: 미국 5개 대학 사례를 중심으로. 벤처창업연구 제8권 제1호, 99-110.
중소기업청, 창업진흥원(2014). 미국 대학생 창업 인프라 심층 조사.
Alto University(2015). The role of entrepreneurship education in Finnish high schools.
Finland - Education and Entrepreneurship. 2016.
Korea Institute of Entrepreneurship and Technology(2017). 세계의 교육혁명: 기업가적 인재를 양성하라!. https://ket-nyet.org/2017/03/21.
Ministry of Education(2009). *Guidelines for entrepreneurship education*. Finland.
School Education Gateway(2019). Entrepreneurship education in Finland. www.

schooleducationgateway.eu

The George Washington University Center for Entrepreneurial Excellence(2014). *The National Survey of Entrepreneurship Education: An Overview of* 2012-2014 Survey Data.

Zamler, Galit(2019). Entrepreneurship Education in the School from an Early Age. https://www.tomorrowsuccess.com/

8장 참고문헌

가혜영(2019). 대학생의 프로티언 경력태도가 고용가능성과 창업의도에 미치는 영향에 관한 연구. 중앙대학교 대학원 박사학위논문.

김봉환(1997). 대학생의 진로결정수준과 진로준비행동의 발달 및 이차원적 유형화, 서울대학교 대학원 박사학위논문.

김상훈(2015). 기업가적 지향성과 기업성과와의 상관관계 연구: 지식창출절차와 개방형혁신의 조절효과를 중심으로, 성균관대학교 대학원 박사학위논문.

김용식(2011). 전역예정 직업군인의 내적·외적 요인이 창업의욕에 미치는 영향 -창업지원프로그램의 매개효과를 중심으로-, 호서대학교 대학원 박사학위논문.

김지혜(2018). 한·중 대학생의 주관적 규범이 창업의도에 미치는 영향, 숭실대학교 대학원 박사학위논문.

김정래(2018). 1인 창업자의 기업가 정신과 창업전략에 관한 연구: JRK INTERNATIONAL 사례를 중심으로, 전문경영인연구, 21(4), 151-174.

김정래(2018). 4차산업혁명시대 창의적 융합인재의 역량모델 개발에 관한 연구, Proceedings, 글로벌경영학회 하계국제학술대회, 497-503.

김해영, 노명화(2018). 심리적 계약 이행이 조직 동일시에 미치는 영향 -자기개념의 매개효과를 중심으로-, 인적자원관리연구, 145-167.

박성호(2016). 창업환경과 창업자기효능감 및 경제적실패부담감이 창업의지에 미치는 영향에 관한 실증연구 -창업지원제도의 조절변수와 기업가 정신의 매개변수를 중심으로-, 호서대학교 대학원 박사학위논문.

이계양(2012). 창업자의 개인 및 환경 특성이 창업가 정신과 창업성공에 미치는 영향에 관한 연구. 중앙대학교 대학원 석사학위논문.

원상필(2019). 4차산업혁명인식과 기업가 정신이 창업의지와 창업행동에 미치는 영향, 성균관대학교 대학원 박사학위논문.

장수진(2018). 시니어의 기술 스트레스와 자기효능감이 창업의지에 미치는 영향 -

회복탄력성의 매개효과를 포함하여-, 호서대학교 대학원 박사학위논문.

Ajzen, I.(1991). The theory of planned behavior. *Organizational behavior and human decision processes*, 50(2), 179-211.

Boyatzis, R. E.(2008). Competencies in the 21st century. *Journal of management development*, 27(1), 5-12.

Bird, B.(1995). Towards a theory of entrepreneurial competency. Advances in entrepreneurship, firm emergence and growth, 2(1), 51-72.

Bird, B.(1988). Implementing entrepreneurial ideas: The case for intention. *Academy of management Review*, 13(3), 442-453.

Begley, T. M., & Boyd, D. P.(1987). Psychological characteristics associated with performence in entrepreneurial firms and smaller businesses. *Journal of business venturing*, 2(1), 79-93.

Brockhaus, R. H., & Horwitz, P. S.(1986). The art and science of entrepreneurship. *The psychology of the entrepreneur*, 2(11), 25-48.

Gasse, Y.(1982). Elaborations on the psychology of the entrepreneur. *Encyclopedia of entrepreneurship*, 5771.

Dubois, D. D.(Ed.).(1998). *The competency casebook: Twelve studies in competency-based performance improvement.* Human Resource Development.

Kim, J. R.(2019). Does Marketing Self-Efficacy stimulate New Firm formation?: Empirical Evidence from Korea. *Global Business and Finance Review, 24*, 33-42.

Krueger, N. F., & Carsrud, A. L.(1993). Entrepreneurial intentions: applying the theory of planned behaviour. *Entrepreneurship & Regional Development*, 5(4), 315-330.

Morris, M. H., Webb, J. W., Fu, J., & Singhal, S.(2013). A competency based perspective on entrepreneurship education: conceptual and empirical insights. *Journal of Small Business Management*, 51(3), 352-369.

Morris, M. H.(1998). Entrepreneurship Theory and Practices. *Journal of Business Venturing*, 14.

Miller, D., & Friesen, P. H.(1983). Strategy making and environment: the third link. *Strategic management journal*, 4(3), 221-235.

McClelland, D. C.(1973). Testing for competence rather than for "intelligence". *American psychologist,* 28(1), 1.

McClelland, D. C.(1965). Toward a theory of motive acquisition. *American psychologist*, 20(5), 321.

McClelland, D. C.(1965). N achievement and entrepreneurship: A longitudinal study. Journal of personality and Social Psychology, 1(4), 389.

Schumpeter, J. A.(2017). Theory of economic development. Routledge.

Shapero, A., & Sokol, L.(1982). The social dimensions of entrepreneurship. Encyclopedia of entrepreneurship, 72-90.

Sexton, D. L., & Bowman, N. B.(1986). Validation of a personality index: Comparative psychological characteristics analysis of female entrepreneurs, managers, entrepreneurship students and business students. Frontiers of entrepreneurship research, 1986, 40-51.

9장 참고문헌

강용현(2018). 기업가 정신과 창업. 서울: 청람.

고인곤(2005). 처음 시작하는 사업계획서 작성법. 서울: 해바라기.

김만술 외(2017). 기업가 정신과 창업. 서울: 명경사.

김상수 외(2013). 창업을 위한 사업계획서 작성가이드. 서울: 영화조세통람.

김성환, 김세환, 문승제(2018). 마케팅원론. 서울: 라온.

김정희(2017). 마케팅조사론. 서울: 두남

노기엽, 이상기(2016). 창업마케팅론. 서울: 학현사.

로버트 T. 고먼(2001). 정승원 옮김. 사업계획서. 서울: 함림미디어.

마화텅(2018). 양성희 옮김. 공유경제. 서울: 열린책들.

박철주(2017). 마케팅전략. 서울: 형설출판사.

브라이언 핀치(2011). 한수영 옮김. 사업계획서 잘 쓰는 법. 서울: 비즈니스맵.

사회과학연구소. 창업이 고용창출 및 성장에 미치는 영향.

서용한, 유상용, 전유명(2017). 창업과 기업가 정신. 서울: 제이앤씨.

안광호, 하영원, 박흥수(2015). 마케팅원론 서울: 학현사

유승규(2019). 경영기술 역량. 서울: 북넷.

윤주석, 조준희(2013). 창업과 사업계획서. 서울: 두남.

이민화(2018). 공유플랫폼 경제로 가는 길. 서울: 창조경제연구회.

이영희(2018). 마케팅관리. 서울: 두남.

이영희(2018). 마케팅관리. 서울: 박영사.

이윤재(2005). 창업활동이 경제성장을 촉진시키는가? 산업경제연구.

이호철(2014). 창업계획서 쉽게 어필하기. 서울: 한솜미디어.

창업이 고용창출 및 성장에 미치는 영향, 사회과학연구소.

황보윤(2018). 기업가 정신과 창업. 서울: 이프레스.

Calantone, R.J., Cavusgil, S.T. and Zhao, Y.(2002). *Learning Orientation, Firm Innovation Capability and Firm Performance*. Industrial Marketing Management.

Drucker P. F.(1986). *Innovation and Entrepreneurship*. Pan Books, London.

Gallin, S. C. D(1995). Puttinf core conpetency thinking into practice. *Research Technology Management.*

10장 참고문헌

강유리(2013). 미국의 창업정책 현황 및 시사점-스타트아메리카를 중심으로, 방송통신정책, 25(15).

강진구(2010). 모두를 주인공으로 만드는 미래형 리더십. LG Business Insight, LG경제연구원.

강진구(2012). '독한 리더십': 독한 리더가 조직을 성공시킨다. LG Business Insight, LG경제연구원.

권석만(2003). 젊은이를 위한 인간관계심리학. 서울: 학지사.

김근우, 이현정(2005). 호텔기업의 변혁적 리더십이 조직공정성에 의한 직무만족과 조직이 시민 행동에 미치는 영향. 호텔경영학연구.

김성택(2014). 중국대학생의 심리적 특성이 창업의도에 미치는 영향: 사회적 지지의 조절효과를 중심으로. 숭실대학교 대학원 석사학위논문.

나은영 리더십(2013). 행복 소통의 심리. 서울: 커뮤니케이션북스.

남정민(2015). 기업가 정신과 창업교육 성과간의 연구 - 해커톤 교육을 중심으로 한 변혁적 리더십 효과성 분석, 벤처창업연구, 10(1).

노종희(1983). 한국 교육행정의 과제와 이론적 접근. 서울: 교육과학사.

노영현, 이원기(2012). 창업경영자의 리더십이 창업조직의 조직효과성에 미치는 영향, 경영교육연구, 27(6).

구와바라 데류야(2011). 1분 스티븐잡스. 애플트리태일즈.

방중혁, 박상문, 신중경(2014). 예비 청년창업가들의 핵심성공요인 인식에 대한 탐색적 연구, 벤처창업연구, 9(5).

송정현(2010). 기술창업자의 학습동기, 학습의지가 기업가 정신과 기업성과에 미치는 영향. 중앙대학교 산업창업경영대학원 석사학위논문.

안태욱(2017). 대학 창업교육의 창의성 역량이 진로준비행동에 미치는 영향: 창업가 정신과 자기효능감의 매개효과. 중앙대학교 대학원 박사학위논문.

유용미, 황소영(2003). 세상에서 가장 든든한 인맥지도를 그려라. 서울: 아라크네.

윤남수(2012). 잠재적 창업자의 창업동기 요인이 기업가 정신 및 창업의지에 미치는 영향. 기업가 정신의 매개효과, 산업경제연구, 25(2).

안범휘(2010). 대인관계론. 서울: 태양출판사.

예지은(2010). 긍정에너지를 끌어내는 힘, 감성 리더십. SERI 경영노트 57호.

이건희(1997). 이건희 에세이: 생각 좀 하며 세상을 보자. 서울: 동아일보사.

이병권, 전인오(2014). 창업동기요인이 예비 창업자와 기창업자의 창업성과에 미치는 영향: 기업가 정신의 매개효과를 중심으로, 벤처창업연구, 9(6).

이석규(2010). 창업 및 사업성 검토. 서울: 다산출판사.

이시형(2010). 소셜 네트워크 서비스의 표현연구: 휴먼네트워크를 중심으로. 성균관대학교 디자인대학원 석사학위논문.

이지훈(2017). 창업요인이 경영성과에 미치는 영향. 금오공과대학교 컨설팅대학원 석사학위논문.

이창훈(2010). 잡스처럼 꿈꾸고 게이츠처럼 이뤄라. 서울: 미니플러스.

장명호, 오홍석(2006). 휴먼네트워크와 기업경영. 삼성경제연구소.

정학범(2010). 서번트 리더십이 창의적 행동, 조직시민행동 및 조직몰입에 미치는 영향 -상사신뢰의 매개효과와 일반적 자기효능감의 조절효과를 중심으로-. 명지대학교 대학원 박사학위논문.

정희경(2013). 미디어 경영·경제. 서울: 커뮤니케이션북스.

주세영(2010). 목계를 만드는 경청 리더십. SERI 경영노트 61호.

한창수, 강한수, 예지은(2008). 미래 CEO의 조건: 창조적 리더십. CEO Information 제650호. 삼성경제연구소.

홍영진(2017). 창업지원제도를 활용하는 기업들의 기업성과에 관한 연구: 창업지원제도 활용역량의 매개효과를 중심으로. 중앙대학교 산업창업경영대학원 석사학위논문.

Barney, J. B.(1991). Firm resources and sustained competitive advantage, *Journal of Management*, 17.

Bass, B. M.(1985). *Leadership and performance beyond expectations*. New York: Free Press.

Blake, Robert R. & Jane S.(1964). *Mouton, The Managerial Grid*. Houston. Texas: Gulf Publishing.

Burns, J. M.(1978). *Leadership*. New York: Harper & Row.

Crocker, J., & McGram, K. M.(1984). What's good for the goose is not good for the gander: Solo status as an obstacle to occupational achievement for males and females. *American Behavioral Scientist*, 27.

David J. Stevenson(1983). Magnetism and thermal evolution of the terrestrial planets, Icarus Volume 54, Issue 3.

Fiedler, F. E.(1993). The leadership situation and the black box in contingency theories. In M. M. Chemers & R. Ayman(Eds.). *Leadership theory and research: Perspectives and directions*(pp.1~28). San Diego: Academic Press.

Forsyth, D. R.(2001). *Group dynamics*. Belmont. CA: Wadsworth.

Gibb, Cecil A.(1954). *Leadership' in Handbook of Psychology, Gardner Lindzey*, ed. Cambridge Mass.: Addison-Wesley Publishing Co.

Gorman, G., Hanlon, D., & King, W.(1997). Some research perspectives on entrepreneurship education, enterprise education and education for small business management: A ten-year literature review. *International Small Business Journal*, 15.

Goleman, Daniel, Richard Boyatzis & Annie McKee(2003). 장석훈 역, 감성의 리더십(Primal Leadership). 서울: 정림출판.

Greenleaf, R. K.(1970). *The servant as leader.* Indianapolis: The Robert K. Greenleaf Center.

Halpin, A. W. and Winer, B. J.(1957). "A Factorial Study of the Leader Behavior Descriptions" in R. M. Stogdill and A. I. Coons(eds.) *Leader Behavior: Its Description and Measurement*. Columbus: Bureau of Business Research, Ohio State University.

Hersey, Paul and Kenneth H. Blanchard(1966). *Management of Organizational Behavior*. New Jersey: Prentice-Hall.

Hersey, Paul and Kenneth H. Blanchard(1982). *Leadership style: Attitudes and behaviors*.- sycnet.apa.org.

House, R. J.(1974). T.R. MitchellPath-goal theory of leadership. *Journal of Contemporary Business*, 9.

Howard Gardner(2019). 김한영 역. 심리학 총서. 사회평론.

James Mcgregor Byrnes(2006). 조중빈 역. 역사를 바꾸는 리더십. 서울: 지식의 날개.

Katz D & Kahn R L.(1966). *The social psychology of organizations*. New York: Wiley, 489p. [Dept. Psychol. and Survey Research Center, Univ. Michigan, Ann Arbor, MI].

Leavitt, H. J.(1951). Some effects of certain communication patterns on group performance. *Journal of Abnormal and Social Psychology*, 46.

Lewin, Kurt, Ronald Lippitt and Ralph K. White(1939). Patterns of Aggressive Behavior in Experimentally Created <Social Climate>. *Journal of Social Psychology*, vol. X, May.

Lewin. K.(1947). *Frontiers in group dynamics: Concepts, methods and theory in social science*. Human Relations; 1.

Likert, Rennis(1961). *New Patterns of Management*. New York: McGraw-Hill.

Lippitt, Ronald and Ralph K. White(1958). An Experimental Study of Readership and Group Life, Eleanor E. Macoby, et. al., Readings in Social Psychology. New York: Holt.

Manuel Castells(2000). *The rise of the Network Society*. Blackwell Publishers, Inc. Cambridge, MA, USA.

Martinez, A. C., Levie, J., Kelley, D. J., Saemundsson, R. J., & Schott, T.(2010). Global entrepreneurship monitor special report: a global perspective on entrepreneurship education and training. Global Entrepreneurship Monitor, United States.

McCoY, CHARLES L., and MASTERS, JOHN C(1895). The Development of Children's Strategies for the Social Control of Emotion 1985, *Child Development*, 56(5).

Med Serif(1994). 이동길 역, 성공하려면 폭 넓은 대인관계를 만들어라. 꿈이 있는 집.

Morgen Witzel(2004). 김은령 역, 경영과 역사. 코비즈.

Robert House(1976). Theory of Charismatic Leadership. Working Paper Series.

Robert Reich(2001). 오성호 역, 부유한 노예. 김영사.

Steven Disouza(2009). 함혜숙 역, 하룻밤에 끝내는 기적의 인맥. 21세기북스.

Stogdill, Roger M.(1974). *Handbook of Leadership*. New York: The Free Press.

________________(1948). Personal Factors Associated with Leadership: A Survey of Literature. *Journal of Psychology*, 25.

Timmons, J. A., Muzyka, D. F., Stevenson, H. H., & Bygrave, W. D.(1987). Opportunity recognition: The core of entrepreneurship, In: R. H. N. C. Brockhaus, W. C. Churchill, J. Katz, B. A. Kirchhoff, K. H. Vesper, and W. Wetzel (Wellesley ed.), *Frontiers of Entrepreneurship Research*. MA: Babson College.

Vroom, V., & Yetton, P.(1973). *Leadership and Decision-Making*. Pittsburgh, PA University of Pittsburgh Press.

Yukl, G. A.(1998). *Leadership in organizations*. Pearson Education India.

서울신문, 「킬링 사회, 힐링을 갈구하다」, 2012년 8월 18일자, 1~2면.

문화일보(이종석 기자). 「대학생들 "인맥도 능력"」, 2004년 12월 8일자, 8면.

구자억

학력: 중국 베이징 사범대학 졸업(교육학 박사)

경력: 한국교육개발원 선임연구위원, 기획처장, 대학통계평가본부장, 교육부 정책자문위원, 한국교육포럼회장

현: 서경대학교 대학원장 겸 인성교육대학장, 서경혁신원장, 한국창업교육학회장, 사) 한중교육교류협회 회장, 아태창업교육협회 회장

저서: 한국의 미래학교 이야기, 동서양 주요 국가들의 영재교육 외 다수

김희규

학력: 고려대학교 대학원 졸업(교육학 박사)

경력: 한국교육과정평가원 연구위원, 한국교육정책연구소 소장, 교육부 정책자문위원회 위원, 교육부 자체평가 1소위원회 위원장

현: 신라대학교 사범대학 교육학과 교수, 한국창업교육학회 수석부회장, 교육부 교육과정운영위원회 부위원장 및 중학교 교육과정심의위원회 위원장

저서: 교육행정 및 교육경영(공저), 교직실무(공저), 최신 교사론(공저) 외 다수

김정겸

학력: 충남대학교 대학원 졸업(교육학 박사)

경력: 한국교육개발원 연구위원, 충남대학교 교무처장

현: 충남대학교 사범대학 교육학과 교수

저서: 교육방법 및 교육공학

김숙이

학력: 대만 국립정치대학교 대학원 졸업(철학 박사)

경력: 성신여자대학교 학교안전연구소 전임연구위원, 홍익대학교 교육경영관리대학교 부교수

현: 서경대학교 대학혁신발전연구원 연구교수

저서: 세계 최고의 교육법(공저) 외 다수

김정래

학력: 성균관대학교 일반대학원 경영학과 졸업(경영학 박사), 성균관대학교 경영전문대학원 졸업(MBA)

경력: 롯데그룹 그룹공채 입사(CEO 직속 신제품기획팀 근무), 서울시 하이서울브랜드기업 경영자문위원, 서경대학교 대학혁신발전연구원 연구위원, 한국엔터테인먼트산업학회 SCOPUS 등재 추진위원회 부위원장, 서울시 가족친화경영 우수기업 표창

현: JRK INTERNATIONAL Founder & CEO, 세종대학교 융합창업전공 교수, 한국엔터테인먼트산업학회 상임이사

저서: 4차산업혁명시대, 당신은 SIMPLE한 인재입니까?

김태종

학력: 숭실대학교 대학원 졸업(교육학 박사)

경력: 강남대학교 교육대학원 외래교수, 중원대학교 교양학부 겸임교수

현: 한국마사회 책임위원, 숭실대학교 평생교육학과 겸임교수

김창환

학력: 연세대학교, 연세대학교 대학원 졸업, 독일 튀빙겐대학교 졸업(교육학 박사)

경력: 한국교육개발원 원장대학, 교육부/통일부/감사원 정책자문위원, 외교육/과학기술부 자문위원

현: 한국교육개발원 선임연구위원

저서: 인재 강국 독일의 교육, 4차 혁명과 초·중등 교육 개혁, 4차산업혁명시대의 지역인적자원 개발

김한나

학력: 이화여자대학교 대학원 졸업(문학 박사, 교육행정)

경력: 한국교육개발원 연구위원, 칭화대학교 교육학과 연구교수, 한양초등학교 교사, 서울대학교, 이화여자대학교, 경인교육대학교, 순천향대학교, 한양여자대학교 출강

현: 총신대학교 교직과 조교수

저서: 지속가능발전 지향 유아교육평가의 이해, 학교자체평가론 외 다수

안수진

학력: 경희대학교 일반대학원 졸업(관광학 박사)

경력: KC대학교 웨딩파티산업경영학과 겸임교수/학과장, 호텔&레스토랑 매거진 산업연구원 부원장

현: 해피올 평생교육원 사무국장

저서: 인성과 리더십, 4차산업혁명시대 스워라밸(공저)

유승규

학력: 숭실대학교 대학원 졸업(경영학 박사)

경력: 삼성전자(주) 마케팅 전략그룹 상무(그룹장), 삼성경제연구소 경영 컨설팅실 수석연구원, 삼성그룹 전략기획실 부장, 삼성그룹 구조조정본무 기획팀 부장, 삼성전자(주) 홍보기획팀 차장

현: 서경대학교 인성교양대학 교수

저서: 경영기술 역량

채성준

학력: 단국대학교 대학원 졸업(행정학 박사)

경력: 한국행정연구원 초청연구위원

현: 서경대학교 인성교양대학 초빙교수

저서: 인간관계론

창업교육론

초판 1쇄 인쇄 / 2020년 2월 25일
초판 1쇄 발행 / 2020년 3월 1일

공저자 / 구자억 · 김태종 · 김숙이
김정겸 · 김정래 · 김창환
김한나 · 김희규 · 안수진
유승규 · 채성준

발행인 / 이 중 수
발행처 / **동 문 사**

서울특별시 서대문구 홍제원 1길 12
(홍제동 137-8)
Tel: 02)736-3718(대), 736-3710, 3720
Fax: 02)736-3719
등록번호: 1974.04.27 제9-17호
가격: 20,000원

ISBN: 979-11-6328-132-0 (93370)
E-mail: dong736@naver.com
www.dongmunsa.com